Lilo Beil

Heute kein Spaziergang

Kriminalgeschichten von Liebe, Kunst und Tod

FRIELING

„Nichts ist wahrer als die Phantasie."

Die Autorin

Die Schreibweise in diesem Buch entspricht den Regeln der neuen Rechtschreibung.

Bibliografische Information der Deutschen Nationalbibliothek
Die Deutsche Nationalbibliothek verzeichnet diese Publikation in der Deutschen Nationalbibliografie; detaillierte bibliografische Daten sind im Internet über http://dnb.d-nb.de abrufbar

Eine Marke der Frieling & Huffmann GmbH
Rheinstraße 46, 12161 Berlin
Telefon: 0 30 / 76 69 99-0
www.frieling.de

ISBN 978-3-8280-1722-3
1. Auflage 2002
Umschlaggestaltung: Graphiti
Bildnachweis U1: Foto-Witt, Weinheim

Printed in Germany

Inhaltsverzeichnis

Die Steinbockfrau

Lenore Sonnenfeld war so negativ, dass es schon herzerfrischend war. Der einzige Grund für ihren dunklen Seelenzustand war in der Tatsache zu suchen, dass sie eine Steinbock-Frau war.

So strafte sie ihren sonnigen Namen Lügen und lebte treu die Qualitäten ihres Sternzeichens aus. Als Steinbock ist man es sich sozusagen schuldig, wie ein jeder weiß, Traurigkeit zu zelebrieren und möglichst zu verbreiten. Lenore sprühte nur so vor Melancholie und widerstand tapfer und zäh allen albernen Versuchen ihrer oberflächlichen Mitmenschen, sie zum positiven Denken zu bewegen.

Schon morgens begann der Tag so schön trist, wenn Lenore die Heimatzeitung aufschlug und ihr auf der ersten Seite Skandale, Katastrophen natürlicher oder menschengemachter Art (also Wirbelstürme, Überschwemmungen, Vulkanausbrüche, Feuerbrünste), aber auch nationale und private Verbrechen in Form von Kriegen und Morden aus Lust oder Geldgier entgegenquollen.

Die heiteren Meldungen überschlug sie angeekelt. Besonders die Karnevalszeit mit ihren widerlich ausgelassenen Faschingsbällen, Prunksitzungen und den Fotos von gemütlichen, dicken Faschingsprinzen und -prinzessinnen bereitete ihr große Pein. Auch die Adventszeit mit ihren Berichten von besinnlichen Kaffeenachmittagen für fröhliche Alte und gestaltet von unermüdlich Strohsterne bastelnden heiteren Christen war ihr ein Graus. Das Beste an der morgendlichen Zeitungslektüre, nämlich die Todesanzeigen, hob sich Lenore auf bis zuletzt, gewissermaßen als Belohnung.

Zwar sagte ihr eine natürliche Skepsis, die allem Positiven misstraute, dass die meisten Nachrufe erstunken und erlogen waren.

Von der Lateinstunde her kannte sie den Spruch: „De mortuis nil nisi bene" (Über die Toten nur Gutes). Und so dachte sie sich in fremde Schicksale hinein, trauerte um eine allzu früh verstorbene, sich aufopfernde Mutter oder um einen plötzlich und unerwartet von der Lebensbühne abgetretenen Familienvater. Sie stellte diverse Mutmaßungen an, wenn der Nachruf nicht eindeutig formuliert war: Steckte hinter dem mysteriösen Satzgebilde „Er/Sie hat uns verlassen" etwa ein Unfall, eine fatale Krankheit oder gar ein Selbstmord? Sie rechnete das Alter der Verblichenen nach und genoss den Schauer der Todesnähe, wenn die errechnete Zahl ihrer eigenen Lebenszeit vergleichbar war.

Nicht um alles in der Welt hätte Lenore auf diese erhebende Morgenlektüre verzichten mögen, stimmte sie doch so trefflich ein auf all das Elend, das der restliche Tag stets mit sich zu bringen pflegte. Nach einem öde dahingebrachten Tag voll leerer Pflichterfüllungen genoss sie dann ihre Lieblingsmusik, ihren Lieblingsfilm oder ihre Lieblingslektüre, welche da waren: Gustav Mahlers Symphonie Nr. 5 cis-Moll, der Film „Keiner liebt mich“ (Lenore identifizierte sich vollends mit der Heldin Fanny Fink, der Ungeliebten), die Werke von Hemingway und Tucholsky, zwei Schriftsteller, welche sie sowohl ihres selbst gewählten Todes wegen liebte, aber auch in ihrer Eigenschaft als Steinbock-Kollegen.

Sie verehrte den Franzosen Maupassant und den Engländer Thomas Hardy, welche die Ausweglosigkeit der menschlichen Existenz in einer Direktheit dargelegt haben, die jedem frevlerischen Hoffnungsapostel den Wind aus den Segeln nimmt.

Lenore liebte auch den Film „Out of Rosenheim“, und zwar einzig und allein wegen der herrlichen Nebenrolle der Tätowiererin, die, von Christine Kaufmann genial verkörpert, während des ganzen Films nichts sagt. Diese morbide, nie lächelnde Schönheit liest, wenn sie nicht gerade muskulöse Truck-Fahrer tätowiert, … ja was wohl anderes als Thomas Manns „Tod in Venedig“, jenen Inbegriff von Dekadenz. Am Schluß des Films, als sich alles zum Happy End à la Hollywood wendet, antwortet Christine Kaufmann (übrigens auch eine Steinbock-Frau, wie könnte es anders sein) auf die Frage, warum sie gerade jetzt, wo alles so schön ist, die Koffer packt: „TOO much harmony.“

Aber nicht nur in den Höhen der Kunst umgab sich Lenore täglich mit dem morbiden Zauber des Negativen, des Selbstzerstörerischen und des Pessimistischen.

Im Alltäglichsten begegneten ihr Schwestern und Seelenverwandte, so zum Beispiel in der Gestalt einer Verkäuferin der Feinkostabteilung des Supermarktes, die mit todtraurigem Blick die Rindersalami aufschnitt, einem Blick, der nach dem BSE-Skandal noch intensiver melancholisch wurde.

Lenore ging sonntags in die Gemäldegalerie und betrachtete sich stundenlang die Bilder von Edvard Munch und van Gogh und Goya. „Der Schrei“ von Munch baute sie besonders auf, er war so hoffnungslos endzeitlich. Wenn Lenore nicht Werner Uhlenbusch kennen gelernt hätte, jenen Guru im Positivdenken, wäre ihr Leben in gewohnten Bahnen weiterverlaufen, aber es sollte nicht sein. Zumindest nicht für eine Weile.

Werner Uhlenbusch beging den Fehler aller Positivdenker, die Faszination des Pessimismus zu unterschätzen und die Glückseligkeiten des Traurigseins um seiner selbst willen zu mißachten.

So sehr Lenore ihren Werner Uhlenbusch liebte (gerade der Gegensatz zu ihrem eigenen, der Düsterkeit hingegebenen Temperament machte ihn so unglaublich sexy), sie musste nach sieben Wochen gemeinsamer Wonnen schweren Herzens beschließen, sich von diesem Immerfröhlichen zu trennen, wenn es sein musste, mit Gewalt und für IHN endgültig.

Doch ein gütiges Geschick verhinderte, dass Lenore zur Mörderin werden sollte.

Es war beim trauten Tête-à-tête auf Werners Sofa.

Im Hintergrund lief Lenores Lieblingsmelodie (sie brachte jedesmal die CD mit: Mahlers Symphonie Nr. 5 cis-Moll), als Werner Uhlenbusch plötzlich von Lenore und vom Sofa sprang, die CD aus dem CD-Spieler nahm und sie vor Lenores Augen zerbrach. „Schluß jetzt mit dem dekadenten Scheiß!", schrie er zornesrot.

„Das ist ja zum Aus-dem-Fenster-Hüpfen. Da vergeht einem doch jede Lust."

Sprach's und brach vor Lenores ungläubigen Augen zusammen und war gleich darauf nicht mehr unter den Lebenden. Er hatte einen Herzfehler gehabt und hatte als positiv denkender Guru die Warnungen seiner Ärzte als Panikmacherei in den Wind geschlagen.

Lenore kleidete sich langsam an, hob die zerbrochenen CD-Teile vom Boden auf und ging leise aus Werner Uhlenbuschs Wohnung. Am gleichen Tag noch kaufte sie sich eine neue CD mit Mahlers Symphonie Nr. 5 cis-Moll.

SCHNIPP, SCHNAPP oder: LYSISTRATA

Hier sind Eberhards letzte Gedanken:

Ich hasse diese Sorte Frauen, die jedes Wort auf die Goldwaage legen.

Kaum machst du als Mann einen netten Witz, wirst du als Sexist beschimpft. Benutzt du ganz arglos das Wörtchen „man“, schon werfen sie dir pikiert vor, ein Macho zu sein: Warum „man“, warum nicht „frau“?

Du redest von POLITIKERN, LESERN, SCHÜLERN, LEHRERN, usw., sie weisen Dich darauf hin, dass du das .../INNEN vergessen hast und die Frauen absichtlich diskriminierst.

Alles fing damit an, dass ich Pia erlaubte, zu dem Klassentreffen zu fahren.

Es war ein kapitaler Fehler. Ich hätte darauf bestehen sollen, dass sie an jenem Wochenende mit mir zu Schmitts geht. Ein Geschäftspartner, wichtige Einladung.

Aber ich war zu nachsichtig und so fuhr sie in das Städtchen in der Südpfalz, wo sie ihr Abitur gemacht hatte, zur „30-Jahre-Abitur“-Feier. Sie blieb über Nacht und als sie am Sonntagabend zurückkam, war sie irgendwie eine andere geworden. Sie weigerte sich von nun an, mir regelmäßig Essen zu kochen, sie ging nicht mehr mit mir zu Einladungen von Leuten, die sie „nicht leiden konnte“, sie ging ohne mich ins Kino, ins Theater, in die Oper, zu Ausstellungen, sie kleidete sich plötzlich anders (ich hatte auf Röcken und Kleidern bestanden, ich bevorzuge den femininen Typ, jetzt trug sie nur Hosen und Hosenanzüge), sie ließ sich die Haare kurz schneiden (ich hatte es ihr immer verboten, denn ich mag Frauen mit langen, dauergewellten Haaren, am liebsten blond), sie färbte die Haare hennarot, sie ließ sich die Ohrläppchen stechen und trug solche Klimper-Klunker, lang bis Ultimo, wie sie alle diese Emanzen tragen, vor allem die Alt-Emanzen.

Alt-Emanzen sind für mich die Frauen, die immer noch nicht kapiert haben, dass es (schon wegen der biologischen Unterschiede zwischen Männern und Frauen) keine Gleichberechtigung geben kann und geben wird, die aber um so hartnäckiger an den Äußerlichkeiten der „Emanzipation“ festhalten (ich meine den Doppelnamen, z.B. Meier-Putzig, Schule-Pappritz, Ampfer-Sauer oder Würstel-Kraut). Sie meinen, die Angst vor den Wechseljahren und dem Altwerden könnten sie mit schlauen Parolen besiegen, sie lesen Bücher, die ihnen vorgaukeln, die Wechseljahre wären der Übergang in den schönsten Lebensabschnitt der Frau (ha, dass ich nicht lache), ihre Großmütter und Mütter hätten das nur noch nicht gewusst.

Nun ja, nachdem Pia fünf Wochen lang den Aufstand geprobt und durchgeführt hatte, erfuhr ich, dass sie auf dem Klassentreffen mit einer alten Schulfreundin,

Adelheid, neu Kontakt aufgenommen hatte und dass sie ständig miteinander telefonierten.

Ich hatte ursprünglich einen Mann hinter Pias seltsamer Metamorphose vermutet, zumal sie sich mir verweigerte und ihre ehelichen Pflichten nicht mehr wahrnahm. „Ich habe keine Lust mehr auf deine Bett-Akrobatik", sagte sie verächtlich und fügte hinzu: „SCHNIPP, SCHNAPP … Schwanz ab" (jene vulgäre Parole der Emanzen; meine Männlichkeit war in höchster Gefahr). „Du bist doch auch humanistisch gebildet", fügte sie zynisch hinzu, „da hast du von Lysistrata gehört, die die Frauen von Athen aufgefordert hat, sich ihren Männern so lange zu verweigern, bis sie aufhörten, Kriege zu führen?"

Von welchen Kriegen sprach sie oder meinte sie mein harmloses Fischen und Jagen? Pia war übrigens auch Vegetarierin geworden, mir zum Trotz.

Dann eröffnete mir Pia, sie wolle mit Adelheid am folgenden Wochenende ins Elsass fahren statt mit mir zum Jagd- und Angelurlaub in die Berge. Ich bin begeisterter Jäger und Angler und bisher war Pia zufrieden gewesen, strickend neben mir am Ufer oder auf dem Hochsitz zu warten.

Ich musste in die Offensive gehen. Unser harmonisches Leben von früher war in Gefahr, es galt zu handeln, schnell.

Ich schlug Pia vor, Adelheid doch zu uns einzuladen. Sie war hocherfreut. Der Besuch kam angereist, Adelheid war recht ansehnlich trotz ihrer 49 Jahre; ich steh ja mehr auf sehr jung bei Frauen (wie alle richtigen Männer). Pia hatte im Zuge ihres Emanzipationsticks damit begonnen, Tee zu trinken, diese komischen Tees, die so parfümiert riechen und schmecken.

Ich trinke Kaffee und wenn Tee, dann schwarzen. Den Tee mache eigentlich immer ich, auch den Kaffee, das ist mein einziger Beitrag zur Hausarbeit.

Wir plauderten nett, Adelheid, Pia und ich, und ich glaube, ich hatte gewisse Chancen bei unserem Gast.

Es war Zeit zum Teetrinken.

Ich ging in die Küche. Wir hatten zwei völlig gleiche Teekannen. Die eine Kanne füllte ich mit Schwarztee für mich, die andere Kanne füllte ich mit jenem neuen Aromatee, den Pia neuerdings bevorzugte. Ich hatte einmal aus Versehen davon probiert. Widerlich. Doch praktisch. Er hatte die gleiche Farbe wie mein Tee, es würde nicht auffallen, wenn in dem sowieso süßlichen Aromatee meine Wundertropfen wären. Ich hatte in Chemie immer eine Eins gehabt und experimentierte gelegentlich in meinem Hobbyraum.

Ich stellte das Tablett mit den zwei Kannen und den drei hübschen Wedgwoodtassen auf den Tisch, die Schwarzteekanne rechts, die andere links. Ich merkte mir alles genau. Pia und Adelheid unterhielten sich fröhlich. Das Telefon klingelte, ich ging ins Nebenzimmer, um abzunehmen; da hatte sich einer verwählt.

Ich füllte den beiden den Tee aus der linken Kanne ein, mir selbst füllte ich den Tee aus der rechten Kanne ein.

… Wir trinken unseren Tee, Pias und Adelheids Ohrenklunker klimpern lustig, warum schmeckt mein Tee so süß, mir wird auf einmal so schwindlig, ich sehe verschwommen, Pia stellt die linke Kanne nach rechts, die rechte Kanne nach links, aus der rechten Kanne füllt sie die Tassen nach: „Noch etwas Schwarztee, Adelheid, wie eben?“ „Ja, ich hasse Aromatee.“ „Ich auch, aber was hast du, Eberhard … ist dir dein Aromatee nicht bekommen?“

Ich höre ihr Lachen, es klingt so entfernt, ich verstehe, mein Tee, er war …

Vom Himmel gefallen

„Diese Gewölbe“, sagte er, „sind weitläufig.“ „Die Montresors“, entgegnete ich, „waren eine große und zahlreiche Familie.“ „Ich vergaß Euer Wappen.“

„Ein riesiger goldener Menschenfuß in einem azurblauen Feld. Der Fuß zermalmt eine Schlange, deren Fangzähne sich in einer Ferse verbeißen.“

„Und das Motto?“

„Nemo me impune lacessit.“ (Niemand verletzt mich ungestraft.)

„Gut!“, sagte er.

Aus: „Das Fass Amontillado“ (E. A. Poe)

Vielleicht hätte ich doch ein wenig bescheidener sein sollen. Niemals, niemals wären sie auf meine Spur gekommen.

Meine Mutter hatte Recht: Ich hätte mich schon gar nicht erst bei jenem Volkshochschulkurs anmelden sollen. Sie war von Anfang an dagegen. „Bleib zu Hause, mein Junge“, hatte sie gesagt. „Da können wir doch so gemütlich zusammen fernsehen.“

Doch das Thema hatte mich gereizt: „Amerikanische Autoren des 19. und 20. Jahrhunderts“.

Ich war begeistert. Hemingway, Steinbeck, Scott Fitzgerald, Arthur Miller, John Updike, Paul Auster, aber ganz besonders Edgar Allen Poe hatten es mir angetan. Seine unheimlichen schwarzen Erzählungen hatten mich schon als Schuljungen fasziniert. Die Abgründe der menschlichen Seele, die Grenze zum Wahnsinn, die lebendig Begrabenen und die Rachgierigen, die unheimlichen Gruften und Gewölbe, das war so alles nach meinem Geschmack.

Meine Begeisterung ging sogar so weit, dass ich ein wenig altmodische Kleidung trug wie mein Idol um 1840 und dass ich mir sogar einen Schnurrbart wachsen ließ. Mit dem schwarzen gelockten Haar über der hohen Stirn, den schwarzen buschigen Brauen über den ebenso schwarzen Augen und dem schwarz-weißen Habit hätte ich ein Bruder des genialen Schriftstellers sein können.

Die Warnungen meiner Mutter in den Wind schlagend, meldete ich mich bei der Volkshochschule an. Schon in der ersten Stunde wurde mir klar, dass ich hier in meinem Element sein würde.

Da stand kein belehrender Dozent am Pult und trug von oben herab etwas vor, nein. Wir sollten selbst unsere Lieblingsautoren und deren Werke vortragen und den andern Kursteilnehmern vorstellen. Jeder hatte gewiss schon etwas von einem amerikanischen Schriftsteller der letzten beiden Jahrhunderte gelesen. Da ich nicht nur ein Lesenarr war, sondern auch liebend gerne Schauspieler geworden wäre – hätte meine Mutter nicht ihr Veto eingelegt –, durfte ich hier gleich zweien meiner Hobbys frönen. Es würde ein Fest werden.

In der ersten Stunde stellten wir uns zunächst den andern vor, wir durften über unsere bisherigen Erfahrungen mit amerikanischer Literatur sprechen und schon unsere bevorzugten Autoren erwähnen.

Damit es gerecht zuging, sollte gelost werden, was in welcher Reihenfolge vorgetragen werden sollte.

Ich war erst an dritter Stelle, vor mir kam eine Frau dran, die ich für mich auf den ersten Blick „Scarlett“ nannte, denn sie sah aus wie Scarlett O'Hara aus „Vom Winde verweht“, aus dem alten Film mit Vivien Leigh und Clark Gable.

Scarlett, die schwarzhaarige Schöne. Und man stelle sich mein Erstaunen vor, als sie wie zur Bestätigung meiner Wahrnehmung sagte: „Was ich vorstellen möchte? Meinen Lieblingsroman ‚Vom Winde verweht‘ von Margret Mitchell. Ich habe den Roman schon zweimal gelesen und den alten Film schon fünfmal gesehen.“

Ich freute mich schon unbändig auf „Scarletts“ Vortrag und ich sollte nicht enttäuscht werden. Auch sie, so dachte ich, während sie las, hatte bestimmt zur Bühne gehen wollen.

Die dunkle, warme Stimme passte wundervoll zu ihrer fraulichen Ausstrahlung, weich und stark zugleich, dunkle Stimme, dunkles Haar und dieser Mund.

Ich könnte nicht mehr sagen, welche Stelle des Romans sie vortrug, ich sog nur das Timbre ihrer Stimme ein und plötzlich merkte ich, dass ich verliebt war. Zum ersten Mal im Leben und immerhin war ich schon 41 Jahre alt.

Das musste die Liebe sein, von der alle sprachen.

Ich ging an jenem Abend wie auf Wolken schwebend heim und vermied es, meiner Mutter zu begegnen, die vorm Fernseher saß und sich „Ödipussi“ mit Loriot anschaute. Der gewohnte Gutenachtkuss fiel diesmal aus.

Am nächsten Morgen beim Frühstück war sie etwas schnippisch, weil ich ihr nicht Gute Nacht gesagt hatte, aber ich beruhigte sie mit der Erklärung, der Volkshochschulkurs sei ganz schön anstrengend – ich sei derlei nicht gewöhnt und hundemüde gewesen am Vorabend. „Sind die Leute da nett?“ – „Na ja, es geht“, antwortete ich in gespielter Gleichgültigkeit.

„Sind auch Frauen mit dabei?“, kam die besorgte Frage.

Ich kramte beflissen in meiner Aktentasche herum und murmelte etwas wie: „Ein paar schon, aber die üblichen Bildungsmuttis und ältere Lehrerinnen.“ Meine

Mutter schaute beruhigt drein, ich aber schnappte schnell meine Aktentasche und ging ins Büro.

Ich fieberte dem Mittwochabend entgegen – dem Volkshochschulabend. Endlich. Heute war ich an der Reihe und natürlich trug ich etwas von Edgar Allen Poe vor, meinem Idol.

Es sollte meine Lieblingsstory sein, „Scarlett" sollte meine Lieblingsstory hören. Es war „Das Fass Amontillado"; eine typische Edgar-Allen-Poe-Geschichte voller Rachsucht, es gibt am Ende einen Eingemauerten, im Narrenkostüm mit Schellenkappe.

Während des Karnevals lockt der Erzähler, Montresor, seinen Widersacher, einen Weinkenner und Weintrinker, unter dem Vorwand, er wolle ihm ein Fass vom exquisitesten und in der Saison äußerst raren Amontillado zeigen, in die unterirdischen Gänge Venedigs. Unterwegs wird kräftig gezecht, am Ende wartet nicht das Fass Amontillado, sondern der Tod auf den „Feind" des Erzählers: Stein für Stein mauert dieser den Zeternden und immer nüchterner Werdenden in dem Gewölbe ein.

Meine Lesung wurde ein Fest. Ich genoss es, meine Zuhörer in den Bann zu ziehen. Als ich mit bebender Stimme das Motto der Montresors las: „Nemo me impune lacessit" (Niemand verletzt mich ungestraft), schaute ich mich im Raum um. Scarlett, meine Scarlett, saß kreidebleich da, ihr Mund war vor Schreck ein wenig geöffnet, reizend sah sie aus. Ich endete meine Geschichte. Edgar Allen Poe wäre stolz auf mich gewesen. Eine Weile saßen alle wie erstarrt, doch dann riefen einige: „Bravo" und alle klatschten wie wild.

Scarlett klatschte nicht. Sie war wohl zu überwältigt von der Kraft und der Leidenschaft meines Vortrags. Ich hatte sie beeindruckt. Auch an jenem Abend gab ich meiner Mutter nicht den gewohnten Gutenachtkuss.

Am nächsten Morgen schwieg sie beim Frühstück und sprach auch abends nicht mit mir. Erst als ich ihr am Tag darauf Blumen überreichte, war sie mir wieder gut.

„Du hast dich irgendwie verändert, mein Junge", sagte sie, aber diesmal schwieg ich.

Der ersehnte Mittwochabend kam. „Scarlett" war nicht da. Krank? Ich langweilte mich diesmal, zumal ein pensionierter General an der Reihe war. Er hatte darauf bestanden, die amerikanische Nationalhymne vorzutragen (er war Natobegeistert) und anschließend zu erläutern, weshalb sie für ihn der Höhepunkt der amerikanischen Poesie war.

Ich ging noch vorher aus dem Saal.

An jenem Abend war meine Mutter glücklich. Sie bekam ihr Küsschen.

Auch am nächsten Mittwoch war „Scarlett" nicht da, ich wurde unruhig. Der Kursleiter sagte uns, sie habe den Kurs verlassen. Ohne Begründung. Ich versuchte, die Adresse zu erfahren, aber der Kursleiter hatte nur eine Namensliste. Er hatte an diesem Abend unsere Personalien registrieren wollen, er machte sich Vorwürfe, das nicht schon eher getan zu haben. Er war so vertrauensselig gewesen.

Im Telefonbuch war „Scarletts" Name – sie hieß übrigens Beate Becker – nicht zu finden. Ich musste Scarlett – alles in mir sträubte sich, sie Beate zu nennen – finden, was in einer größeren Stadt nicht einfach ist. Aber vielleicht wohnte sie nicht in unserer Stadt, sondern in einem der umliegenden Dörfer?

Mein Leben wurde nun unruhig, ich war selten zu Hause, ich musste viele Blumensträuße kaufen, um meine Mutter zu besänftigen, die „ihren lieben Jungen von früher" nicht wiedererkannte.

Ich wurde hagerer und hagerer und glich E. A. Poe mehr denn je zuvor. Ich hatte immer mehr das Gefühl, dass Scarlett nicht in unserer Stadt wohnte, sondern außerhalb, es war wie ein instinktives Wissen um die Wahrheit.

Eines Samstags fuhr ich mit dem Auto raus aufs Land. Meine Mutter hatte ich schmollend vor dem Fernseher zurückgelassen – es gab gerade die Verfilmung des englischen Romans „Söhne und Liebhaber" von D. H. Lawrence.

Ziellos fuhr ich umher, dann hielt ich an einem kleinen Café am Wald. Sonntagsausflügler waren hier, meistens Familien und ältere Leute in Wanderkluft, hier würde ich Scarlett bestimmt nicht finden.

Was hatte mich hierher geführt? Ich verstand mich selbst nicht. Doch ich hatte Lust auf Kaffee, ich nahm an einem kleinen, runden Tisch Platz, das Café hatte mehrere Nischen, die nicht gleich einsehbar waren, es war ganz gemütlich, aber zu viele Spitzendeckchen und Strohblumengestecke für meinen Geschmack. Aber der Kuchen war gut, der Kaffee ebenfalls – ich streckte mich behaglich aus.

Ich hatte meinen Kuchen halb gegessen, als ich aufhorchte. Aus der Nische um die Ecke ganz in meiner Nähe kam eine weiche, dunkle Frauenstimme. Ein Mann lachte. Die Frauenstimme lachte mit, Scarletts Stimme. Es gab keinen Zweifel. Ich hatte sie gefunden, meine Geliebte. „… und dann all diese Langweiler in dem Kurs, Bildungstussis, pensionierte Oberlehrer und so, ich hab's nicht mehr ausgehalten, gut, ich hab einmal was vorgelesen, eine Stelle aus ‚Vom Winde verweht' von Margret Mitchell – kennst du nicht, na so was, das kennt doch jeder (der Mann lachte, Scarlett lachte) –, na ja, die Literatur ist wohl nicht deine starke Seite, dafür hast du andere Qualitäten" (Der Mann lachte, Scarlett lachte. Er anzüglich, sie gurrend wie eine Turteltaube).

… „Na ja", fuhr Scarlett fort. „Alles Langweiler, wie gesagt. Und da war einer, der besonders eklig war: schwarzhaarig, altmodische Frisur, schwarzer Schnurrbart, buschige Brauen, altmodische Fliege und Weste wie ein Großvater, dabei war er erst um die vierzig und das Schlimmste: so stechende schwarze Augen. Der hat mich angeguckt, als wolle er mich durchbohren mit seinen Blicken. Ich glaub sogar, der hatte es auf mich abgesehen. Als er seine Geschichte vorlas, irgendeine Gruselgeschichte mit einem lateinischen Spruch, ist es mir eiskalt den Rücken runtergelaufen. Eklig, mir wurde fast übel. Schwarzhaarige Männer mag ich sowieso nicht. Blonde Männer sind sexy, so wie du. Also, kurz und gut, ich bin nicht mehr hingegangen, und abgemeldet hab ich mich auch nicht. Ich wollte dem Kerl nicht mehr begegnen. Gott sei dank, dass ich dich getroffen habe und in deinen Club eingetreten bin. Fallschirmspringen ist doch was anderes als amerikanische Literatur."

„Ist auch ein bisschen wie Sex, gell?", sagte die Männerstimme.

„Ein bisschen, ja", erwiderte Scarlett und lachte wieder ihr Turteltäubchenlachen. „Aber nichts gegen dich."

Ich saß vor meinem Kuchen, stocksteif. Ich bezahlte an der Theke und schlich mich aus dem Café wie ein geprügelter Hund.

Am Abend war meine Mutter glücklich, dass „der gute Junge wieder mal mit ihr vor dem Fernseher saß". Ich war blässer als sonst, und Mutter machte mir einen Lindenblütentee mit Honig.

In der Nacht schlief ich nicht. Ich sann auf Rache. Doch wie dumm von mir, ich hatte Scarlett durch einen Zufall gefunden und durch eigene Dummheit wieder aus den Augen verloren. Warum war ich nur so hastig heimgefahren? Warum war ich ihr nicht gefolgt? Auf einen zweiten Zufall wagte ich nicht zu hoffen. Aber hatte sie nichts von einem Fallschirmclub gesagt, dem sie beigetreten war? Ich würde nachforschen.

Ich brauchte nicht lange zu forschen, denn als ich – mehr aus Gewohnheit denn aus Interesse – am nächsten Morgen beim Frühstück die „Rheinpfalz" durchblätterte, prangte mir auf der Lokalseite ein großes Foto in bunt entgegen, Teil eines Artikels über den Herbstball des Klingenheimer Fallschirmclubs „Lockere Leine 1966 e.V.". Auf dem Foto: eine lachende, ein Sektglas hochhebende Scarlett alias Beate Becker, mit einem Mann tanzend. Der Mann: blond und groß. Der andere.

Ich hatte den anderen nicht gesehen gestern im Café, aber er musste es sein. Es passte alles zusammen: Er sah so glatt und blond und ölig aus, wie gestern im Café seine Stimme ölig geklungen hatte. Also in Klingenheim wohnte sie. Zumindest war sie dort im Fallschirmclub.

Zufälle gibt es im Leben!

Ich gab meiner Mutter einen schnellen Kuss und ging ins Büro. Den ganzen Tag über war ich in Gedanken versunken, ich musste mich ganz schön zusammennehmen, ich konnte nur noch an das eine denken: meine Rache.

„Nemo me impune lacessit." Niemand verletzt mich ungestraft. Eklig und unheimlich hatte sie mich genannt. Sie hatte über mich gelacht.

Auch in dieser Nacht konnte ich nicht schlafen. Wie? Wann? So ging es mir ständig durch den Kopf.

Es musste wie ein Unfall aussehen.

Ich knipste die Nachttischlampe an, versuchte zu lesen.

Unmöglich. Ich starrte zur Decke. Da fiel mein Blick auf das Bild neben der Tür, das Bild, das schon in meinem Kinderzimmer gehangen hatte. Überhaupt war die Einrichtung in meinem Zimmer kaum geändert worden seit Kindertagen, nur das Bett war größer.

„Vom Himmel gefallen", das war der Titel des Farbdrucks und er stellte ein verwundert dreinschauendes Kleinkind dar, das auf einer Blumenwiese saß und mit blauen und unschuldigen Riesenaugen verwundert zum Himmel hochsah.

Natürlich, das war es: Vom Himmel würde sie fallen. Es würde wie ein Unfall aussehen.

Am nächsten Tag ging ich nach der Arbeit nicht gleich heim, sondern ich machte einen Abstecher in den Buchladen, wo ich mir eine Anleitung zum Fallschirmspringen kaufte.

Meine schlaflosen Nächte waren jetzt mit Lektüre ausgefüllt, aber nicht mit Geschichten von E. A. Poe.

Ich erfuhr aus dem Anleitungsbuch, wie man Fallschirmleinen richtig zusammenlegt und wie man sie tunlichst nicht zusammenlegen sollte. Besonders die letztere Information war interessant. Wie man sie nicht zusammenlegen sollte.

Wenn die Leinen verheddert sind, könnte es Komplikationen geben, nicht wahr? Sehr große Komplikationen.

Die Fallschirme im Clubschuppen hatten Namensschilder gehabt: Beate Becker; es war alles leicht gewesen, ein wenig verheddert, geschickt, ich hatte nächtelang den Ernstfall geprobt, ich war unbemerkt in den Schuppen eingedrungen, unbemerkt entkommen.

Es klappte alles wie am Schnürchen. Ein treffender Ausdruck übrigens.

Die Todesanzeigen waren riesig, eine vom Club und eine privat, von Eltern und Geschwistern: lebenslustige Clubkameradin, geliebte Tochter und Schwester, durch einen tragischen Sportunfall jäh aus unserer Mitte gerissen … das Übliche.

Ich hatte, wie gesagt, einen Fehler gemacht: Ich hätte bescheidener sein sollen. Warum hatte ich nur den Zettel am Fallschirm befestigt, er war klitzeklein, aber sie hatten ihn dann doch wohl gefunden. Auf den Zettel hatte ich geschrieben: Nemo me impune lacessit. E. A. Poe.

Er, der andere, der Blonde, hatte die Unfalltheorie von Anfang an nicht geglaubt und irgendeine Sabotage vermutet. Bei genauerer Untersuchung hatten sie den Zettel gefunden. Der Blonde hatte sich an das Gespräch im Café erinnert. Seine Freundin hatte von so einem „komischen Kerl“ vom Literaturclub der Volkshochschule erzählt: schwarzhaarig, altmodische Kleidung, dunkle Augen, der eine Gruselgeschichte mit einem lateinischen Spruch vortrug.

Ich wurde noch auf dem Friedhof verhaftet, wohin ich gekommen war, um Scarletts Beerdigung beizuwohnen, mit einem überdimensionalen Bukett aus weißen Lilien.

Meine Mutter wird sich daran gewöhnen müssen, von nun an immer alleine fernzusehen.

Das Amulett

Wenn Sophia so zurückdachte, musste sie doch ihren Freundinnen Recht geben. Sie hatten sie gewarnt.

Besonders Franziska, so sah sie jetzt, wo alles vorüber war, ganz klar, war der Wahrheit sehr nahe gekommen. Fast nahe gekommen. „Er ist zu schön und schöne Männer sind immer suspekt. Sie sind doch letztendlich nur in sich selbst verliebt. Sie wollen bewundert werden, mehr noch als schöne Frauen. Bei Frauen setzt man gutes Aussehen fast als notwendig voraus. Aber bei einem Mann? Dieser Mensch ist ein Pfau. Er taugt nicht viel. Du wirst schon sehen, er wird bald ein paar Freundinnen neben dir haben."

Sophia hatte monatelang nichts mehr gesprochen mit Franziska, erst nach der Hochzeit – die sehr schnell nach dem ersten Kennenlernen gefeiert wurde – trafen sich die Freundinnen in der Stadt ... und versöhnten sich bei einem Cappuccino in einem kleinen Alttantencafé mit rosa Plüschsofas und mit Spitzenstores an den Fenstern.

„Albrecht kommt heute Abend sehr spät nach Hause", sagte Sophia.

„Er trifft sich mit einem alten Freund, einem Gemäldeexperten."

Sie sagte es traurig.

Franziska schwieg, dachte sich etwas, sprach von etwas anderem, Smalltalk, dann Reden über früher, die gemeinsame Schulzeit, das war unverfängliches Terrain, da gab es noch keine Albrechts.

Da sage einer, es gäbe keine Freundschaft unter Frauen. Franziska brachte Sophia, die eher ernst war, zum Lachen, sie kicherten wie die Schulmädchen, von den Nachbartischen schauten die Leute zu ihnen herüber. Doch irgendwie verfiel Sophia dann und wann unvermittelt in abwesendes Brüten, sie versuchte zwar, sich nichts anmerken zu lassen, aber Franziska kannte ihre Freundin gut.

Etwas stimmte nicht, aber sie konnte nur leise ahnen, dass es mit Albrecht zusammenhing.

Die Freundinnen verabschiedeten sich nach etwa vier Stunden, vier Cappuccinos und vier Stück Kuchen (zusammen), sie versprachen, sich bald wieder zu treffen. Am besten nächsten Dienstag zur gleichen Zeit.

Am nächsten Dienstag zur gleichen Zeit war Franziska pünktlich im Café, Sophia nicht. Franziska wartete etwa eine Stunde. Die Freundin erschien nicht. Es war keineswegs Sophias Art, andere warten zu lassen, noch weniger, sie im Ungewissen zu lassen.

Beunruhigt fuhr Franziska zu Sophias neuem Haus in der Vorstadt, ein wenig einsam gelegen.

„Ein Turteltaubenhaus", hatte Sophia letzte Woche ihr Haus beschrieben, aber ihre Stimme klang wenig überzeugend, man nahm ihr das Neuvermähltenturteltaubeniydll wirklich nicht ab.

Turteltauben sind doch immer zusammen – oder?

Da gibt es nichts und niemanden, der dieses Idyll stören könnte.

Franziska parkte ein wenig außerhalb des Grundstücks und lief zu Fuß den kleinen Pfad entlang, der, von Büschen umgeben, zum Haus führte. Es war ein skandinavisch aussehendes Haus, wirklich geschmackvoll, in Weinrot und Ocker, ganz aus Holz und mit einer Pergola. Ein Haus wie auf Carl Larssons Familienidyllen – oder war es ein Pippi-Langstrumpf-Haus?

Eine zornige Männerstimme riss Franziska aus ihren Träumen.

„Du sperrst mich ein, du engst mich ein. du klebst an mir wie eine Klette. Begreif doch endlich, ich kann nicht alles mit dir zusammen machen, ich kann nicht ewig Händchen haltend mit dir zu Hause bleiben."

Eine beschwörende Frauenstimme: „Heute Abend hättest du doch ausnahmsweise dableiben und auf mich warten können, bis ich vom Treffen mit Franziska heimgekommen wäre. Du warst doch schon dreimal diese Woche bei Maximilian. Und jetzt hab ich Franziska versetzt vor lauter Streiten und Zetern mit dir. Hast du etwa eine andere?"

„Solch ein Unsinn", sagte Albrecht. Er sagte es höhnisch. „Wer hat denn mit dem Streiten und Zetern begonnen? Doch du, nicht ich. Ich lasse dir alle Freiheiten, aber du verbietest mir meine Freunde, meine Hobbys, du engst mich ein, machst mir ein schlechtes Gewissen, wenn ich nicht immer und jederzeit hier bin bei dir. Ich hab es so satt. Ich fahr jetzt zu Maximilian."

Eine Tür knallte, ein Auto wurde angelassen, es fuhr weg.

Ein Schluchzen, sehr verzweifelt, kam durchs offen stehende Wohnzimmerfenster.

Franziska war mit schnellen Schritten am Hintereingang, fuchtelte mit den Armen zur von Heulkrämpfen geschüttelten Freundin hinüber. Die bemerkte sie zuerst nicht, erblickte sie dann doch und öffnete die Balkontür, um Franziska einzulassen.

„Ich hab alles mit angehört", sagte Franziska, „ihr wart so laut."

„Du hast Recht gehabt. Du hast mich gewarnt. Er liebt mich gar nicht richtig. Wenn er jetzt schon lieber mit seinen Freunden zusammen ist, statt bei mir zu sein, wie soll das weitergehen?"

„Lauf weg, trenn dich von ihm, er ist nicht der Richtige für dich."

„Niemals. Niemals. Ich liebe ihn. Ich kann wirklich nicht leben ohne ihn. Du verstehst das nicht."

An jenem Abend erfuhr Franziska, dass es unmöglich ist, eine Besessenheit mit Worten zu kurieren, eine Abhängigkeit mit Argumenten aufzulösen. Sie merkte auch, dass Sophia zu allem entschlossen war. Aber entschlossen wozu? Sollte sie bei Sophia bleiben, vielleicht würde sie sich etwas antun? Aber Sophia sagte jetzt: „Geh und lass mich allein, wir sollten uns vorerst lieber nicht mehr treffen. Du hetzt mich auf gegen Albrecht. Ich ertrag das nicht."

Darauf ging Franziska aus dem Haus und fuhr weg.

Albrecht kam weit nach Mitternacht heim. Vor dem Schlafengehen trank er, wie gewohnt, sein Glas Rotwein, er schmeckte heute nicht besonders, komisch, ein wenig bitter.

Dann schaute er kurz bei Sophia vorbei, sie hatten getrennte Schlafzimmer – Albrecht hatte von Anfang an darauf bestanden.

Sophia stellte sich schlafend. Albrecht, zufrieden, dass Sophia schlief, ging hinüber und fiel sofort in den tiefstmöglichen Schlaf.

Dann ging alles sehr rasch.

Sophia holte Albrechts silbernes Feuerzeug (In Liebe – Sophia … es war ihr Geburtstagsgeschenk für ihn gewesen), zündete eine Zigarette an, legte sie Albrecht in die schlaffe Hand, die Hand eines Toten, ja, so war es, das silberne Feuerzeug tat sie auf den Nachttisch. Albrecht hatte diese Unsitte, immer im Bett noch zu rauchen, alle wussten es, der ganze Freundeskreis. Es war eine Marotte, dazu nicht ungefährlich. Wie oft hatte Sophia, hatten seine Freunde ihn gewarnt. Wie leicht konnte man über einer brennenden Zigarette einschlafen. Sophia schaute noch einmal auf das schöne Gesicht ihres Mannes. Das Gesicht eines Narziss, aber er war nicht nur in sich selbst verliebt gewesen, wie sie wusste … Wie ruhig sie jetzt war. Vorher, als sie alles geplant hatte, war sie immer wieder ins Zittern gekommen. Doch nun, wie leicht sie war.

Im Flur prüfte Sophia ihr Aussehen. Nein, das war nicht überzeugend. Sie fuhr sich mit den Händen durchs Haar, sie musste wild und verstruwwelt aussehen. Dann lief sie schnell aus dem Haus.

Niemand sah sie, sie wohnten ja so einsam in ihrem Turteltaubenhaus. Beinahe hätte sie vergessen, das Foto mitzunehmen, das sie vorgestern in Albrechts Schreibtisch gefunden und das all dies ausgelöst hatte. Sie faltete es klein zusammen und verschloss es in dem großen Jugendstilamulett, das sie immer um den Hals trug.

Am nächsten Morgen wurde eine völlig verstörte junge Frau im Wald aufgegriffen.

Der Mann, ein starker Raucher, der die Unsitte hatte, im Bett zu rauchen, war wohl mit einer brennenden Zigarette eingeschlafen. Es blieb wenig von ihm übrig und überhaupt vom ganzen Haus. Skandinavische Häuser brennen wie Zunder, das viele Holz, muss man bedenken …

Franziska, die Freundin der jungen Frau und Hauptzeugin, schilderte der Polizei, wie sie den Streit zufällig mit angehört hatte. Sie machte sich große Vorwürfe, nicht bei der Freundin geblieben zu sein, obwohl die sie weggeschickt hatte. Sie war wohl ganz durcheinander gewesen wegen der Meinungsverschiedenheit mit ihrem Mann und weggerannt. Er hatte ihr Fehlen nicht bemerkt, denn sie hatten getrennte Schlafzimmer. „Sie hat ihn so sehr geliebt", sagte Franziska der Polizei. „Hoffentlich verkraftet sie seinen Tod."

Franziska war erstaunt, dass Sophia relativ gefasst alles aufnahm. „Das ist der Schock", sagte eine junge Polizistin. „Das ist fast immer so."

Aber Sophia umklammerte ihr Jugendstilamulett.

Sie wusste, was keiner sonst wusste, nämlich was auf dem Foto zu sehen war: ein eng umschlungenes Freundespaar, sehr hübsch anzusehen. Auf der Rückseite die Widmung: Für Albrecht. In Liebe. Maximilian. „Er wird jetzt immer bei mir sein", sagte Sophia und lächelte so zufrieden.

Das Betrügerchen

Die Hand berührte eine ebene Fläche. Das Auge aber, dem Zauber verhaftet, nahm ein Relief wahr dergestalt, dass man den Philosophen hätte befragen können, welcher der beiden Sinne, deren Aussagen sich widersprachen, als Lügner zu betrachten sei.

DIDEROT, Salon von 1761

Schon ganz früh zeigte sich bei Adriaan dieses Talent. Wenn seine Geschwister schrien und spielten, saß Adriaan ruhig und still in der Ecke und malte und zeichnete stundenlang.

Er hielt sich als Zwei- und Dreijähriger nicht lange mit Strichmännchen auf, seine Gestalten waren bald erkennbar als Tante Lene, Onkel Ferdinand, Schwesterchen Helga, Brüderchen Martin und Wolfgang.

Die Haustiere und der Garten, die Gegenstände des Hauses, Phantasiegestalten und Landschaften, alles wurde von Klein Adriaan auf Papier gebannt.

Adriaans zweite Leidenschaft nach der des Malens und Gestaltens zeigte sich ein wenig später, eine Leidenschaft, welche der ersten zu widersprechen schien, entsprang sie doch nicht einem schöpferischen, sondern einem eher zerstörerischen Geist.

Wenn Adriaan nicht zeichnete, malte, formte, ersann er sich allerlei Schabernack und Streiche. Die Dienstmädchen und Kindermädchen des wohlhabenden Haushaltes waren die ersten Zielscheiben seiner Lust am „Leute-hinters-Licht-Führen".

Er spann hübsche hauchfeine Fäden, über welche das Serviermädchen samt Tablett und Porzellangeschirr stolperte, er hämmerte kleine Nägel ins Treppengeländer und stand hinterm Vorhang, um die Wirkung auf seine Geschwister abzuwarten, die liebend gern das Geländer herunterrutschten. Er legte dem alten kurzsichtigen Gärtner eine Plastikkobra ins Gras und freute sich diebisch über die Entsetzensschreie des alten Mannes, wenn er beim Beetejäten das nette Tierchen berührte.

Er schrieb, als er ein wenig älter war, mit verstellter Schrift einen anonymen Brief an seine Mutter und erwähnte darin einen „Seitensprung" ihres Mannes mit der Gouvernante, welche entlassen wurde wie die Köchin, in deren Nudelauflauf lebende Maden waren.

Adriaan war schöpferisch und ideenreich von früh bis spät. Alle waren erleichtert, als er ins Internat kam. Dort ging es von nun an munter und lustig zu.

Adriaans drittes Talent, sich selten oder nie erwischen zu lassen, war ihm sehr hilfreich.

So wurde er 13 Jahre alt, als sich sein Leben mit einem Aufenthalt in England – es war im Rahmen eines Schüleraustausches – noch interessanter gestaltete und sein Schicksal sich in eine ganz besondere Richtung hin entwickeln sollte.

Adriaans teure Internatsschule war mit einer ebenso noblen Eliteschule in Nordengland verschwistert. Die Lehrer, denen Adriaans Hang zum Unheilstiften nicht verborgen geblieben war, zögerten zunächst, ihn zum Austausch zuzulassen, ihn, einen schlechten Botschafter seines Landes. Aber während einer Sonderkonferenz des Kollegiums diesbezüglich siegte die pädagogische Überlegung, dass gerade schwierige Kinder nicht ausgesondert und dadurch noch mehr ins Abseits gestellt, sondern vielmehr in die Gemeinschaft eingegliedert werden sollten und dadurch die Gelegenheit nutzen könnten, sich von ihrer besten Seite zu zeigen.

Dies waren die siebziger Jahre, die Pädagogen glaubten in geradezu rührender Weise damals noch an die Machbarkeit pädagogischer Wunder, an die Möglichkeit, aus einem Bösewicht mit liebevoller Zuwendung einen guten Menschen machen zu können.

Gesagt, getan, Adriaan reiste nach England.

Wie bei allen Schüleraustauschfahrten stand auch hier allerlei Kulturelles auf dem Tagesplan. Die Begeisterung der Schüler hielt sich sehr in Grenzen bei diesen wohlgemeinten Unternehmungen, auch Adriaan machte da keine Ausnahme – bis zu jenem schicksalsträchtigen Tag.

Die deutschen Schüler besuchten mit ihren englischen Freunden ein Schloss in Derbyshire südlich von Sheffield: Chatsworth Castle, ein imposantes Herrenhaus mit Wasserfall, künstlichen Grotten, Labyrinth und herrlichen Statuen im Riesenpark.

Adriaan schlurfte wie die anderen angeödet durch den Garten, durch die hohen Räume des Herrensitzes, die Stimme der Führerin und des übersetzenden Lehrers nahm er – wie die anderen – nur am Rande wahr (er freute sich schon wie die andern auf die Wallis Icecream, die es im Kiosk zu kaufen gab, leider etwas teuer).

Der Lehrer, der in seiner Freizeit begeistert Geige spielte, wie bekannt war, stürmte auf einmal auf eine Tür zu, die hinter einer anderen, halb offenen Tür zu sehen war. An jener zweiten Tür hing eine Geige an einem blauen Satinband, das an einem ziselierten Messingknauf befestigt war.

„Ist ja toll, diese …“, rief er, brach ab, denn er fasste ins Leere. Was das Auge sah und die Hand fühlte, das passte nicht zusammen.

Die Geige war auf die Tür gemalt, ja selbst die Tür war auf die Wand hinter der echten halb offenen Tür gemalt. Adriaan, der neben dem Lehrer stand, sah die Freude beim Anblick der vermeintlichen Geige, dann das Erstaunen und die Enttäuschung in seinem Gesicht.

Und dann die Bewunderung für den Maler, der diese meisterliche Sinnestäuschung geschaffen hatte, das Wunder an Malkunst.

Die Führerin lachte und erklärte, alle, aber auch alle Touristen würden auf die gemalte Geige hereinfallen. Die Bezeichnung für eine solche optische Täuschung sei „Trompe-l'œil", ein französisches Wort, welches wörtlich übersetzt „Täusche das Auge" heiße, so erklärte sie den Schülern, die jetzt doch etwas aufmerksamer zuhörten. Jan van der Vaart hieß der geniale Maler, ein Holländer, welcher im 17. Jahrhundert gelebt und gewirkt hatte. Ein Meister des Trompe-l'œil.

Adriaan sprach während der Rückfahrt im Bus kein Wort. Er brütete über einer Idee, über einer wichtigen Sache.

Adriaans Gasteltern waren angetan von dem ruhigen, bescheidenen Jungen, der zwar etwas mehr aus sich hätte herausgehen dürfen, aber er störte nicht, er war höflich und dankte für alles.

Die beiden Lehrer, die den Schüleraustausch betreuten, glaubten sehr fest an eine Läuterung ihres Schützlings, der doch zu Hause stets als Problemkind aufgefallen war.

Die Gastfamilie hatte zwei große edle Windhunde. Am Abend vor Adriaans Abreise nach Hause (die zwei Wochen waren schnell vorübergegangen) ertönte ein lautes Geschrei des sonst so beherrschten Butlers.

Er jagte die Windhunde in den Garten und holte Besen und Schaufel, „to remove the mess" (um das „Malheur" vom Teppich vor dem Kamin zu beseitigen).

Adriaan saß – rein zufällig – im Raum und las den PUNCH auf dem Sofa.

Das „Malheur" der Hunde war ein auf ein Papier – welches das Teppichmuster am Rande täuschend ähnlich nachahmte – gemaltes.

Das Gesicht hinter dem PUNCH grinste zufrieden.

Dies war ein guter Anfang.

Die Möglichkeiten, seine beiden Talente – die des Malers und die des Leute-Verblüffens – harmonisch zu verbinden, waren mannigfach.

Adriaan arbeitete von nun an mit einer wahren Obsession an der schwierigen Technik des Trompe-l'œil, der dreidimensionalen Malerei. Noch versuchte er sich anfänglich mit den simplen Dingen des Alltags, mit Scheren, Füllhaltern, Nadeln, Schlüsseln, Esswaren, in den folgenden Wochen griffen seine Mitschüler nach

Schokolade, Geldscheinen, Münzen, Kinokarten, sie griffen – ebenso wie der Englischlehrer nach der vermeintlichen Geige in Chatsworth Castle – ins Leere, ihre Augen sahen, was ihre Hände nicht fassen konnten.

So gekonnt und nahtlos ging die echte Maserung des Tisches, das echte Muster der Tapete oder der Tischdecke in die gemalte Maserung, in das gemalte Muster auf dem Papier über, welches geschickt auf dem Untergrund befestigt war. Der Chemielehrer griff nach der Brille auf dem Pult, doch er hatte seine Lesebrille auf der Nase. Der Religionslehrer traute seinen Augen nicht, als ein splitternacktes Mädchen hinter der Tafel stand, als er diese zurückklappte. Dies war Adriaans erste Menschendarstellung im Trompe-l'œil. Er war nun fast perfekt.

Die Ferien kamen, Adriaan wurde zu Hause erwartet.

Er verlegte sich nun auf Tierdarstellungen, vornehmlich solche, welche mit Phobien verbunden waren: die bekannten ekelerregenden Spinnen, Schlangen, Frösche, Mäuse, aber auch die selteneren wie Schnecken, Vögel, Fische. Die Ferien waren sehr unterhaltend für Adriaan, der malte und sich über die Wirkung seiner Kunst freute, und für die Hausbewohner, welche jeden Tag mit neuen Einfällen des jungen Meisters überrascht wurden.

Es gab Feueralarm in der Bibliothek, doch das Feuer war Gott sei Dank unecht, ein Tapetenkunstwerk.

Wenn Besuch kam, hatte Adriaans Kunst Hochkonjunktur. Die Großmutter wollte einen Vorhang zurückziehen, der einen Blumenstrauß halb verbarg. Beides, Blumen und Vorhang, waren aufgemalt. Die Licht- und Schatteneffekte auf Adriaans Täuschungsbildern waren meisterhaft, unnachahmlich, fast greifbare Realität.

Die Dienstmädchen kreischten beim Abstauben, denn so viele Spinnen hatte es im Haus noch nie gegeben. Die Gäste ließen entsetzt ihre Tassen fallen, denn unten auf dem Grund befanden sich Würmer, Schnecken, kleine Frösche und Insekten, eine Idee übrigens, die Adriaan auch aus England mitgebracht hatte (die FROG-MUGS hatten ihm gefallen wie überhaupt der schwarze Humor der Engländer).

Ganz stolz war Adriaan (war es doch ein unschlagbarer Beweis von der Überzeugungskraft, von der Echtheit seiner Kunst), als die kleine Schwester, die an einer schlimmen Katzenallergie litt, beim Anblick seiner gemalten Katze begann, sich zu kratzen, rote Pusteln bekam und einen Asthmaanfall dazu.

Die Nachbarin, die ihre Rosen schnitt und gerade einen schönen Strauß binden wollte, griff entzückt nach einem Prachtexemplar von Teerose, doch wer hätte Adriaans Freude beim Anblick der enttäuschten Dame beschreiben können, als sie ihren Irrtum bemerkte?

Eines Tages rief Adriaans Mutter, die sich gerade von einem Meisterwerk ihres genialen Sohnes hatte täuschen lassen (die Perlenkette am Haken dort war wunderschön, aber aufgemalt …): „Ach, schon wieder so ein BEDRIEGERTJE von Adriaan." Sie war Holländerin und BEDRIEGERTJE, BETRÜGERCHEN, war die nette Bezeichnung für „Illusionsmalerei" oder Trompe-l'œil.

Die Ferien waren vorüber, es wurde wieder langweilig in Adriaans Elternhaus, dafür lustig und abwechslungsreich im Internat.

Adriaan machte – irgendwie – sein Abitur und wurde Kunststudent.

Mittlerweile hatte sein Vater durch Fehlspekulationen ein finanzielles Fiasko erlebt.

Adriaan musste sich überlegen, ob und wie er mit seiner – wenn auch genialen – Kunstfertigkeit würde leben können. Wenn die Not am größten, ist manchmal die Hilfe am nächsten. Die Hilfe kam in Gestalt eines Studienfreundes daher, welcher Adriaan öfter mit nach Hause nahm.

Der Studienfreund war sehr wohlhabend.

Die Großmutter des Freundes, eine kunstliebende, ja kunstfanatische sehr alte Dame, schloss Adriaan ins Herz, denn sie liebte die Maler des Trompe-l'œil, sie besaß ein Bild von Carel Fabritius, des bekannten Rembrandt-Schülers, der in seinem kurzen Leben meisterliche „Bedriegertjes" gemalt hatte, sie besaß zwei Gemälde von Cornelis Norbertus Gijsbrechts und zwei von Samuel van Hoogstraaten.

Adriaan bemalte etliche Decken in der Villa der alten Dame mit religiöser Illusionsmalerei (Engelschören mit Maria und dem Kind), aber auch mit galanten Szenen im Stil Watteaus; Adriaan schmückte die Fassade der Villa mit Marmorsäulen und Erkern, die wie Architektur aussahen und zum Garten hin mit Brunnen, Putti und Delphinen. Die Kunstfreundin war hingerissen von Adriaans Kunst, ihr eigener Enkel, Adriaans Studienfreund, war gegen ihn ein Nichtkönner.

Sehr bald gab sie Adriaan zu verstehen, dass sie beabsichtige, ihn als Alleinerben einzusetzen, Kunstmäzenin auch nach ihrem Tod.

Der Enkel, ein gutmütiger Mensch, war einverstanden, er beneidete Adriaan keineswegs, sondern bewunderte seine Malerei, außerdem war er sowieso Alleinerbe des väterlichen Besitzes. Er war der einzige Sohn, das einzige Kind.

Adriaan, die Gunst der Stunde klarsichtig einschätzend, wusste, dass es galt, sich von der besten Seite zu geben. Er malte, malte für die alte Dame, sein Stil wurde immer perfekter, immer meisterlicher.

Doch trotz aller künstlerischer Raffinessen, der Augenblick des Erkennens, dass das Gemalte doch nie Realität war, der Effekt der Ernüchterung des Betrachters warf einen Schatten auf Adriaans Kunst, es kränkte seinen Künstlerstolz, wenn der düpierte Betrachter ausrief: „Ach, das ist gar keine Marmorsäule mit Efeu, es ist nur ein Gemälde.“ Stets siegte die Realität über die Illusion, die Natur über die Kunst.

Das durfte nicht sein.

Eine Grippewelle machte in jenem Winter die Runde, Adriaans Gönnerin erkrankte schwer, sie war eh von schwacher Konstitution, alle bangten um ihr Leben.

Adriaan sorgte sich sehr, er saß oft an ihrem Krankenbett, in seinem Kopf reifte ein Plan.

Er würde seinem Glück, reicher Erbe zu werden, ein wenig nachhelfen müssen. Er würde, gelang sein Plan, gleich zwei Fliegen mit einer Klappe schlagen können. Dies war die Chance seines Lebens als Erbe und Künstler.

Vor kurzem hatte er zufällig gehört, wie zwei Hausmädchen miteinander flüsterten: „Das darf sie nicht erfahren, das wäre ihr glatter Tod.“

Es ging um Mäuse in der Speisekammer und die Mäusephobie der alten Dame, die wohl extrem ausgeprägt war.

Wenn er nun gar eine RATTE (oder mehrere) malte und das Trompe-l’œil zum Krankenbesuch mitbrächte? Ein nettes Geschenk. Sie liebte Illusionsmalerei.

Adriaan hatte nicht vergeblich drei Tage und drei Nächte durchgemalt wie ein Besessener. Er trug, in Papier verpackt, zwei Gemälde: eins mit den Ratten (meisterlich gelungen), dahinter eins mit Blumen und Früchten.

Er war allein mit der alten Dame. Sie freute sich so sehr über seinen Besuch, nachdem sie ihn einige Tage nicht gesehen hatte. Er packte das Bild aus – das erste –, kurz danach musste das Dienstmädchen den Arzt holen, seine Hilfe kam zu spät. In der Hand hielt die Tote ein wunderhübsches Gemälde, Blumen echt wie zum Anfassen, Obst echt wie zum Anbeißen.

Die Familie war bei aller Trauer erleichtert, dass die liebe alte Dame wohl aus Freude über das Geschenk gestorben war.

Das andere Bild, das Rattenbild, liegt seit Jahren in Adriaans Safe.

Jeden Abend, wenn er alleine ist, betrachtet er es und ein zufriedenes Lächeln geht über sein Gesicht. Das Lächeln eines Siegers.

Des Sieges der Kunst, seiner Kunst, über die Natur. Nur ein Gedanke trübt Adriaans Triumph: Niemand außer ihm wird je dieses Meisterwerk bewundern können.

Die Fälschung

In Kunstkreisen war er geachtet und gefürchtet zugleich. So manche Fälschung hatte er aufgedeckt, seinem Spürsinn, seinem Fachwissen, seinem Kunstverstand blieb nichts verborgen, so leicht konnte ihm kein anderer das Wasser reichen.

Er war einige Jahre im Ausland gewesen und jetzt zurückgekehrt. Er hatte sich verändert, er war grau geworden, was seine distinguierte Ausstrahlung noch erhöhte, die meisten alten Bekannten und früheren Kunden hatten ihn kaum erkannt.

Die Auktion eben hatte ihn ermüdet, er war ein wenig aus der Übung gekommen, er hatte im Ausland von der Kunstszene pausiert und sich anderen Dingen zugewendet.

Ziemlich müde, aber auch durstig von der allzu trockenen Luft im Auktionssaal, schaute er sich nach einem Lokal um, wo er sich vor der Rückfahrt in sein Hotel etwas auszuruhen gedachte.

Da drüben war das „Coq d'Or", der Kunstszene-Treffpunkt von einst, da würde er vielleicht Leute von früher treffen. Gerade dazu hatte er aber keine Lust.

Er schlenderte ein paar Straßen weiter, es fing an zu regnen, es war kühl und ungemütlich, er bog um die Ecke und betrat das erstbeste Restaurant.

Es war gar kein Restaurant, vielmehr eine Kneipe und die Kundschaft sah zum Teil ziemlich heruntergekommen aus.

Er setzte sich an den Tresen und bestellte sich ein Bier. Ein wenig fiel er schon auf in seinem feinen Mantel, dem Anzug und den Designerschuhen, der teuren Brille und überhaupt.

Alle drehten sich nach dem vornehm aussehenden älteren Herrn um.

Sein Nachbar am Tresen musterte ihn aufmerksam. „Was macht so ein feiner Herr hier bei uns Kaputten?", sagte er zynisch.

Er mochte noch nicht ganz dreißig sein, sah aber ziemlich verlebt und ärmlich aus.

Bei genauerem Hinsehen jedoch fiel auf, dass er ein hübsch geschnittenes Gesicht hatte, auch schöne Hände. Seine Augen waren gut.

„Ich hab auch bessere Zeiten gesehen und meine Familie ist so fein wie Sie. Vor allem mein Bruder ist fein, aber ich bin das schwarze Schaf. Dabei war alles nur Pech, das mit dem van Dyck."

Der Kunstexperte, der gerade zum ersten Schluck Bier ansetzen wollte, stellte sein Glas ab. Er war hellhörig geworden. „Welcher van Dyck, ein Verwandter von Ihnen, wohl ein Holländer?" „Ein Holländer, ja, aber kein Verwandter. Nein, ich meine den holländischen Maler van Dyck."

„Anthony van Dyck, einer der Großen des goldenen Zeitalters in Holland, 1599-1641“, sagte der Kunstexperte mechanisch und ziemlich leise. „Wie kann der an Ihrem Unglück schuld sein, der ist doch schon lange tot?“

„Das ist eine lange Geschichte. Eine sehr lange Geschichte. Aber sagen Sie, wieso kennen Sie sich so gut in Kunst aus? Sind Sie vom Fach?“

„Nein, nein“, beeilte sich der Kunstexperte zu sagen. „Das ist doch nur ein bisschen Allgemeinbildung. Die Lebensdaten van Dycks habe ich mal irgendwo zufällig aufgeschnappt und irgendwie behalten.“ Er trank hastig einen Schluck. „Ihre Geschichte würde ich gerne hören.“

Der junge Mann, so ermutigt, begann: „Ich komme aus wohlhabendem Haus, meine Mutter war sogar adlig. Bei einem Verwandten meiner Mutter, einem unverheirateten Grafen, verbrachten mein älterer Bruder und ich oft die langen Sommerferien. Onkel Eberhard wohnte in einem verwunschenen Schloss, wie er selbst den Familiensitz nannte, und wir Kinder durften ungestört im Haus, im Park und in den Stallungen herumstreifen. Er war sehr kinderliebend und überhaupt ein herzlicher Mensch, er war mir näher als mein eigener Vater, er war ein wenig zerstreut und liebenswert schrullig.

Er mochte mich lieber als meinen älteren Bruder Konstantin. Alle wussten das, auch Konstantin selbst. Eine der Schrullen meines Onkels war, dass er passionierter Kunstsammler war. Vor allem die alten holländischen Meister hatten es ihm angetan.

Eines Tages nahm er mich mit auf eine Kunstauktion und ich war sehr stolz und erfreut. Konstantin wollte nicht mitgehen, er machte sich nichts aus Kunst, aber ich malte und zeichnete selbst sehr viel und wollte später Maler werden.

Die Atmosphäre im Auktionshaus – es war ein sehr berühmtes, sehr renommiertes – faszinierte mich. Die Gespanntheit, die Nervosität, das erwartungsvolle Lauern der Menschen, das sich manchmal hinter künstlicher Gelassenheit und Arroganz versteckte, dies alles knisterte, war körperlich zu spüren und übertrug sich auf mich.

Ich zappelte unruhig auf meinem Stuhl neben Onkel Eberhard herum.

An jenem Tag wollte er etwas ganz Besonderes ersteigern. Ein Kinderbildnis von Willem II. von Oranien, gemalt von Anthony van Dyck, 1631.

Wir hatten das Bild in der Vorbesichtigung gesehen und es hatte uns beide gleichzeitig gefesselt: Es war, so kann man ruhig sagen, Liebe auf den ersten Blick. Das schöne, sanfte Kindergesicht, die warmen Gold- und Orangetöne, der Windhund links neben dem kleinen Prinzen, die Säulen, der reichverzierte Vorhang, das Blattwerk, die Feder am Barett des königlichen Kindes, es war so lebendig, vollendet.

Ich hielt die Spannung kaum aus. Sie werden es nicht glauben, mein Herr, das Gemälde wurde uns zugeschlagen, obwohl etwa fünf Konkurrenten gegen uns boten.

Aber Sie sind so blass, mein Herr, ist Ihnen nicht gut? Doch? Soll ich weiterfahren?“

„Aber ja, bitte, Ihre Geschichte ist äußerst spannend“, entgegnete der Kunstexperte etwas fahrig. Ganz leicht tupfte er sich mit seinem Taschentuch die Stirn. „Es ist etwas stickig hier drinnen. Es geht schon wieder. Erzählen Sie bitte weiter.“

„Als uns der Auktionator das Gemälde zugeschlagen hatte, drückte mir Onkel Eberhard ganz fest die Hand und ich glaube, er hatte ein wenig feuchte Augen. Er war, wie gesagt, lieb, aber ziemlich rührselig. Dann sagte er: ‚Wenn ich sterbe, wirst du das Bild bekommen und du wirst es in Ehren halten, gelt?‘ ‚Das werde ich, Onkel.‘

Der Rest ist bald erzählt. Zwei Jahre später starb Onkel Eberhard, ohne im Testament auch nur mit einer Silbe den van Dyck und meinen Namen zu erwähnen. Er war bei all seinem lieben Wesen sehr weltfremd. Mein Bruder Konstantin als der Ältere erbte alles. Das Gemälde war übrigens eine Fälschung und gar nichts wert. Konstantin ließ es gleich nach der Testamentsvollstreckung zu einem berühmten Kunstexperten bringen, der es als Fälschung entlarvte.

Konstantin hätte mir, so versicherte er mir – denn er wußte von der mündlichen Absprache zwischen dem Onkel und mir –, das Bild überlassen, wenn es echt gewesen wäre, um mir eine finanzielle Starthilfe für mein Kunststudium zu geben.

Irgendwie hat mich die Enttäuschung wegen des Bildes so aus der Bahn geworfen, dass ich meine Pläne, Maler zu werden, aufgab.

Ich ging nach Indien, kam dort mit Drogen in Berührung, wurde krank, kam zurück, und das Ergebnis sehen Sie hier. Manchmal denke ich noch an den van Dyck, an das Kinderbildnis, das auch als Fälschung eine so wunderbare Ausstrahlung hatte. Es hatte meine Seele berührt. Am Ende hat sich jener berühmte Kunstexperte sogar getäuscht, aber das darf ich nicht denken. Konstantin hatte es für 150,– DM auf dem Flohmarkt verkauft, wie er mir sagte. Er gab mir sogar das Geld.“

„Eine wirklich spannende Geschichte“, sagte der Kunstexperte. Doch verzeihen Sie mir, ich habe noch einen dringenden Termin und muss jetzt gehen. Sie erlauben doch, dass ich Ihre Rechnung bezahle? Leben Sie wohl und alles Gute.“

Hastig nahm er seinen Mantel und verließ die Kneipe. Draußen im Freien stützte er sich an die Hauswand und rang nach Luft. Er glaubte, zu ersticken. Dann ging er mit großen Schritten die Häuserzeilen entlang zu seinem Wagen. Es war eine Flucht.

Er fühlte sich, als habe er einen Mord begangen.

Und er erinnerte sich, als er durch die regennassen Straßen lief, an jenen Tag, als ihm ein junger Mann namens Konstantin von St. … einen echten – einen wunderbaren – van Dyck anbot und ihn anflehte, er möge ihn als Fälschung deklarieren und heimlich ins Ausland verkaufen.

Er würde die kleine Transaktion finanziell nicht bereuen. Sie hatten sich die fette, die sehr fette Beute geteilt. Der van Dyck befand sich jetzt in einem Riesensafe in New Orleans.

Der Besitzer mochte die alten holländischen Maler gar nicht leiden.

Der Rosenkavalier

Marschallin: Die Zeit im Grund ...,
Die Zeit, die ändert noch nichts an den Sachen.
Wenn man so hinlebt, ist sie rein gar nichts.
Aber dann auf einmal, da spürt man nichts als sie.
Sie ist um uns herum, sie ist auch in uns drinnen.
Richard Strauss: „Der Rosenkavalier", 1. Aufzug

Susanna saß in der Loge, links, des Nationaltheaters in Mannheim. Janice Dixon sang gerade die Arie der Feldmarschallin gegen Ende des 1. Aufzugs („Da geht er hin ..."); sie verabschiedete gerade ihren jungen Liebhaber, den Grafen Octavian, den „Bub" und Rosenkavalier. Vor einem hohen Spiegel stehend, prüfte sie sich. Eine Arie voller Wehmut, Trauer und Melancholie. Die Schläge der Uhr fielen wie eine Totenglocke zwischen die Worte der Sängerin.

Susanna saß gebannt, fast versteinert.

Ja, so ist es. Es ist so wahr.

Tief berührt, denn die Feldmarschallin war doch sie selbst, stiegen ihr die Tränen in die Augen.

Wieder einmal hatte die Musik es geschafft, sie mit der Wahrheit zu konfrontieren. Ausgerechnet die Musik, dabei war sie doch schon früh als gänzlich unmusikalisch abgestempelt worden. Die qualvollen Stunden im Musikunterricht, das peinliche Vorsingen, besser Vorkrächzen vor der Klasse, die jämmerlichen Versuche, das Klavierspiel zu erlernen (es war ein Jugendstilklavier, ein Erbstück der Großmutter, vorhanden), immerhin gehörte das Klavierspiel zu einer „höheren Tochter" wie das Amen ans Ende der Predigt. Über „Ein Notenblatt für Elise", einige Etüden und Weihnachtslieder („Vom Himmel hoch ...) kam sie nie hinaus; die Klavierlehrerin, eine Polizeiobermeistergattin und ehemalige Sängerin, war erleichtert, als Susanna unter irgendeinem Vorwand den Klavierunterricht abbrach.

Im Kirchenchor ihres Dorfes war Susanna geduldet gewesen, ihr Vater war ein angesehener Kirchenältester; außerdem fiel ihr Krähen unter dem Krähen der andern nicht sonderlich auf.

Und ausgerechnet sie also, die notorisch unmusikalische Susanna, fühlte in der Musik, vornehmlich in der Opernmusik und der Klassik überhaupt, zutiefst und uneingeschränkt das unendliche Glück des Lebens, seine starke unverwüstliche Schönheit, aber auch die niederschmetternde Verzweiflung, die Gemeinheit des

Lebens. Und des Todes. Sie spürte die Vergänglichkeit, das unaufhaltsame Ticken der Lebensuhr.

Verstohlen, es war ihr ein wenig peinlich, ihre Gefühle nicht besser im Griff zu haben, wischte sie sich die Augen.

Aber sie hatte nichts zu befürchten.

Erstens war es im Theater dunkel, und zweitens würde kein Mensch ihre Rührung bemerken.

Niemand bemerkte sie mehr, denn sie gehörte zu jener Gruppe der Unsichtbaren, der Frauen ab 50, die mitten auf der Straße tot umfallen könnten, ohne dass es jemandem auffallen würde.

Früher, das war noch vor wenigen Jahren, hatten Männer und Frauen sie noch bemerkt, aber nach und nach kam sie sich wie eine Pappgestalt vor, die sich morgens mechanisch ankleidet und die aus dem Haus geht, weil es eben so sein muss.

Dabei nahm keiner sie mehr wahr. Weder in der Stadt noch beim Einkauf im Supermarkt, noch – zum Beispiel – im Theater.

Früher – vor wenigen Jahren noch –, ja, da gab es Blicke vom Nachbartisch im Restaurant, kleine „Augenblicke", fast Flirts zu nennen, doch harmlos, zu nichts führend, Andeutungen von Möglichkeiten, so ungeheuer aufbauend für das Ego einer Frau.

Heute beachteten auch die Frauen, die „Mitschwestern" Susanna nicht mehr, denn sie war keine potentielle Gefahr, keine mögliche Rivalin, keine Herausforderung mehr, keine Quelle des Neids. Es gab nichts mehr zu beneiden seitens der Frauen, nichts mehr zu begehren seitens der Männer.

Eine Frau wie viele, viele. Alternd.

Da half keine echte Perlenkette, kein noch so raffiniert geschnittenes Kleid.

Ja, die Arie der Feldmarschallin war so gnadenlos wahr.

Musik war so gnadenlos wahr und Kunst überhaupt.

Da hatte Susanna auf einmal das Gefühl, dass jemand sie von der Seite her beobachtete.

Von schräg hinten, man spürt so etwas.

Einbildung, sagte sie sich, alles Einbildung.

Sie drehte sich nicht um, sie war ein diskreter Mensch.

Das seltsame Gefühl, beobachtet zu werden, beachtet zu werden, blieb.

Es war angenehm und unangenehm zugleich.

Als sich der Vorhang zur Pause senkte, sah sie gespielt gleichgültig, während sie aufstand und Tasche und Programmheft schnappte, die Reihe hinter ihr entlang.

Da stand gerade ein älteres Ehepaar auf, daneben ein ganz junges Mädchen, dann ein Mann. Sie musste sich wirklich getäuscht haben. Sie ging zur Theke mit den Büchern und Kunstkarten und CDs und Theaterprospekten, dann schlenderte sie zur Theaterbar und holte sich einen Kaffee.

Sie setzte sich an einen kleinen freien Tisch.

Ein Mann näherte sich langsam und fragte, ob noch Platz sei.

Er hatte ebenfalls eine Tasse Kaffee in der Hand.

Er sah sie an. Susanna erkannte in ihm den einzelnen Mann, der in der Reihe hinter ihr gesessen hatte. Sie hatte ein fast fotografisches Gedächtnis für Gesichter, auch wenn sie Leute nur flüchtig gesehen hatte, prägten sie sich ihr ein.

Ob Alt oder Jung.

Er sagte: „Ich habe bemerkt, wie Sie die Arie der Marschallin berührt hat. Es ist eine herrliche Oper." „Ja, Richard Strauss ist mein Lieblingskomponist", entgegnete Susanna. „Er ist so sensibel. Und so schön melancholisch und ein wenig morbide. Er kannte die menschliche Seele."

„Und vor allem die Seele der Frauen?" Ihr Gegenüber verwickelte sie unversehens in ein Gespräch, konfrontierte sie mit einer Situation, die sie lange nicht mehr erlebt hatte. Sie fühlte sich seit langem wieder einmal beachtet, wahrgenommen als Frau.

Das „Pappfigur-Gefühl" war wie weggepustet.

Doch war nicht alles nur ein Trugbild ihrer Einsamkeit, ihrer unendlichen Sehnsucht nach Nähe, nach ein wenig Zuwendung?

Er war um einige Jahre jünger als sie, mittelalt, aber was hieß das schon bei einem Mann, er war ganz leicht ergraut, auch dies kein Hindernis, ihn attraktiv zu nennen. Er war der intellektuelle und sanfte Männertyp, den sie immer bevorzugt hatte.

Er sah sogar Susannas verstorbenem Mann etwas ähnlich, sehr schlank und elegant. Sie schalt sich innerlich eine Närrin und sagte sich, sie dürfe die Situation nicht überbewerten. Ein Mann unterhält sich mit einer Frau im Theaterfoyer über eine Oper. Nichts weiter. Punktum.

„Alte romantische Närrin", schalt sie sich. „Bleib auf dem Boden." Der Mann hatte sich gewiss nur gelangweilt und etwas Kultur-Smalltalk gesucht.

Da sagte er auf einmal ganz unvermittelt, sie fest ansehend: „Your eyes tell the whole story …" (Ihre Augen sagen alles …). „Entschuldigung, mir rutscht das Englische manchmal so heraus, ich übersetze nämlich englische und amerikanische Bücher ins Deutsche und umgekehrt, wissen Sie."

Und schon hatten sie einen neuen Gesprächsstoff, die englische Literatur. Susanna liebte die englische und amerikanische Literatur, sie las fast nur englische und amerikanische Bücher, kaum deutsche. Ihr verstorbener Mann war Dozent am anglistischen Seminar in Heidelberg gewesen, sie selbst hatte eine Zeit lang als Dolmetscherin gearbeitet.

„O ja? Ich lese gerade ‚MOON PALACE' von Paul Auster. Ich kenne noch wenig von ihm."

„Ich habe mehrere Bände Paul Austers übersetzt", sagte er.

Susannas Augen leuchteten. Sie fühlte sich so jung, so begehrenswert, war es denn möglich, sie fühlte sich endlich wieder als Frau, eine interessante, attraktive Frau, der man zuhört, die man ansieht, über die man nicht so einfach hinwegsieht.

Der Theatergong ertönte.

„Ich möchte Sie wiedersehen", sagte er ernst.

„Ich habe keine Familie, keinen Beruf, ich habe immer Zeit, ich bin eine ungebundene Frau", erwiderte Susanna. „Ja, ich habe immer Zeit."

Sie verabredeten sich für nächsten Mittwoch.

Er saß für den Rest der Oper neben ihr, der Platz war unbesetzt geblieben. Sie amüsierten sich zusammen, als im dritten Akt der fette, unsympathische Baron Ochs auf Lerchenau ein Stelldichein mit dem „Marianderl" hat, dem verkleideten jungen Grafen Octavian, dem Rosenkavalier, der dem grauslich-feisten Mannsbild einen Denkzettel verpassen will.

Als Octavian als Marianderl ganz geziert sang: „Nein, nein! I trink kein Wein", lachten sie beide Tränen. Richard Strauss, der Ernste, Melancholische, hatte solch einen großen Sinn für das Komische im Leben, für das Lächerliche. Wie alle Melancholiker, fand Susanna. Als am Ende der Oper die Feldmarschallin auf ihren „geliebten Bub", den Rosenkavalier, verzichtet und dem jungen Paar Sophie und Octavian ihren Segen gibt („Hab mir's gelobt ..."), dachte Susanna: „Sie muss verzichten. Die Arme. Doch was beginnt da gerade in meinem Leben?"

Aus Susannas Tagebuch:

Mittwoch, 15. Oktober

Ich kann es noch nicht glauben, aber ich werde beachtet, ich werde geachtet und ich werde geliebt.

Vorbei das Gefühl, zu den „Unsichtbaren" zu gehören.

Wie konnte ich nur so negativ, so pessimistisch sein.

Ich habe ihn in der Oper kennen gelernt. Er heißt Anselm von Papen und er übersetzt Bücher aus dem Englischen. Anselm von Papen. Der Name klingt ungemein pompös und nach Heiratsschwindler, aber er braucht wirklich mein Geld nicht. Er hat mehr als ich, und ich habe auch nicht gerade wenig.

Vom Bücherübersetzen braucht er nicht zu leben, er ist ein wohlhabender Erbe, er übersetzt aus Lust und Laune. Die Gespräche, die wir haben! Wir treffen uns in zwei Wochen wieder, er besucht auf dem Chicago Book Fair den Stand seines Verlages: Nächstes Mal nimmt er mich mit.

Ich bin glücklich.

Ausgerechnet ich pessimistischer, melancholischer, negativer Steinbock. Apropos Sternzeichen, ich könnte mir fast denken, er ist FISCH oder JUNGFRAU.

Mit Fisch- und Jungfrau-Geborenen kann ich am besten, schon mein ganzes Leben lang.

Mittwoch, den 29. Oktober

Unser Wiedersehen war so unbeschreiblich.

Er hat mir eine wunderhübsche Ausgabe von Paul Austers „MOON PALACE" mitgebracht. Von Auster signiert.

Am Wochenende gehen wir zusammen in die Ausstellung „Lebenslust und Frömmigkeit" im Reiss-Museum.

Ich bin verliebt wie ein Teenager. Eigentlich lächerlich, ich müsste mich schämen, aber ich weigere mich ganz entschieden, dies zu tun. Er ist übrigens im Zeichen der Jungfrau geboren.

Montag, den 4. Dezember

Lange, lange habe ich nicht in mein Tagebuch geschrieben, denn ich bin zu sehr beschäftigt mit Glücklichsein.

Tagebücher taugen nur, wenn man einen Kummer hat.

Es ist viel geschehen, wir unternehmen so viel gemeinsam, alles stimmt. Überhaupt alles. Wie eine Nonne hatte ich schon gelebt, mich eingeigelt in meine Empfindsamkeit. Wie ein Neutrum, geschlechtslos.

Ich lebe wieder.

P.S. Was soll ich nur machen, wenn es mir einmal so ergeht wie der Feldmarschallin? Ich will es mir nicht vorstellen.

Aus dem Tagebuch von Anselm von Papen

Mittwoch, den 15. Oktober

Endlich. Ich habe es gefunden, das lange gesuchte Objekt.

Ich habe schon nicht mehr daran geglaubt.

Die Idee mit dem „Rosenkavalier“ war gut, diese Oper spricht doch die sogenannten Frauen im reiferen Alter an. Mein Objekt hat sich mit der Feldmarschallin identifiziert: Verzicht der alternden Frau. Zuerst hatte ich „das Objekt“ nicht bemerkt. Solche Frauen bemerkt man nicht.

Doch dann, am Ende des ersten Aufzugs, als die Marschallin über die Zeit sinniert und ganz melancholisch wird, fiel mir auf, dass eine Frau in der Reihe vor mir sich die Augen tupfte. Da war jemand gerührt, das war auch im Halbdunkel des Theaters zu erkennen.

Sollte ich endlich das passende Studienobjekt für meinen Roman gefunden haben? In der Pause besah ich mir die Frau näher. Ja, es mochte so angehen. Viel lieber wäre ich dem ganz jungen Mädchen, das in meiner Theaterreihe saß, ins Foyer gefolgt – es steuerte auf die Sektbar zu –, aber für meine Kunst muss ich eben nun mal Opfer bringen. Ich arrangierte ein Gespräch mit „dem Objekt“, zog einige Register meiner Schauspielkunst – gelernt ist gelernt –, zum Beispiel: „Your eyes tell the whole story“ und andere kleine nette Phrasen. Sie verfehlten ihre Wirkung nicht.

Sie ist das passende Studienobjekt. Genau das, was ich für meinen „EDDA“-Roman brauche. Eine Bildungsbürgerin, kultiviert, mit allen Sehnsüchten der romantischen Seele. Das brauche ich für meine EDDA; allen Vorgängerinnen meines Studienobjekts fehlte eben dies eine: die Empfindsamkeit. Es gab Träume, Sehnsüchte, aber es waren Träume von teuren Autos, Klamotten, exotischen Ferienreisen. Da war nichts Tieferes. Nichts Geistiges. Nur Materie.

Susanna, so heißt mein Objekt, wird EDDA sein und dieser Roman wird ein Erfolg werden.

Sie weiß natürlich nichts von meinen schriftstellerischen Ambitionen. Für sie bin ich Übersetzer von Literatur. Ich werde Susannas Seele aufspießen, wie ein Insektensammler einen raren Schmetterling aufspießt.

Balzac hat die „Frau von 30 Jahren“ geschrieben, Flaubert hat Emma Bovarys Seele seziert, ich werde die Frau von 50 Jahren in die Literatur einführen.

Ich reibe mir die Hände und freue mich auf mein Experiment. Es werden interessante Wochen werden für mich Frauenseelenforscher und zukünftigen Bestsellerautor.

Zum Glück sieht sie noch einigermaßen passabel aus, so fällt das „Leidenschaftliche“ mir nicht zu schwer. Ich habe nicht umsonst ein Jahr lang Schauspielunterricht genommen.

Donnerstag, den 30. Oktober

Es läuft bestens. Chicago bestens, mein Gedichtband (mit Pseudonym) bestens, die Susanna-Sache zur höchsten Zufriedenheit. Sie ist wirklich das ideale Versuchskaninchen.

Gestern habe ich mit dem EDDA-Roman angefangen.

8. Dezember

Sie ist eine Muse ohnegleichen, sehr leidenschaftlich.

Mein Roman nimmt Formen an.

10. Dezember

Ihre Seele ist wie ein offenes Buch. Ich komme mir vor wie die bekannte Flaubert-Karikatur von Lemot vom 5. September 1869: Flaubert spießt Emma Bovarys Herz auf einer Gabel auf. Sie liegt auf dem Seziertisch.

Susanna merkt nichts von der Komödie, Liebe macht blind.

Mein Tagebuch ist im Medizinschränkchen im Bad gut versteckt. Mein Manuskript im Bettkasten auch. Ich denke, ich werde jetzt eine Weile nicht ins Tagebuch schreiben. Ich arbeite zur Zeit die Nächte durch an meiner „EDDA“.

Aus Susannas Tagebuch

22. Dezember

Vieles, zu vieles ist geschehen.

Noch kann ich nicht glauben, was da passiert ist.

Gestern war ich wieder bei ihm. Diese wundervolle Penthouse-Wohnung. Das schwarze Luxusbad. Der kleine Wintergarten, die Bücherwände, die Antiquitäten, noch wunderbarer als meine ererbten Biedermeiermöbel. Das geschmackvolle cremefarbene Schlafzimmer mit dem Renaissance-Himmelbett.

Nein, mein Geld braucht er wirklich nicht. Zwei so herrliche Stunden mit ihm und dazu die Musik aus dem „Rosenkavalier“ (mit Christa Ludwig in der Titelrolle und Elisabeth Schwarzkopf als Marschallin).

So wehmütig, es passte – jetzt, wo alles vorüber ist – so zusammen. Es war der Abschied. Eine Vorahnung. Ende und Verzicht.

Irgendwie hatte ich rasende Kopfschmerzen bekommen, danach.

Ich wollte ihn nicht wecken, er war ein wenig eingeschlafen. Er schlief hinterher immer ein. Ich schlich mich aus dem Schlafzimmer. Im Bad suchte ich nach Aspirin oder Paracetamol. Da war ein Medizinschränkchen, es war nicht abgeschlossen. Aber es waren ja auch keine Kinder im Haushalt, die verbotenerweise etwas hätten entnehmen können.

Ich fand Paracetamol und ich fand das Tagebuch.

Auch es war nicht verschlossen.

Aber in einem Junggesellenhaushalt muss man ja nichts verschließen.

Wie gut, dass er fest schlief.

Ich las und las und las.

Das Medizinschränkchen enthielt nicht nur Paracetamol gegen Kopfschmerzen.

Als er aufwachte, überraschte ich ihn ganz liebevoll mit einem Glas Bitter Lemon. Bitter Lemon, Bitter Mandel, das schmeckt eins wie das andere. Er liebte Bitter Lemon und er trank gierig in einem Zug.

Dann ging alles recht schnell. Nur diesen schrecklich verwunderten Ausdruck in seinem Gesicht werde ich niemals vergessen.

Ich schob den Toten beiseite, um an das Manuskript im Bettkasten ranzukommen. Da, in einer grünen Mappe mit Jugendstilmuster: „EDDA“. Ich steckte es in eine große Tasche, wo auch schon das Tagebuch verstaut war.

Es ist manchmal praktisch, anonym in der Stadt zu wohnen, keinen Nachbarn zu kennen. Anselm war ganz zurückgezogen.

Allmählich lerne ich die Tatsache zu schätzen, dass ich zur Klasse der Unsichtbaren gehöre. Wir Frauen sollten mehr daraus machen.

Wie gut, dass er mich niemals irgendjemandem vorgestellt hatte. Es hätte lästig werden können für mich, man hätte mir Fragen gestellt.

Ich verschwand ganz einfach.

Im Lift fuhren drei junge Leute, aber sie nahmen keine Notiz von mir. Und ich dachte, während es im Lift abwärts ging: „Hätte er es nur auf mein Geld abgesehen, ich hätte ihm verzeihen können.

Aber meine Seele? Niemals!“

Ich bin schon gespannt auf die Lektüre, das „EDDA“-Fragment.

Ich mache jetzt mein Tagebuch zu (ich muss es besser verstecken als er seins), dann gieße ich mir einen schönen englischen Tee auf mit viel Milch, kuschele mich auf meinem Sofa in die Kuscheldecke ein und lese. Vielleicht erfahre ich dann endlich, wer ich wirklich bin.

Mädchen in einem roten Kleid

Wir verbrachten regelmäßig unsere Sommerferien bei Tante Friederike.

Meine Schwester und ich waren in einem teuren Internat am Bodensee untergebracht, die Eltern hatten keine Zeit –, was meinen Vater betraf – oder keine Lust – was meine Mutter betraf – sich um uns zu kümmern.

Tante Friederike war unsere Großtante, sie war nie verheiratet gewesen und widerlegte durch ihr liebevolles Verhalten uns Mädchen gegenüber das Gerede von den notorisch kinderfeindlichen alten Jungfern.

Sie ersetzte uns Eltern, Großeltern, letztere waren längst gestorben.

Tante Friederike bewohnte – sie war noch wohlhabender als unsere Eltern – eine Villa am Neckar, am Heidelberger Stauwehr, ein zauberhaftes, mit Türmchen und bunten Ziegeln versehenes Minischloss.

Es roch so nach allerlei Giftigem, wenn wir in der Gluthitze des Heidelberger Hochsommers mit unseren Internatsköfferchen das schmiedeeiserne Tor durchquerten und die steil von der Ziegelhäuser Landstraße hochführende Treppe hinaufstiegen. Es duftete nach den traubenartigen Glyzinien, nach Geißblatt und Goldregen.

Wenn wir die altmodische Schelle zogen (eine Messingglocke, sie trug eine lateinische Aufschrift: QUI ME TANGIT VOCEM MEAM AUDIT – Wer mich berührt, der hört meine Stimme, ich hatte es gerade im Lateinunterricht gelernt), wurde uns bald darauf von Tante Friederikes Hausdame geöffnet.

Das Abenteuer konnte beginnen, acht Wochen spannenden Herumstöberns im HEXENGARTEN, wie wir den wildromantischen Garten der Tante nannten, und im Speicher, der in unserer Sprache DAS HIMMELREICH hieß, waren uns gewiss. Das Frühstück wurde bei sonnigem, schönem Wetter (und zu unserer Kinderzeit gab es doch, wer würde daran zweifeln, NUR schöne und sonnige Sommertage) in der Loggia eingenommen, einem lichten, mit exotischen Pflanzen über und über geschmückten Raum, in dessen Kaffeehausmöbeln aus Rattan und Wiener Geflecht nicht nur wir Kinder, sondern auch vier Katzen und ein Hund – Romeo – gemütlich herumlungern durften.

Ein Eldorado für Kinder und Tiere.

Wir hatten sozusagen Narrenfreiheit, eine Freiheit, der wir Mädchen ganz eigene Grenzen setzten, vielleicht zum Dank für Tante Friederikes Großzügigkeit, die wir nicht ausnutzen oder überstrapazieren wollten.

Die Kinderliebe und Tierliebe der Tante erstreckte sich aber nicht nur auf lebende

Objekte (die vier Katzen, den Hund und uns Schwestern), sondern auch auf allerlei Darstellungen von Kindern und Tieren in der Kunst.

Porzellanfigürchen verschiedener Manufakturen des 18. Jahrhunderts, Kindergruppen mit Hunden, Katzen, Äffchen, Guckkästen, Vogelbauern; Miniaturen aus der Biedermeierzeit; holländische blauweiße oder manganfarbene hellbraune Kacheln, mit denen die Wände der Küche gefliest waren und auf welchen dicke kleine Kinder mit allerhand längst vergessenen Spielen beschäftigt waren: mit Reifen, Kreiseln, Steckenpferdchen; Kinderbildnisse aus dem 17. Jahrhundert (aus England und Holland zumeist), wo es nur so wuselte von Kindern und Hunden, kleinen schwarzweißen oder braunweißen Spaniels mit Lockenohren.

Tante Friederike hatte uns alle diese Kunstwerke erklärt, sie legte den Grundstein für unsere Liebe zur Kunst. Sie erklärte uns die impressionistischen Bilder (sie besaß zwei Ölgemälde und mehrere Rötelzeichnungen und Bilder im japanischen Stil) der Malerin Mary Cassatt, der sie sich besonders verbunden fühlte.

Mary Cassatt, die wohlhabende Amerikanerin, die in Frankreich gelebt und gemalt hatte, war unverheiratet und kinderlos gewesen wie Tante Friederike. Mary Cassatts Werk ist eine einzige Liebeserklärung an Kinder und Mütter und auch die Kindermädchen, welche Kinder füttern, baden, kämmen, ankleiden, liebkosen, mit ihnen spielen.

Aber DAS GEMÄLDE, welches wir am meisten liebten, war eines, das wir nie gesehen hatten. Es war, wie uns die Tante erzählte, von Ammi Phillips, es war um 1830 gemalt worden und vor 25 Jahren hatte man es Tante Friederike gestohlen. Eine Nacht-und-Nebel-Aktion, es war nie gefunden, der oder die Täter nie gestellt worden. Es war das Lieblingsbild der Tante gewesen, PORTRAIT of a GIRL in a RED DRESS. Ihr Vater hatte es vor dem ersten Weltkrieg für sie ersteigert, als sie ein junges Mädchen war.

Immer und immer wieder erzählte sie uns von jener Auktion, von dem nativ gemalten, etwas statuesk wirkenden kleinen Mädchen mit braunem Mittelscheitel und roten Bäckchen und roter Halskette und roten Schühchen, in der rechten Hand eine Walderdbeere, zu ihrer Rechten einen kleinen Hund, der etwas schelmisch zu ihr hochblickte, den Kopf auf die Pfoten gelegt.

Ob das Bild je wieder auftauchte? Vielleicht lag es, eine schamvoll versteckte Hehlerware, in irgendeinem Safe irgendeines Reichen.

Ich werde nie den Morgen vergessen, an dem Tante Friederike starb.

Wir tranken gerade jenen unvergleichlichen Kakao, der mit Sahne und Wasser angerührt war und den es nie sonstwo und auch nie mehr danach gab.

Die Katzen schnurrten in ihren weichen Kissen um die Wette, Romeo lag zu Tante Friederikes Füßen auf dem Teppich aus Kaukasien.

Die Tante hatte schon etwas vor uns mit dem Frühstück angefangen und blätterte jetzt in einem Auktionskatalog des namhaften Heidelberger Hauses Berlinghof.

Plötzlich schrie sie jäh auf und rang nach Luft. „Nein, das ist unmöglich, das ist mein Bild, mein MÄDCHEN im ROTEN KLEID. Nein, diese Freude …"

Kurz darauf war die Tante tot.

Das Gemälde wurde den rechtmäßigen Besitzern zurückgegeben. Wir, meine Schwester und ich, erbten, als wir volljährig waren, alle Kindergemälde und Porzellanfiguren. Sie hatte dies in ihrem Testament verfügt. Wir verkauften das Bild „PORTRAIT of a GIRL in a RED DRESS" später, wir konnten den Anblick des Bildes nicht ertragen.

Schönheit, Freude, unsere sonnigen Sommertage im Zauberschloss der geliebten Tante. Dann der Tod. Der Tod aus Freude über ein wiedergefundenes Gemälde.

Das Bild wurde im Jahre 1985 bei Christie's versteigert. Es brachte 682.000 $.

Heute kein Spaziergang

Es gibt Menschen, die haben, so unglaublich es scheint, noch niemals das erlebt, was man einen Déjà-vu-Effekt nennt.

So auch Beatrice. Ungläubig schüttelte sie den Kopf, wenn sie wieder einmal einem solchen Bericht lauschte, wonach der oder die Erzählende behauptete, er oder sie habe „einen Moment lang das Gefühl gehabt, das alles schon einmal gesehen, gehört, erlebt zu haben, eine Szene, ein Gespräch …“

Beatrice hatte nur Hohn und Spott für solche Phantastereien.

„Ihr lest zu viele von diesen komischen esoterischen Büchern, die zur Zeit bis zum Erbrechen den Büchermarkt überschwemmen.“ Mit einer Freundin hatte sie sich sogar endgültig entzweit, als diese darauf bestand, ihre Déjà-vu-Erlebnisse bewiesen eine frühere Existenz in einem vorherigen Leben.

„Jaja, du warst Kleopatra und ich die Königin von Saba“, lästerte sie.

Etwas anderes war für Beatrice noch ein rotes Tuch: Es gab Leute, die redeten davon, „etwas verdrängt zu haben“.

„Das habe ich total verdrängt.“ Richtig aggressiv konnte Beatrice dann reagieren.

„Humbug. Das gibt es nicht, dass man so etwas Einschneidendes wie – sagen wir – eine Vergewaltigung oder etwas in diese Richtung, ein Kindheitstrauma eben, verdrängt, einfach vergisst, aus seinem Bewusstsein löscht. Es ist unlogisch. Es macht keinen Sinn.“

Doch nun plötzlich, am 5. November 2000, traf die 39-jährige Beatrice gleich zweifach ein Phänomen, das sowohl mit Déjà-vu als auch mit Verdrängung zu tun hatte. Es war wie eine Ironie des Schicksals.

Beatrice hasste eigentlich Sonntagnachmittage. Sie war alleinstehend, ein Single. Sie war so völlig ohne Familie. Der Sonntag aber ist ein Familientag. Mamis, Papis, Kinder, Omis und Opis nebst Mops und sonstigem Anhang machten ihre Sonntagnachmittagsspaziergänge, ihre Sonntagsnachmittagskaffeeklatschtreffen, ihre Sonntagnachmittagsradtouren, ihre Sonntagnachmittagsverwandtenbesuche.

Nicht so Beatrice. Meist putzte sie sonntags ihre hübsche, geschmackvoll mit Antiquitäten eingerichtete Wohnung im Penthouse.

Gründlich.

Beatrice hasste Staub, es war fast eine Phobie.

Staub legt sich über die Dinge, macht sie stumpf und glanzlos, nimmt alles Schöne weg, verhüllt es. Ein Leichentuch.

Staub nimmt den Atem, kitzelt die Nase, riecht ekelhaft.

Beatrice staubte die Bücherregale ab. Oft las sie sich dabei fest, indem sie auf ein noch nicht gelesenes Buch stieß und darin stöberte.

Von einem Onkel, einem Büchernarren, hatte sie kürzlich eine stattliche Bibliothek geerbt. Es waren fast alles Kunstbände, der Onkel war auch ein Kunstnarr gewesen.

Beatrice schnappte sich einen Band. „Künstlerinnen" stand auf dem Einband.

Künstlerinnen, eine seltene Gattung Mensch, von den Herren der Schöpfung auch hier in den Schatten gestellt, den HERREN Künstlern. Doch eigentlich arme Schweine, diese Künstlerinnen, wie viele heimliche Künstlerinnen mochte es wohl gegeben haben und immer noch geben, dachte Beatrice.

Dienstmädchen im Haushalt einer Lady, ein Dienstmädchen, das in seiner kärglichen Freizeit heimlich Aquarelle zeichnete und dies weitaus besser konnte als die Herrin, die dieses stümperhaft, aus Langeweile und Weil-es-sich-so-gehörte-für-eine-gebildete-Dame-von-Stand tat.

Oder irgendeine Kleinbürgersfrau der Biedermeierzeit, die ihr Talent zum Schreiben verstecken musste, weil der dicke Ehemann sonst erzürnt gewesen wäre? Da waren die Kinder zu kriegen und aufzuziehen und die Ehemänner zu bekochen und … Ach, Beatrice wollte sich lieber nicht zu viel vorstellen von all den verschwendeten Frauenleben und den Talenten, die nie eine Chance bekamen …

So gingen Beatrices Gedanken, als sie plötzlich eine zweifache Keule traf. Ja, es war wie eine Keule.

Déjà-Vu und Verdrängung. Gibt es nicht, haha.

Alles Psychologengewäsch, esoterischer Firlefanz.

Auf der Seite, die Beatrice aufschlug, war ein Gemälde zu sehen, das ein kleines Mädchen darstellte. Das Mädchen war etwa 4-5 Jahre alt und stand in hübscher Kleidung hinter einem gegitterten Terrassenfenster. Es schaute traurig und sehnsüchtig nach draußen. Hinter dem Kind ein schwerer Vorhang, schön gemustert und mit Quaste.

Die Kleidung des Kindes, die Architektur des Hauses ließen auf eine sehr wohlhabende Familie schließen. Eine helle Nachmittagssonne tauchte die Kleider des Kindes – Federhut mit Schleifen, pfirsichfarbenes gerüschtes Stufenkleid, dunkelgrünes Samtjäckchen – in ein plastisches Licht.

Meisterlich gemalt.

Sophie Anderson (1823-1898).

England, viktorianische Zeit.

Als Beatrice das Kinderbild sah, ging in ihrem Kopf eine Tür auf, zunächst nur einen Spalt weit.

Déjà-vu, schon einmal gesehen, nicht das gleiche Kind, es lebte ja hundert Jahre vor ihr, nein, aber fast die gleiche Situation. Das Kind, in ihrer Vorstellung trug es jetzt ihre, Beatrices, Züge. Doch die Tür öffnete sich nun vollends, als Beatrice den Titel unter dem Bild las: „Heute kein Spaziergang", hieß das Gemälde.

Dieser Satz war es, der in Beatrices Kopf eine Helligkeit hineintrug, die sie mit einer Wucht traf, so wie es geschehen kann, wenn man im Hochsommer ins grell flimmernde Sonnenlicht hinaustritt. Man sieht zunächst nichts, doch dann alles um so deutlicher.

Der Begleittext unter dem Gemälde lautete: „Der traurige Gesichtsausdruck des Kindes verleiht der kleinen häuslichen Tragödie, die sich wohl gerade ereignet hat, besonderes Gewicht ..."

„...kleine häusliche Tragödie", Beatrice lachte bitter auf.

So nicht damals, so nicht bei mir.

Die Tür in Beatrices Kopf stand weit, weit offen.

Ein Wort, eine Kopfbewegung, ein Duft, ein Klang, ein Bild.

Ein Satz, ein Augenaufschlag, ein Geruch von Staub, eine Stimme, eine Melodie.

Sie alle können Türen öffnen, die für immer geschlossen schienen.

Und Beatrice war fünf Jahre alt, ungefähr.

Das große Haus, der Zaubergarten, der Wald dahinter, die vielen Spaziergänge mit der Mutter und den wuscheligen Hunden Plisch und Plumm.

Seligkeit.

Auch Vater war oft dabei, damals.

Dann die Krankheit der Mutter, Gemurmel hinter geschlossenen Türen.

Ein Arzt, der dem Vater sagte, die Mutter habe ein schwaches Herz, aber es könne schon gehen mit diesem Medikament und einer zuverlässigen Krankenschwester.

Die Tropfen genau abzählen, das ist wichtig. Nur nicht zu viele Tropfen. Die kleine Beatrice verstand. Sie würde mithelfen beim genauen Abzählen, sie lernte das Zählen gerade heimlich. Sie wollte ihre Eltern eines Tages damit überraschen.

An den Fingern, hinterm Rücken, zählte sie jedesmal mit.

Drei Finger. Zehn Tropfen für jeden Finger.

Es war leicht. 3x10, hatte der Arzt gesagt.

Die Krankenschwester war so hübsch, sie hatte goldene Haare und eine kleine

Nase. Einen schönen Mund, aber nicht wie Schneewittchens Mund in Beatrices Lieblingsmärchenbuch.

Es war der schöne, böse Mund der Stiefmutter.

Die Augen der Krankenschwester waren ganz blau, aber sie waren vom gleichen Blau wie der zugefrorene See, über den Nils Holgerson mit seinen Wildgänsen flog. Sie waren kalt und ein wenig tot, diese Krankenschwesteraugen.

Beatrice sah dies, denn Kinder sehen alles.

Sie sah auch die Hände des Vaters, welche die Taille der hübschen, kalten Krankenschwester umfassten, und sie hörte Vaters Stimme, die anders klang.

Beatrice hörte das Lachen der Krankenschwester mit den goldenen Haaren, als Vater sie im dunklen Flur an sich zog.

Beatrice stand hinter dem Vorhang mit zwei Hundeleinen in der Hand. Sie hatte hinausgesehen, es war Zeit für den Spaziergang. Der Vorhang war aus schwerem Samt, er roch nach Staub, er hatte ein schönes Blumenmuster und eine dicke Quaste aus Seide.

Beatrice hielt den Atem an, es war besser so, sie wusste das, denn Kinder wissen alles.

Sie konnte jetzt nicht zum Vater rennen mit den Hundeleinen in der Hand, zu jenem anderen Vater mit der ganz anderen Stimme. Die Stimme machte ihr Angst, dabei war der Vater sonst so lieb. Wenn er mit Beatrice redete, klang seine Stimme nie so wie jetzt. Auch die Stimme der Krankenschwester klang anders.

Wie … die Stimme eines Tieres? Beatrice war etwas durcheinander. Es gab die Dinge der Kinder und es gab die Dinge der Erwachsenen, die verstand sie gar nicht und sie machten ihren Kopf schwindelig. Die Dinge der Erwachsenen taten ihren Augen weh, ihren Ohren weh, am liebsten wäre sie weggerannt, aber das durfte sie nicht.

Sie verbrachte eine Ewigkeit in ihrem Gefängnis aus Staub, der staubige Vorhang nahm ihr die Luft.

Eine Ewigkeit, gefangen von der seltsamen Stimme, dem schweren Atem des Vaters und den Schreien der Frau, den Tierschreien, die sie nicht verstand.

Das Kind umklammerte die Hundeleinen, umklammerte den Vorhang, presste sich gegen die Wand der tiefen Fensternische, spürte die rauhe Tapete durch den dünnen Stoff des Sommerkleids hindurch an seinem Rücken, an den Beinen.

Das schwere Atmen hörte auf, die Stimme des Vaters klang wieder fast wie sonst, die beiden verließen den dunklen Flur, die Frau lachte dunkel und satt.

Beatrice ging hinaus in den Garten, rief nach Plisch und Plumm. Die Hunde sahen die Leinen, hörten das Klirren der kleinen Metallstücke und führten sich richtig toll auf.

„Nein, kein Spaziergang heute“, sagte das Kind und schaute die Lieblinge traurig an.

Schnell ins Haus, ins Krankenzimmer, denn Beatrice musste dabei sein, wenn die Mutter heute Abend ihre Tropfen bekam.

3x10, zehn Tropfen für drei Finger an ihrer Hand.

Doch heute waren es mehr Tropfen, viel mehr Tropfen und auch am nächsten und übernächsten Tag. Beatrice stand hinter Mutters Bett und sah es genau: Die Krankenschwester tat mehr Tropfen als sonst in Mutters Glas.

Hinter dem Rücken zählte Beatrice mit.

Beatrice würde dem Vater davon erzählen, aber dann dachte sie an seine seltsame Stimme im dunklen Flur und sie wusste, dass sie ihm nichts zu erzählen brauchte. Das mit den vielen Tropfen wusste er, es war ihm gerade recht.

Beatrice schwieg, denn sie war ein gehorsames Kind, sie liebte den Vater und die Mutter, sie konnte sich nicht entscheiden. Sie war auch ein dummes Kind, niemand würde ihr glauben, dass sie so gut zählen könne.

Beatrice schwieg auch, als eines Morgens der Vater zu ihr kam und ihr sagte, die Mutter sei diese Nacht sanft entschlafen. Sie sei bei den Engeln im Himmel und glücklich.

Dann fügte er hinzu: „Heute kein Spaziergang.“

Eine Tür im Kopf des Kindes fiel zu und verschloss für sehr viele Jahre die seltsamen Stimmen, den Geruch des schwer fallenden, staubigen Samtvorhangs, den Druck der rauhen Tapete an Rücken und Beinen, die viel zu vielen Tropfen.

Und Beatrice stellte das Kunstbuch, säuberlich entstaubt, ins Regal zurück und versank in tiefes Grübeln.

Das Nelkenkind

Alles hatte mit diesem Kind angefangen.

Eine Wanderausstellung der irischen Nationalgalerie.

Henrietta, die ganz wild auf die holländische Malerei war, vor allem auf die holländische Malerei des 17. Jahrhunderts, des goldenen Zeitalters, durfte sich diese einmalige Gelegenheit nicht entgehen lassen. Die Kunstgalerie der nahen Großstadt war bald erreicht. Unterwegs dachte Henrietta: „Und wenn nun sogar ein Kinderbildnis dabei wäre?“ Henrietta, unfreiwillig kinderlos, sammelte Kinderbildnisse. Mit wahrer Besessenheit, sagte Henriettas Mann und er wusste, wovon er sprach. Die tiefsten Gründe für die Sammelleidenschaft seiner Frau einsehend, mit den nötigen finanziellen Mitteln versehen, um dieses „Laster“ seiner Frau unterstützen zu können, fügte er sich immer achselzuckend in sein Schicksal und knauserte nicht mit Schecks, wenn seine Frau einmal wieder „ein ganz goldiges Biedermeierkind“, „eine entzückende Meißner Porzellangruppe – lesende Kinder“, „ein ungewöhnlich zärtliches Mutter-Kind-Bild, alpenländisch“ entdeckt hatte.

Henriettas Mann, wenig sentimental und doch verständnisvoll, sah überdies den pekuniären Vorteil der Sammelwut und entwickelte im Lauf der Jahre sogar selbst ein kleines, durchaus echtes Interesse an Kinderporträts, Figurinen und Kunstgegenständen, die in irgendeiner Weise Kinderleben darstellten.

Doch es gab eine Voraussetzung für Henrietta. Das Gemälde oder der Kunstgegenstand musste ein Unikat sein, echt und vor allem unbekannt. Die unbekannten Meister waren ihr die liebsten. Für Henrietta kein Mädchen im Ballettrock, von Degas gemalt und bis zum Überdruss tausendfach reproduziert auf Postern, Tassen und Postkarten.

Für Henrietta kein rotbackiges und blondes Renoir-Kind, kein lachender Junge von Frans Hals. Kein abgedroschenes Picasso-Kind mit Taube. Es war jedesmal ein Fest, wenn sie einen unbekannten oder weniger bekannten Maler entdecken durfte, manchmal auf Auktionen, sogar auf Flohmärkten oder bei Ausstellungen.

Sie war sich zwar bewusst, dass sie sich bei Kunstausstellungen mit dem Schauen würde begnügen müssen, an Erwerben und Besitzen, an Jeden-Tag-Anfassen oder Jeden-Tag-Hinsehen war dabei nicht zu denken.

Henrietta war unruhig, als sie die breiten Treppen zum Museum hochstieg. Unruhig wie ein Tier, das Witterung aufnimmt. Und dann enttäuscht. Dies war schon der sechste Saal von insgesamt sieben Sälen, und außer unbelebten Landschaften und Genrebildern mit Erwachsenen fand sich nichts Interessantes für Henrietta unter den ausgestellten Kunstwerken.

Noch ein Saal nur, da war nicht viel zu hoffen.

Als sie sich diesem letzten, siebten Saal näherte, hörte sie die Stimme einer Museumsführerin: „… nicht ganz eindeutig, ob es sich bei dem hier dargestellten Kind um einen Jungen oder ein Mädchen handelt. In Holland und im übrigen Europa war es im 17. Jahrhundert üblich, auch die Jungen wie erwachsene Frauen zu kleiden, bis sie etwa fünf oder sechs Jahre alt waren.

Sehen Sie das prachtvolle weiße Kleidchen, mit Spitzen verziert, die lange goldene Medaillonkette, die dreifachen Perlenschnüre um Hals und beide Handgelenke des Kindes, das Interieur, das auf einen sehr wohlhabenden Haushalt schließen lässt.

Weder das Geschlecht des Kindes noch seine Identität ist geklärt, es handelt sich um ein anonymes Kinderporträt des Malers Paulus Moreelse, der von 1571-1638 in Utrecht lebte. Es ist ein häufig erwähntes Phänomen, dass Holland im 17. Jahrhundert mehr Maler hervorbrachte als ein anderes europäisches Land, darunter viele weniger bekannte Künstler, die es an Meisterlichkeit mit den Großen, Rembrandt, Vermeer, Rubens und so weiter durchaus aufnehmen können …“

Henrietta lief in den siebten Raum. Die Stimme der Führerin redete gleichförmig weiter.

Henrietta stellte sich in einiger Entfernung von der Gruppe weg, versuchte, das Gemälde zu sehen, es waren zu viele Köpfe vor ihr, sie war ziemlich klein, sie erwischte endlich einen Blick … und musste sich auf die Lederbank setzen, die zum Glück gleich neben ihr stand.

Das Kind, sie kannte es, sie kannte dieses Kind und dieses Gemälde so gut.

Das Kind war ein Mädchen. So ein Unsinn: „… nicht ganz eindeutig, ob es ein Junge oder ein Mädchen ist.“ In der einen Hand hielt das Kind, das kleine Mädchen, einen zugeklappten Fächer, in der anderen Hand, es war die Patschhand eines sehr kleinen Kindes, hielt es eine rotweiße Nelke.

Beides Symbole der Weiblichkeit, die Nelke sogar ein Sinnbild der Mütterlichkeit.

Das Mädchen, 1623 von Moreelse gemalt, so wusste Henrietta, war das Kind des Malers und mit etwas mehr als drei Jahren gestorben, 1620. Paul Moreelse hatte das Bild nach dem Tod des Kindes gemalt, 1623, in liebender Erinnerung. Nie hätte ein so kleines Ding so lange Modell stehen können, das Mädchen war aus dem Gedächtnis gemalt.

Der „wohlhabende Haushalt“, das im Hintergrund sichtbare hohe Zimmer mit Kamin und Kassettendecke war das Haus des Malers, der keineswegs ein armer, vor sich hindümpelnder, erfolgloser Künstler, sondern ein angesehener und wohlausstaffierter Bürger Utrechts gewesen war.

Moreelse hatte das Bild für sich und seine Frau gemalt, die den Tod des Kindes nur schwer ertrug, obwohl damals doch so viele Kinder über die ersten Lebensjahre nicht hinauskamen.

Es war das einzige Kind gewesen und sie hatten danach keine Kinder mehr bekommen. Die kleine Miriam auf dem Gemälde, so hieß das Töchterchen von Paulus Moreelse, mochte etwa drei Jahre alt sein. Als sie zur Welt kam, war der Maler schon Ende 40 und seine Ehefrau Ende 30. Alte Leute für damalige Begriffe.

Der unbeschreibliche Schmerz über den jähen Tod des Kindes war Henrietta bekannt. Oft hatte sie das alte, aus dem 17. Jahrhundert stammende Dokument durchgelesen, das zu Hause in ihrem Schreibtisch lag.

Es war zusammen mit dem Bild „Porträt eines Kindes“ in Henriettas Familie von Generation zu Generation weitervererbt worden. Ein kunstsammelnder Vorfahre Henriettas – das Sammeln lag ihr wohl im Blut, ein angeborener Sammlertrieb – hatte beides, Gemälde und Brief von Moreelses Hand, erworben, Henrietta hatte beides geerbt, sie war Alleinerbin.

Und hier hing das Ebenbild ihres Bildes, und hier beeindruckte eine gewandte Museumsführerin – eine von der glatten, durch keinen Einwand beirrbaren und so ungemein selbstsicheren Sorte – eine staunende Gruppe. Die Gruppe von Bildungsschickeria-Damen bestaunte eine Fälschung.

Henrietta musste doch lächeln: Die Menschen wollen betrogen werden, und sie werden es.

Sie dachte an den Brief der Eltern Moreelse in ihrer Schublade zu Hause, einen Brief voller Trauer, wie oft hatte sie ihn gelesen, wenn die Gewissheit ihrer Kinderlosigkeit sie fast erdrückte, wie oft stand sie vor dem Bild der kleinen Miriam Moreelse. Miriam war sozusagen ihr Adoptivkind geworden.

Mit diesem Bild hatte ihre Liebe zur Kunst angefangen, schon als Kind war sie oft vor dem Gemälde gestanden; später, als ihre Ehe kinderlos bleiben sollte, verstärkte sich ihre Liebe zu dem Bild, zu dem Kind, löste die Sammelleidenschaft von „Kinderkunst“ in ihr aus.

Sie schaute zu dem Mädchen auf dem gefälschten Museumsexponat hinüber. Dies hier war eine Fälschung, ja, wenn auch eine technisch meisterliche. Es musste auch eine alte Fälschung sein, vielleicht stammte sie sogar aus dem Jahrhundert, in dem der Maler Moreelse gelebt hatte. Es gab im goldenen Zeitalter so viele hervorragende Maler in Holland. Die perfekte Technik musste es wohl gewesen sein, die dieses Bild als einen echten „Paul Moreelse“ erscheinen ließ.

Ein Museum kann sich keinen Patzer leisten und Fälschungen ankaufen, man stelle sich die Blamage in der Öffentlichkeit vor!

Hervorragende Experten mussten es sein, welche man vor einem Ankauf zu Rate zog. Den Experten konnte man den Irrtum nicht verübeln, denn sie kannten ja das echte Bild nicht.

„Beachten Sie nun die Augen des Kindes und seine unpersönliche Ausstrahlung, die steife und hölzerne Körperhaltung wie eine leblose Puppe, es hat einen harten, unkindlichen Gesichtsausdruck, kalte Augen ...“ Die Gruppe nickte zustimmend. Die Museumsführerin machte weitere Ausführungen in bedeutsamer Weise.

„Ja“, dachte Henrietta, „dieses Kind hier ist steif und puppenhaft und wie tot, aber ihr kennt ja mein Gemälde nicht, nicht mein Kind.“ Die echte kleine Miriam schaute den Betrachter aus warmen, lieben Kinderaugen an. Unter den zu einem Zwiebelchen hochgetröselten rotblonden Härchen des Kleinkindes rundete sich eine klare Stirn, der Mund war zart und voll, nicht verbissen wie auf der Fälschung hier.

Und bei aller Vollendung in Technik und Ausführung durch den meisterlichen Fälscher eines längst vergangenen Jahrhunderts, es fehlte ihm das Entscheidende. Es fehlte ihm die Liebe und der Schmerz, ohne welche Kunst nur leerer Schein ist.

Der fälschende Techniker hatte irgendein Kind gemalt, statuesk und hübsch, aber das Kind hatte keine Seele.

Und Henrietta ließ die beflissen dozierende Führerin und die andächtig lauschenden Bildungsdamen stehen. Sie konnte es kaum erwarten, nach Hause zu kommen, wo die kleine Miriam, ihr Nelkenkind, freundlich lächelnd auf sie wartete.

Das Kirschenmädchen

Sie wachte manchmal nachts auf und träumte von dem Bild.

Es war immer die gleiche Szene, die gleiche Situation, das gleiche Ende. Das gleiche Erwachen auch, schweißgebadet.

Die erdrückende Schuld, nach all den Jahren.

Aber was hätte sie tun können damals? Sie war so jung gewesen und hatte die Zusammenhänge zu spät begriffen.

Immer der gleiche Traum.

Zuerst die vier Kinder, ganz heiter, rechts der Junge, Jonathan, sitzend und eine Art kleine Drehorgel spielend. Schnallenschuhe, Kniebundhosen, Rüschen und Samt, die Tracht der reichen Kinder des 18. Jahrhunderts. Er schaute fröhlich auf.

Dann die kleine Dorothy, vielleicht sieben oder acht Jahre alt, in einer tänzerischen Pose, in anmutigem Blumenkleid und blumengeschmücktem Häubchen.

Dann Emma, dreizehn oder vierzehn Jahre alt, blaues Kleid mit Rüschenschürze, gestuften Ärmeln, ebenfalls mit Blumenhäubchen.

Emmas Linke fasst die Patschhände der kleinen Schwester Anne, die in einem gepolsterten Kinderwägelchen mit Deichsel sitzt. Die Kleine hält in der rechten Hand eine Art Laugenstange, die sie schon ein wenig angeknabbert hat.

Alle schauen froh aus ihren wasserblauen Augen in die Welt, Emma als Einzige fixiert den Betrachter des Bildes, kokett und wissend lächelnd. Aber nur ein bisschen.

Es ist ein Bild, ein Gemälde, das seit mehr als 20 Jahren in Klaras Träumen seinen festen Platz hat. Seit mehr als 20 Jahren der gleiche schreckliche Traum.

Der idyllische, unbeschwerte erste Teil von Klaras Traum ist ein Trugbild. Das Bild belebt sich plötzlich, das Kinderlachen vermischt sich mit den Tönen aus der kleinen Drehorgel des Jungen Jonathan, dann ein schriller Misston, das Drehorgelspiel wird hektisch und tosend laut und da, die Katze, die hinter Jonathans Stuhllehne über seinem Kopf mit gierigen Augen hochglotzt, schnappt nach dem Goldfink im Vogelbauer, der zwischen Jonathan und Dorothy an einem Seil hängt, die Katze und der Vogel waren schon im friedlichen ersten Teil des Traumes auf dem Bild zu sehen, die gierig glotzende Katze von den Kindern unbemerkt.

Die Katze schnappt fauchend nach dem Vogel, sie hat die Käfigtür mit ihren geschickten Pfoten aufbekommen, und da kommt auch schon die kleine Cupidofigur auf der Konsoluhr in Bewegung. Hinter Emma und Anne stehend, fängt sie an, ihre kleine goldene Sense zu schwingen. Wen will sie erwischen mit ihrer Todessense, welchem der Kinder trachtet sie nach dem Leben, die Cupidofigur – oder ist es ein kleiner putziger Todesengel?

Die Kinder erheben nun ein fürchterliches Geschrei, Emma ruft: „Hilf mir, Klara, hilf mir!"

Klara streckt die Arme aus, sie versucht, den kleinen Sensencupido aufzuhalten, aber der kommt immer näher. Emma lässt die Kirschen fallen, die sie die ganze Zeit über in der rechten Hand gehalten hat. Es sind zwei herrliche rotglänzende Kirschen.

„Hilf mir, Klara, hilf mir doch!"

Die Kirschen sausen durch die Luft, fallen auf die Marmorplatten, platzen blutrot auf. – Dann wacht Klara schweißgebadet auf.

Die Kirschen auf dem Gemälde, sie haben Klaras Verdacht geweckt damals.

Zu spät.

Mit siebzehn Jahren war Klara in den Haushalt der sehr wohlhabenden Familie Graham gekommen. Als deutsches Au-pair-Mädchen in Nordengland war sie gut aufgenommen worden, die Hausherrin war zwar etwas unnahbar und reserviert, aber das entsprach dem Klischee der englischen Oberschichtdame, Klara hatte damit gerechnet. Der Hausherr dagegen war freundlich, sehr freundlich.

Die drei jüngeren Kinder, sehr verwöhnt, mochten Klara dennoch bald sehr gerne und wichen nicht von ihrer Seite.

Nur die Älteste, Emma, hielt Distanz.

Dieses Verhalten verstärkte sich im Lauf der Zeit zu Verschlossenheit und fast so etwas wie Ablehnung.

Klara, trotz ihrer jungen Jahre eine gute Beobachterin, bemerkte, dass Emma einen Kummer mit sich herumtrug.

Warum dieser stumme Trotz, obwohl Klara und Emma doch nur drei Jahre trennten?

Da gab es jenes Gemälde. Der Hausherr war ein fanatischer Bildersammler.

Das Prunkstück seiner Sammlung hieß „Die Graham-Kinder" und war von keinem Geringeren als dem großen Satiriker, dem Maler William Hogarth, 1742 gemalt worden.

Die vier Kinder – im Gewand des 18. Jahrhunderts – glichen den vier Graham-Kindern, Klaras Schützlingen, so sehr, dass Klara zunächst dachte, dies seien tatsächlich die Porträts von Jonathan, Dorothy, Emma und Anne.

Sie wurde eines Besseren belehrt. „Nein", sagte der Hausherr, „es ist alles ein Zufall, sowohl die Namensgleichheit Graham (Graham ist ein häufig vorkommender

Name in England) als auch die Ähnlichkeit der Kinder. Die Kinder der alten Familie Graham hießen übrigens Richard, Henrietta, Elizabeth und Thomas."

„Wieso Thomas?", fragte Klara verblüfft. „Ich sehe nur ein kleines Mädchen im kupferfarbenen Taftkleid, und ich habe es für Anne gehalten."

„Auch Jungen trugen damals Kleider, so bis zu sieben Jahren."

Klara besah sich das Bild, vor allem die Gesichter der Kinder, noch mal genau und es schien ihr nun, dass die Ähnlichkeit dieser Kinder mit den lebenden heutigen Graham-Kindern doch nur ungefähr war.

Emma stand neben Klara, als man ihr das Bild erklärte. Emma war merkwürdig geistesabwesend, sie starrte nur immer ihr Fast-Ebenbild aus dem 18. Jahrhundert an. Sie starrte die Kirschen an, die herrlichen Kirschen in der rechten Hand des großen Graham-Mädchens, Kirschen, echt wie zum Anbeißen.

Klara, der guten Beobachterin, entging Emmas Blick nicht.

Sie nahm sich vor, weiterhin wachsam zu bleiben, vor allem Emma nicht durch aufdringliche Direktheit noch mehr in ihre merkwürdige Reserviertheit hineinzutreiben.

Einige Tage später, es war gegen Abend, lief Klara noch schnell in den großen Garten oder besser Park des Graham'schen Herrenhauses, um einen Strauß Pfingstrosen zu schneiden.

Auf dem Weg in den Park, sie bog gerade um die hohe Eibenhecke, hielt sie plötzlich inne. In starrer Pose stand da Emma. Unter dem einzigen Kirschbaum des Gartens, in der rechten Hand zwei Kirschen, stand sie in ihrem langen blauen Sommerkleid reglos da.

„Wie das Mädchen auf dem Hogarth-Bild", durchfuhr es Klara.

„Was soll der Unsinn nur?" Und sie ahnte, trotz allen Unverständnisses für das merkwürdige, fast somnambule Verhalten Emmas, dass der Schlüssel zu ihrer Merkwürdigkeit in dem alten Gemälde zu finden war.

Von Emma offensichtlich unbemerkt, denn sie rührte sich nicht, nahm Klara einen Umweg zu den Pfingstrosenbüschen hin.

Klara sinnierte über das eben Gesehene nach. Würde Emma den Verstand verlieren? Oder war sie einfach nur vorübergehend am Spinnen wie die meisten Mädchen in der Pubertät? Klara erinnerte sich, dass sie selbst vor einigen Jahren noch ihre Umwelt ratlos gemacht hatte.

Die nächste Woche verlief ohne Emma-Merkwürdigkeiten.

Am Wochenende hatte Klara von ihrem Hausherrn frei bekommen. Sie wollte die Freizeit nutzen, um endlich mit dem Zug nach London zu fahren. Es war das

Jahr 1966, da musste man Swinging London und die Carnaby Street besuchen und die Beatles live hören.

Am Sonntagabend würde Klara wieder zur Familie Graham zurückkehren. Die Hausherrin war übrigens schon seit einigen Tagen verreist und wurde erst Mitte der nächsten Woche zurückerwartet. Sie besuchte eine Kusine in Perth, Schottland. Die drei jüngeren Graham-Kinder nahm sie mit, nicht aber Emma.

Eine Stunde vor Klaras Abreise nach London suchte sie in der Bibliothek einen Reiseprospekt mit Londoner U-Bahn-Plan.

Auf der Galerie blieb sie jäh stehen.

Da stand Emma vor dem Hogarth-Gemälde. In der Hand hielt sie ein Foto. Als sie Klara bemerkte, wollte sie das Foto zuerst hinter ihrem Rücken verbergen, doch dann, entgegen ihrer sonstigen verschlossenen Art, streckte sie Klara das Foto entgegen. Es zeigte einen Mann von etwa 35 Jahren. „Mein Vater", sagte Emma. Sollte Emma wirklich verrückt geworden sein? „Ich verstehe nicht", sagte Klara mit fester Stimme. „Dein Vater ist doch Mr. Graham."

„Nein, du verstehst gar nichts. Gar nichts. Er ist mein Stiefvater, das ist es eben."

Sie klang bitter und verächtlich.

Dann rannte sie an Klara vorbei hoch in ihr Zimmer.

Mrs. Graham war schon einmal verheiratet gewesen, das Dienstmädchen hatte es beiläufig erwähnt. Und Emma hatte sie in die Ehe mitgebracht? Klara war beunruhigt, ohne genau zu wissen, warum, doch sie musste sich beeilen, wenn ihr Londoner Wochenende nicht ins Wasser fallen sollte.

Der Zug würde nicht warten.

Während der Zugfahrt gingen ihr Emmas Worte nicht aus dem Kopf. Das Mädchen musste sehr unglücklich sein, wahrscheinlich trauerte sie ihrem richtigen Vater nach.

Aber da war schon London, für Grübeleien war nächste Woche noch Zeit. Swinging London, die Carnaby Street, die Beatles warteten.

Mehr als einmal bekam es Klara mit der Angst, als sie, eingekeilt zwischen hysterischen und kreischenden Fans, den Pilzköpfen zuhörte. Nur keine Panik, sagte sie sich, es wird schon gut gehen.

Von der ungewohnten Großstadt sehr erschöpft, nahm sie einen Zug vor dem geplanten. Sie würde früher bei der Familie Graham ankommen, vielleicht würde sie sogar alleine mit Emma sprechen können. Die strenge Hausherrin und die nervigen Kleinen waren noch außer Haus, welch gute Gelegenheit für ein Gespräch von Mädchen zu Mädchen.

Als Klara mit ihrer kleinen Reisetasche die Allee entlangging, die zum Graham'schen Herrenhaus führte, schien sie zum ersten Mal zu bemerken, dass das Anwesen bedrohlich aussah und bei aller Imposantheit potthässlich war.

Ein spätviktorianischer Koloss mit zu großen Säulen und Riesenkaminen, eine Kitschburg aus rotem Backstein mit seltsamen Fenstern wie bei einer Kirche. Die Kitschburg lag in gleißendes Sommerlicht eingetaucht, das war ihr Glück.

Regen und Donner und Blitz hätten das Graham-Haus wahrlich gespenstisch aussehen lassen.

„Unsinn", sagte sich Klara, „nach der Londoner Hektik kommt mir das Ländliche wohl etwas einsam vor. Ich werde Emma suchen, vielleicht ist sie mitteilsam heute."

Emma war nirgends zu finden, weder in der Bibliothek noch in dem großen Salon, noch in ihrem Zimmer. Im Garten sicherlich! Klara ging um die Eibenhecke zum kleinen Seerosenteich. Da saß Emma oft und las oder spielte mit den drei Spaniels oder träumte. Oder tat gar nichts. Noch nie zuvor hatte Klara einen Menschen getroffen, der so wunderbar stundenlang nichts tun konnte. Alle im Haus waren immerzu mit irgendetwas beschäftigt. Nicht so Emma. Doch am Teich war Emma auch nicht.

Es gab im Graham'schen Garten – oder Park – ein „maze", ein Labyrinth. Dieses Labyrinth war der Stolz der Familie. Man machte sich oft den Spaß, neuen Besuchern das Labyrinth vorzuführen. Es war jedesmal ein Vergnügen, wenn sich die Gäste in dem Irrgarten aus gestutztem Buchs verloren und den Ausgang nicht fanden.

Als Klara sich dem Irrgarten näherte, hörte sie Stimmen. Eine ängstliche Mädchenstimme und eine beharrliche, bittende männliche Stimme. Die Mädchenstimme gehörte Emma. Doch wer war der Mann?

„Mein Kirschenmädchen, warum so spröde heute? Es sind doch alle weg. Heute sind wir ganz ungestört."

Klara vergaß zu atmen. Dann machte sie eine Kehrtwendung, wobei der Kies unter ihren Füßen laut knirschte. Wie ungeschickt. Von dem Geräusch beunruhigt, ließ der Mann nun offensichtlich von Emma ab, denn er sagte … „Wohl doch nicht so ungestört. Du sagst keiner Seele was von uns!"

Schwere Männerschritte entfernten sich.

Mr. Graham, ja, es war Emmas Stiefvater – ging rasch dem Haus entgegen. Er hatte Klara nicht bemerkt.

Klara stand hinter einer breiten Blumenurne, als Emma aus dem Labyrinth gelaufen kam. Sie sah erbärmlich aus. Klara kannte nun Emmas Geheimnis.

Kirschen. Mein Kirschenmädchen. Die Kirschen auf dem Gemälde. Es war ein Hohn, Klara fiel ein, dass sie einmal gelesen hatte, Kirschen seien das Sinnbild der Kindheit. Paradiesfrüchte.

Und dann die andere Bedeutung: Das Dienstmädchen Sarah hatte neulich zu Klara gesagt, als diese sie auf ihre ungewohnt schlechte Laune ansprach: „Das ist alle vier Wochen so, weißt du?“ Und dann hatte sie einen Ausdruck verwendet, den Klara aus keinem Wörterbuch kannte und den sie nur aus dem Zusammenhang verstand. Es klang wie „Sherry in my cherry“ oder so ähnlich.

Klara musste handeln. Sie musste Emma helfen, war das neulich mit dem Foto auf der Galerie nicht ein deutlicher Hilferuf gewesen? Sie würde zu Mrs. Graham gehen und ihr die Ungeheuerlichkeit erzählen müssen. In wenigen Tagen würde die Hausherrin mit den Kindern aus Schottland zurückkehren.

Nur wenige Tage noch.

Klara schlief nicht gut in dieser Nacht.

Am nächsten Morgen rief das Hausmädchen Sarah nach Emma. Sarah lief lange. Sarah und Klara machten sich gemeinsam auf die Suche und kehrten beide unverrichteter Dinge zum Haus zurück. Erst am Abend wurde Emma gefunden.

Sie war – bei der Hitze verwunderte es niemanden – zur Abkühlung in den kleinen See gestiegen. Sie war Nichtschwimmerin gewesen. Ein tragischer Unfall, das konstatierte die Polizei.

Klara verließ in der gleichen Woche die Grahams.

Die Kinder bedauerten es, ihr nettes Au-pair-Mädchen zu verlieren, aber es würde sich Ersatz finden, sicherlich.

Klara nahm ein schweres Geheimnis mit nach Hause und ein ungelöstes Rätsel dazu. Mord oder Selbstmord oder wirklich nur ein Unfall?

Und den Traum nahm sie mit, den schrecklichen Traum von Katze und Vogel und Cupido mit Sense; er steht hinter dem Kirschenmädchen. „Hilf mir, Klara, hilf mir!“, ruft das Kirschenmädchen in Klaras Traum, und wieder erwacht Klara schweißgebadet. Und wieder wird sie ihre Schuld nicht loswerden. Niemals wieder.

Das Geheimnis der Lady Howard (oder: Die Dame mit dem Hund)

„Diese Dame musste ein Geheimnis hüten. Sie schaute zwar mit munteren und leicht amüsierten Augen den Betrachter an, aber irgendetwas lag in ihrem Blick, das die Neugier weckte.“

Stella zog etwas nervös an ihrer Zigarette.

Sie bot ihrem Gegenüber ebenfalls eine Zigarette an. Er lehnte ab. „Nein danke, ich habe mir mit eiserner Disziplin das Rauchen abgewöhnt.“ Und leicht mokant fügte er hinzu: „Ich hänge am Leben, wissen Sie.“

„Ach“, sagte Stella, „ich rauche seit 60 Jahren, nun bin ich 77, das ist doch keine schlechte Bilanz, oder?“ „Nun ja, dann hatten Sie eben Glück. Ich gönne es Ihnen“, entgegnete der junge Mann. „Doch warum haben Sie mich hierher gebeten? Ich war erstaunt, einen Brief von einer Unbekannten zu erhalten, die mir ein Geheimnis anzuvertrauen versprach.“

Bei sich dachte er aber mit der Arroganz jüngerer Menschen, die phantasielos alles in Zweifel ziehen, was sie nicht selbst gesehen oder erlebt haben, die manchmal sogar zu bezweifeln schienen, dass vor ihrer eigenen Zeitrechnung ein anderes Leben oder ein anderes Empfinden denkbar war. „Was kann diese alte Frau mir wohl schon erzählen?“

Als könne sie Gedanken lesen, sagte Stella: „Sie können sich gewiss überhaupt nicht vorstellen, dass ich auch einmal 30 war wie Sie jetzt, aber ich war es.

Mein Mann war Kunstsammler, wir führten ein interessantes, buntes Leben damals, ich begleitete ihn auf Messen, Auktionen, Ausstellungen, unser Alltag war die Kunst, wir reisten ins Ausland, vorwiegend nach England, und dort erwarben wir die herrlichsten Kunstwerke. Mein Mann war ein Bewunderer von William Hogarth, dessen satirischen Pinselstrich er verehrte. Sie kennen Hogarth?“

„O ja“, erwiderte der junge Mann, „Hogarth, der war ein Maler des 18. Jahrhunderts und er stellte den Adel in seiner Sittenlosigkeit dar, die Wüstlinge, Spieler, Trunkenbolde und so weiter?“

„Nicht nur den Adel“, sagte Stella, „aber Sie erstaunen mich. Heutzutage sind die Menschen informiert, zumindest bilden sie es sich ein, sie kennen die Börsenberichte und durchs Internet erfahren sie viel … Unnötiges (sie stand der ‚Informationsgesellschaft‘ sehr kritisch gegenüber), aber man ist nicht mehr gebildet. Ungewöhnlich für einen jungen Mann, das muss ich schon sagen, von Hogarth gehört zu haben.“

„Meine Englischlehrerin in der Oberstufe war von Satire begeistert, wir mussten Swift, Dickens und Huxley lesen und im Zusammenhang mit dem Lesen satirischer Literatur aus England und Amerika zeigte sie uns Kunstbücher über satirische Maler. Stapelweise schleppte sie die Wälzer bei. Da blieb schon einiges hängen."

„Nicht schlecht", sagte Stella, und sie nahm einen tiefen Zug aus ihrer Zigarette. Die Geste hatte etwas Verruchtes, fast Obszönes, wirkte aber auch grotesk, wenn man Stellas Alter betrachtete.

Der junge Mann musste heimlich lächeln. Eine bemerkenswerte Frau. Sein Interesse war jedenfalls geweckt. Seine arrogante Haltung ließ nach.

„Hogarth malte nicht nur satirische Gemälde, sondern seine Bildnisse waren zuweilen einfach nur schön und ohne Spott und Kritik. So das Bildnis von Lady Howard", sagte Stella.

Bei dem Namen stutzte der junge Mann. „Meine Mutter war eine geborene Howard. Hat das etwas zu bedeuten?"

„Ich denke, es gibt einen Zusammenhang zwischen Ihrer Mutter und jener Lady Howard."

Der junge Mann war jetzt nur noch Neugier, Stella war amüsiert.

„Die Menschen ändern sich doch nie", musste sie denken, „wecke ihre Neugier, und sie fressen dir aus der Hand." Doch laut sagte sie: „Meine Geschichte beginnt in London vor ungefähr 40 Jahren, also vor Ihrer Zeit."

Mein Mann und ich waren zu einer Versteigerung bei Christie's gekommen, der Katalog kündigte einen unbekannten Hogarth an, der in der Grafschaft Kent aufgetaucht war. Das Gemälde war nicht abgebildet. Mein Mann, der Hogarth-Fanatiker, konnte die Spannung kaum ertragen.

Ich versuchte, ihn abzulenken bis zum Tag der Vorbesichtigung. Wir besuchten Theateraufführungen, gingen schön essen, aber er war unkonzentriert, mit den Gedanken woanders.

Der Tag der Vorbesichtigung kam. Vor dem besagten Hogarth-Gemälde stand schon eine Besucherin.

Es war ein wunderschönes, ein fesselndes Frauenporträt.

Lady Howard, eine in Rot und Spitzen gehüllte Dame so Ende 30, sitzend, ein schwarzweißer Jagdhund rechts neben ihr. 1740. Der Hund blickte treu zu ihr auf, ihre Hand ruhte auf seinem Kopf. Die andere Hand war auf einen Schreibsekretär gestützt. Auf dem Schreibsekretär lag ein auseinander gefalteter Brief.

Lady Howard schaute direkt und klar und doch mysteriös aus dem Bild heraus.

Etwas Seltsames ging von ihrer Person aus. Eine kuriose Mischung aus Respektabilität und doch wieder nicht. Da war so ein Zug um ihren Mund. Mein Mann war wie hypnotisiert, aber die Nervosität der Vortage war jetzt sichtlich einer Neugierde gewichen.

Spürte auch er das Geheimnisvolle, das von dem Bild ausging?

Da fiel mir auf, dass die Besucherin, die schon vor uns da gewesen war, ebenfalls ganz gefesselt schien von dem Bild. Sie fiel mir aber hauptsächlich deshalb auf, weil sie schön war, um einiges jünger als ich und sehr, sehr bescheiden gekleidet war. Wer zu Christie's kam, war meist sehr wohlhabend, und man sah den Leuten ihren Reichtum an.

Diese Frau passte nicht hierher.

In der Hand hielt sie einen alten, sehr vergilbten Brief. Aber das war der Brief, den Lady Howard in der Hand hielt, die gemalte Dame in Rot.

Auch mein Mann nahm jetzt die seltsame Besucherin wahr, und als er den Brief in ihrer Hand sah, sprach er sie an. „Also Sie haben mir vor zwei Tagen die Nachricht übermittelt?" „Ja, das war ich", sagte sie. „Ich bin die Vorbesitzerin des Gemäldes. Ich habe zufällig Ihren Namen aufgeschnappt, als man von möglichen Bietern sprach, und Sie sind den Auktionshäusern als Hogarth-Experte bekannt." Dann fügte sie hinzu: „Ich habe Ihnen hier noch etwas zu zeigen, doch gehen wir lieber in den TEA-ROOM dort drüben."

Meine Spannung wuchs, mein Mann hatte mir nichts gesagt von „einer Nachricht". Das war ungewöhnlich.

An einem runden Tischchen nahmen wir zu dritt Platz. „Sie schrieben mir, Sie besäßen ein wichtiges Dokument, das fast ebenso viel wert sei wie das Gemälde selbst und das mit dem Gemälde eng verknüpft sei. Ich bin neugierig", sagte mein Mann.

Die schöne junge Frau bestellte sich einen Tee mit Milch, wir ebenso, und sie sagte: „Ich bin eine Nachfahrin von Lady Howard. Ich habe einen Mann geheiratet, den meine Eltern verabscheuten. Sie warnten mich von Anfang an, denn er war ein notorischer Spieler, doch, wie Oscar Wilde so treffend sagte (das sehe ich jetzt ein), ‚Liebe ist die Weisheit der Dummen und die Torheit der Klugen'. Ich war eine Törin aus Liebe und merkte es zu spät. Ich hatte ein kleines Vermögen geerbt, mein Mann verspielte es in wenigen Jahren. Es blieben mir am Ende nur einige Möbel und Gemälde. Darunter war das Gemälde, das Sie eben sahen: Lady Howard. Und den Sekretär hatte ich, den Schreibsekretär, den Sie auch auf dem Bild sahen.

Ich ließ mich scheiden, bevor alles Vermögen verspielt war, ich konnte das Gemälde und den Schreibsekretär retten. Beide hatte ich von Kindheit an gekannt und geliebt. Man kann Dinge lieben, denn sie sind ein Stück gelebtes Leben und voller glücklicher Erinnerungen.

Ich musste eine Arbeit als Übersetzerin annehmen, ich arbeitete für einen Verlag, verdiente nicht viel, doch die Arbeit machte mir Spaß – zum Glück gab es keine Kinder aus meiner unseligen Ehe.

Vor wenigen Monaten sah ich mich gezwungen, Bild und Möbelstück zur Versteigerung freizugeben, mein Gehalt war zu dürftig, und mit meiner Familie konnte ich nicht mehr rechnen. Ich hätte auch nicht betteln wollen. Ich bin ein wenig dickköpfig.

Einen Tag, bevor das Möbelstück abgeholt wurde, polierte und pflegte ich es aufs Sorgfältigste, denn ich wollte einen möglichst guten Preis erzielen. Es sollte möglichst präsentabel sein.

Beim Polieren und Aufräumen stieß ich auf ein Geheimfach, von dem ich vorher nichts gewusst hatte. Niemand aus der Familie hatte etwas davon gewusst. Und in dem Geheimfach fand ich den Brief, und es handelt sich zweifelsohne um den Brief, den Sie auch auf dem Gemälde von Hogarth sehen können. Einige Buchstaben sind ja zu entziffern, wenn man das Bild genau mit einer Lupe ansieht. Unverfängliche, harmlose Wörter, doch es handelt sich um ein … Schuldgeständnis. Mit Hilfe einer Lupe und mit sehr viel Geduld schaffte ich es, mühselig die Schnörkelschrift aus dem 18. Jahrhundert zu entziffern. Der Brief, von Lady Howard unterzeichnet, war an eine Freundin gerichtet, aber letztendlich nicht abgeschickt worden. Lady Howard besann sich wohl im letzten Moment eines Besseren. Wem kann ein Mensch vertrauen? Der Brief von Lady Howard enthält ein Mordgeständnis. Es ist der Mord an ihrem Mann.

In dem Brief schildert Lady Howard ihre Hölle von Ehe mit einem verschwenderischen, egoistischen, untreuen, spielsüchtigen und überdies zu Gewalttätigkeiten neigenden Mann. Wiederholen sich Schicksale in Familien? Fast möchte ich es glauben. Sie wiederholen sich. Es gibt doch Vererbungen von zwanghaftem Verhalten, von gewissen Lebensmustern, meine Vorfahrin und ich selbst, wir waren – durch 200 Jahre getrennt – dem gleichen Spielertyp erlegen, wir liebten blind den Verschwendertyp.

Mir blieb die Möglichkeit der Scheidung, meine Schwester – so erscheint sie mir jetzt – aus dem 18. Jahrhundert bediente sich einer verzweifelteren Methode, freizukommen. Die Rückseite des Briefs enthält Motiv und Tatgeständnis. Was wir auf dem Gemälde sehen, ist der unverfängliche Teil des Briefs, für alle einsehbar, auch der Maler durfte diese – harmlose – Briefseite sehen und malen.

In Lady Howards Brief steht zu lesen. ‚Liebe Ethel, du weisst, dass ich keine schlechte Schützin bin. Die Fuchsjagd, eine schreckliche Mode, die wir Aristokraten doch endlich abschaffen und als barbarischen Auswuchs verwerfen sollten, gab mir Gelegenheit, meinen Fuchs zu jagen. Mein Gemahl, Lord Howard, war ein schlauer, aber nicht allzu schneller Fuchs. Der bedauerliche Unfall hält uns nun alle in Atem. Ich bin sehr mit Kondolenzpost beschäftigt. Wer würde zweifeln, dass dieser Unfall ein Jagdunfall war?‘ usw.

Sie sind, wie Sie sehen, im Begriff, das Bildnis einer Mörderin zu erstehen, einer Mörderin übrigens, die ich nicht verurteilen kann.“

Die junge schöne Frau hatte geendet.

Mein Mann und ich waren beide bestürzt, unsere Erregung war nicht in Worte zu fassen. Nach einiger Zeit sagte mein Mann: „Ich glaube, Sie sollten den Brief unbedingt behalten. Er ist ein Vermögen wert, aber er belastet auch die Ehre Ihrer Familie. Obwohl auch ich Ihre Vorfahrin nicht schuldig sprechen kann. Wir werden ihr Geheimnis bewahren.“

Meinem Mann gelang es, das Gemälde zu ersteigern. Er überbot alles und alle mit einer horrenden Summe.

Der jungen Mrs. Howard war nun beträchtlich geholfen.

Die Jahre gingen dahin, wir hörten nie mehr etwas von Mrs. Howard, vor drei Jahren starb mein Mann, ich siedelte nach England über, schon immer mein Herzensland.

„Sie fielen mir“, so sagte Stella zu ihrem jungen Gegenüber, „eines Tages in einer Bildergalerie auf. Ich vergesse kein Gesicht. Sie gleichen Ihrer Mutter so sehr, der Besitzerin des mysteriösen Briefes, ich machte, entschuldigen Sie, heimlich Nachforschungen, und ich erfuhr, dass Sie wirklich Howard hießen und einige Jahre nach unserem Erwerb des Hogarth-Bildes zur Welt kamen.

Ihre Mutter, so erfuhr ich auch, hatte wieder geheiratet, diesmal glücklicher als beim ersten Mal. Sie behielt ihren Mädchennamen, Howard. Howard, ein Ehrenname.“

„Ja, meine Mutter ist schon vor zehn Jahren gestorben. Sie wurde nicht sehr alt.“ „Und der Brief?“, fragte Stella. „Das muss das vergilbte Dokument sein, das in der Schatulle mit den Briefen meiner Mutter liegt, ich sah den Stapel flüchtig durch, schenkte dem Dokument aber keine Beachtung. Meine Mutter sagte mir nichts davon, jetzt weiß ich, warum. Er ist also viel wert?“

„Ja, er sollte weiterhin gut verwahrt werden. Das sind wir Ihrer Mutter, das sind wir Lady Howard schuldig“, sagte Stella verschwörerisch.

„Sie wollen das Gemälde sehen?“

Stella ging mit dem jungen Mann in die kleine Bibliothek, Stellas Lieblingsraum.

Da hing über dem hohen weißen Kamin das Gemälde der Lady Howard, und sie lächelte vielsagend und befreit zu ihrem Nachfahren hin, der nun auch ihr Geheimnis teilte, zusammen mit wenigen Menschen. Und mit einem Hund. Lady Howards Hund, dies bemerkte Stella heute zum ersten Mal, auf dessen lockigen Ohren Lady Howards Hand so liebevoll lag, schien ein wenig zu lachen, und was in Lady Howards Augen zu lesen war, das war nichts anderes als eine Art schelmischer Triumph.

Memento mori

Dieses Zimmer, dieses Bild, es war wie eine magische Kraft, die mich anzog.

Ich mochte etwa vierzehn Jahre alt gewesen sein, ich war in jenem Jahr konfirmiert worden, als ich das Bild zum ersten Mal sah und so fürchterlich erschrak wie nie zuvor und nie mehr danach.

Der Onkel hatte mich – aus Erbarmen, wie ich damals dachte – eingeladen, die langen Ferien bei ihm zu verbringen in seinem altmodischen Junggesellenhaushalt. Seine dicke Köchin, Hausgehilfin, Gesellschafterin verwöhnte mich, die ich mausig und mickrig aussah –, und nach vier Wochen war ich nicht mehr wiederzuerkennen. Wieso hatte der einsiedlerische Großonkel gerade mich aus der Kinderschar seines verlotterten Neffen herausgepickt und zur Favoritin gewählt?

Es war wohl Mitleid, aber auch – ich sollte es bald erfahren in jenem Sommer – die Ähnlichkeit. – Die Ähnlichkeit mit IHR.

An einem tristen Regentag streifte ich durch das mit alten Gobelins, Gemälden, dicken alten Teppichen, Nussbaummöbeln und vergoldeten Spiegeln vollgestopfte Haus, ich ging an jener bronzenen Löwenstatue vorüber, die mir immer etwas Angst machte, ich kam an dem Wandteppich vorbei, auf dem eine mittelalterliche Dame ein weißes Einhorn umarmte. In dem Kräutergarten der Dame befanden sich mehrere orangefarbene Hasen und ein Fuchs und blaue Vergissmeinnicht.

Der Onkel war ein Schöngeist und Sammler, er hatte sogar einige Semester Kunst studiert.

Die Tür dort oben zum Erkerzimmer reizte mich, weil sie immer zugeschlossen war. Es gab kein Verbot des Onkels, nur diese verschlossene Tür.

An jenem Regentag war sie unverschlossen. Der Messingknauf drehte sich, ich ging hinein.

Ich hatte vielleicht, wenn überhaupt, eine Rumpelkammer erwartet, aber das Zimmer war völlig leer. Ein weinroter schwerer Samtvorhang hing an einer Messingstange und bedeckte eine Wand fast völlig, die Erkerfenster (ich hatte vom Garten aus öfter zu ihnen emporgeschaut) waren frei.

Ich zog den samtenen Vorhang zurück und erschrak mich fast zu Tode.

Auf dem Riesengemälde grinste mir ein Totenschädel mit unvollständiger Zahnreihe entgegen, der in einem Regal über einem grobgemaserten Holztisch lag.

Auf dem Tisch befanden sich viele Früchte in verschiedenen Schalen aus poliertem Silber, Zinn und blau bemalten Fayencen. Die Früchte – Birnen, Kirschen, Erdbeeren, Mirabellen und Pflaumen – waren fast alle angefault, aufgesprungen, wurmstichig. Rechts neben dem Obst stand ein Weinglas, halb gefüllt oder halb leer? Unter dem Weinglas schaute ein Zettel hervor, darauf war zu lesen: MEMENTO MORI.

Das hieß: Bedenke, dass du sterben musst. Ich hatte gerade die Quarta hinter mir und hatte es eben im Lateinunterricht gelernt.

Unten in der Wohnung des Onkels hingen mehrere kleinere Gemälde, die ganz ähnlich gemalt waren. Alte holländische Meister des 17. Jahrhunderts, wie der Onkel, der mich gerne belehrte, erklärt hatte.

Bilder mit Vergänglichkeitsmotiven: faulem Obst, abgebrannten Kerzen, Spielkarten, Würfeln, Musikinstrumenten, Muscheln, Stundengläsern, Uhren und Spiegeln.

SPIEGELN. Da entdeckte ich links im Hintergrund das junge Mädchen, das einen Spiegel hielt, ein Mädchen im Halbprofil, es war mein Gesicht, mein Profil, die hohen Wangenknochen, die etwas geröteten Wangen, die recht hübschen braunen Augen mit den langen Wimpern, die schmale Nase, das dunkle Haar. Das Mädchen trug eine hellblaue Schleife im Haar zum Kleid mit dem großen Spitzenkragen. Der Spiegel in der Hand des Mädchens warf eine Fratze zurück, es war grauenhaft, doch die Fratze war das Spiegelbild einer sehr alten Frau, es war das junge Mädchen 60 Jahre später, das war ICH in 60 Jahren.

Die Alte im Spiegel hatte eingefallene, runzlige Wangen, die Augen lagen in dunklen Höhlen, glanzlos, die Haut hing schlaff vom Kinn, die Nase war spitzig und lang, Altersflecken entstellten die Stirn hier und da, der Mund lächelte zahnlos und dünnlippig, das hellblaue Band hielt die dürftigen schlohweißen Haare zusammen. Die kokette Kopfhaltung der Greisin wirkte grotesk und schrecklich.

Es war ein schauerliches Bild, schaurigschön.

Ich zog den Vorhang zu und ging schnell aus dem Raum. Der Gong ertönte, Zeichen zum Abendessen. Ich fragte den Onkel nach dem Gemälde, nach dem Mädchen auf dem Gemälde. „Irgendwann wirst du erfahren, was es mit dem Bild auf sich hat. Heute nicht." Wir aßen schweigend an jenem Abend.

Am nächsten Tag war die Tür zum Erkerzimmer wieder verschlossen. Ich war fast froh darüber, aber ich konnte nur noch an das Bild denken. Und an das Mädchen.

Das Geheimnis lüftete sich bald auf unvorhersehbare Weise, ich hatte die Haushälterin des Onkels, die wirklich eine liebenswerte, gemütliche Person war, ein wenig aushorchen wollen, doch sie wusste offensichtlich nichts von dem Gemälde. Sie war so arglos und offen, man konnte in ihrem Gesicht lesen wie in einem Buch, sie hätte nie lügen können, ohne rot zu werden.

Drei Wochen nach dem Gemäldefund – ich hatte alles fast schon vergessen – klingelte es an der Haustür. Der Onkel hielt gerade seinen Mittagsschlaf, die Köchin hatte ihren freien Nachmittag.

Ich hatte mir im Bad gerade die Haare zu einem Pferdeschwanz hochgebunden. Mit einer blauen Schleife. Ich trug ein blaues Kleid mit Petticoat.

Ich ging zur Tür. Der ältere Herr, der vor der Tür stand, wich erschrocken zurück, als er mich sah.

„Können Tote wiederkommen?", sagte er.

Er war wohl Ausländer. Ich tippte auf Holland.

Dann besann er sich eines Besseren. Wie aus einer Betäubung kam er in die Realität zurück, und er sagte: „Entschuldigung, ein Irrtum, eine Sinnestäuschung, es ist so dunkel im Flur, ich dachte im ersten Moment, Rahel …" Er brach ab.

Der Onkel tauchte hinter mir auf, er war aufgewacht. Er stutzte, zögerte, dann rief er aus: „Van Schooten, ist es möglich, alter Freund? Warum hast du dich nie mehr gemeldet, nachdem das damals passiert war?" Und dann, zu mir gewandt: „Ein alter Freund. Wir haben einmal zusammen Kunst studiert." Mehr sagte er nicht.

Ich machte Tee für die beiden und zog mich auf mein Zimmer zurück.

Der Besucher blieb etwa drei Stunden.

Der Name RAHEL ging mir überhaupt nicht mehr aus dem Kopf. Meine Großmutter, die ich nie gekannt hatte, hieß Rahel, sie starb jung, wir besaßen keine Fotos von ihr, mein Vater sprach nie von ihr.

Zwei Tage nach dem seltsamen Besuch erhielt ich einen Brief:

Sehr geehrtes Fräulein, es tut mir leid, wenn ich Sie in Erstaunen gesetzt habe durch meine Worte. Ich möchte Ihnen aber eine Geschichte erzählen, ja, Ihr Onkel hat mich darum gebeten, Ihnen alles zu erklären:

Als ich jung war, liebte ich Ihre Großmutter, die Schwester Ihres Onkels, der Sie so verblüffend, ja erschreckend ähnlich sehen. Ihr Onkel hatte mich seiner Familie vorgestellt. Wir studierten beide Kunst. Ich war vom ersten Augenblick an in Ihre Großmutter verliebt.

Sie war sehr an Kunst interessiert, es imponierte ihr offensichtlich, dass einer meiner Vorfahren ein recht bekannter Maler gewesen war. Floris van Schooten lebte in der ersten Hälfte des 17. Jahrhunderts.

Er malte Stillleben, häufig mit Vergänglichkeitsmotiven durchsetzt. Bis heute weiß ich nicht ganz genau, ob Rahels Liebe mir selbst galt, oder ob sie sich von meiner berühmten Herkunft beeindrucken ließ.

Wir galten jedenfalls schon als verlobt. Da bat sie mich eines Tages – war es aus einer Laune heraus? – um einen Liebesbeweis. Ich solle im Stil meines großen Malerurahns ein Gemälde für sie malen, ein Geheimnis, doch SIE SELBST müsse in dem Bild vorkommen.

Ich ging ans Werk und malte mit wahrer Besessenheit wochenlang an meinem Vanitasbild.

Das Vergängliche und Eitle der Welt konnte nicht deutlicher dargestellt werden als durch jenen Kontrast zwischen dem schönen jungen Mädchen und der hässlichen alten Frau im Spiegel. Sie haben das Gemälde gesehen, Ihr Onkel hat mir alles erzählt.

Die Früchte und die anderen Elemente waren die Kopie eines Bildes meines Vorfahren, Floris van Schooten, doch Rahel und das Spiegelbild waren meine eigenste Schöpfung.

Ich war mir bewusst, ein sehr gewagtes, sehr satirisches Bild gemalt zu haben. Ich war stolz auf das Bild, das meinem berühmteren Vorfahren vielleicht gefallen hätte. Es war technisch perfekt.

Der Tag der Enthüllung des Bildes – in meiner Wohnung – kam heran. Ich hatte das Bild mit einem Tuch zugedeckt. Rahel und Ihr Großonkel standen erwartungsvoll davor. Ich zog das Tuch mit einem Schwung weg. Rahel sah das Gemälde an, erstarrte völlig, blieb so – eine Ewigkeit – reglos stehen, ging wortlos aus dem Zimmer, aus dem Haus.

Sie wurde schwer krank. Sie ließ mir durch Ihren Großonkel ausrichten, sie wolle mich nie mehr im Leben sehen.

Ich verließ auch sofort die Stadt, dieses Land. Rahel, so sagte mir Ihr Onkel, heiratete einige Jahre später, aber sie blieb kränklich und melancholisch, kurz nach der Geburt eines Sohnes (Ihres Vaters) starb sie.

Das Gemälde „Das Mädchen und die Zeit", mein Gemälde, erstand ihr Onkel später auf einer Auktion. Ich konnte es unmöglich behalten, ich brach auch mein Kunststudium ab und habe nie mehr einen einzigen Pinselstrich getan. Ich wurde Kunsthändler, aber ich bin wie leer. Das Bild hat getötet, nicht nur ein Leben, sondern zwei.

Ihr Onkel hat mir vergeben, ich habe mir vergeben.

Das ist das Wichtigste.

Leben Sie wohl, RAHEL.

Ihr Jan van Schooten.

Das Bild „Das Mädchen und die Zeit" ist mein liebstes Bild. Der Onkel hat es mir vererbt. Ich werde der Frau im Spiegel jeden Tag ähnlicher.

Othello

Desdemona: O liebe Zeit! – Ich gab ihm niemals Anlass.
Emilia: Das ist den Eifersücht'gen einerlei,
sie sind nicht stets aus Anlass eifersüchtig,
sie eifern, weil sie eifern; 's ist ein Scheusal,
erzeugt von selbst, geboren aus sich selbst.
(„Othello", III, 4, W. Shakespeare)

Lena schlenderte ein wenig lustlos und ohne Ziel durch die Räume, in denen die Vorbesichtigung stattfand. Sie hätte sich die lange Anreise sparen können. Dieses Auktionshaus in Norddeutschland war doch bekannt für seine süßlich-schwülstigen Bilder.

Aber man konnte ja nie wissen, und insgeheim hatte Lena, die mit Freude seit Jahren Kinderbildnisse sammelte, auf eine angenehme Überraschung gehofft: eine Zeichnung von Philipp Otto Runge, einen Ludwig Richter – pausbackige Biedermeierkinder in idyllischer Landschaft –, einen Fritz von Uhde, irgendeinen unbekannten Künstler, der seine Kinder porträtiert hatte? Vergebens gehofft. Ach, sie war eine Närrin.

Hier gab es nichts als Haremsdamen und türkische Bäder in Knallrosa und Knallblau und Knallgelb, grauslich. Nichts als dahingegossene Sylphen und lüsterne, bocksfüßige Faune und Pans mit Flöten. Alpenländische Bauern mit Rauschebärten und mit langen Pfeifen, im Herrgottswinkel sitzend, eine dralle Bäuerin mit Tirolerhütl an ihrer Seite. Dickleibige, lachende Mönche mit Bierkrügen, im Hintergrund putzige Butzenscheibenfensterchen. Ritterfräuleins und schmachtende Jünglinge, ach.

Lena blieb wie versteinert stehen. Jünglinge und Ritterfräuleins. War es denn möglich?

Lena war immer schon des Glaubens gewesen, dass Menschentypen sich wiederholen durch die Jahre, durch die Zeiten, durch die Geschichte. Schon in ihrem eigenen – mittelalten – Leben hatte sie dies beobachten können. Sie interessierte sich für Menschen, für Gesichter vor allem, für Menschentypen auch, die sich wiederholten. Keiner war einmalig, fand sie.

Hier, vor ihr auf dem Gemälde, war wieder so ein Beweis für Das-habe-ich-schon-einmal-gesehen oder besser: Die-habe-ich-schon-einmal-gesehen.

Sie kannte dieses Ritterfräulein, diesen schmachtenden Jüngling, doch nicht in jener mittelalterlichen Tracht, nicht in jener Kombination – nicht als Paar.

Hier hatte vor 100 Jahren ein Maler zwei Menschen dargestellt, die es jetzt, heute, genauso gab – ein wenig älter zwar, aber dennoch verblüffend ähnlich.

Dieses etwas bleichsüchtige Ritterfräulein mit tizianrotem Kräuselhaar war Gisela vom Golfclub, der schwarzgelockte Galan in Strumpfhosen mit Harfe – ein Minnesänger? –, glich niemand sonst als Gunther, auch er Clubmitglied. Der Club – Casanova. Dies waren die jugendfrischen Ebenbilder der beiden.

Lenas Stunde war gekommen.

Gottes Mühlen mahlen langsam, aber gerecht.

Aus dieser unsäglichen Ähnlichkeit ließe sich etwas machen. Eine vage Idee regte sich, nahm Gestalt an, nistete sich in Lenas Kopf ein, wurde zum festen Vorsatz.

Lena musste sich auf die Lederbank setzen, die in der Mitte des Raumes stand. Sie war wie erschöpft von der Wucht dessen, was vor und was hinter ihr lag.

Sie erinnerte sich. Dabei hatte die Zeit, hatte der Alltag, der so viele Wunden heilt, auch diese heilen lassen. Dennoch fühlte Lena beim Anblick dieses schwülen Gemäldes den Stich, als sei es gestern gewesen.

Vor Jahren hatte eine jener wohlmeinenden Freundinnen aus dem Golfclub voller Mitgefühl und Bedauern Lena aufgeklärt über „eine gewisse Beziehung ihres Mannes mit einer gewissen Dame“.

Ungläubig hatte Lena reagiert, doch auch irgendwie verunsichert, zutiefst verletzt, auch Lenas Mann war bestürzt wie sie über das dumme Gerücht, es entbehrte jeglichen Grundes, Lena hatte es gleich gewusst, ein Missverständnis, wie auch immer, doch dieses Misstrauen, das Gift der Eifersucht und wenn doch, es war etwas ins Wanken geraten, wer es erlebt hat, weiß, was ich meine.

Der Alltag war darüber hinweggegangen, das war auch gut so, das dumme Gerücht, die dummen Intriganten.

Und nun diese Gelegenheit.

Gisela und ihr Mann Berthold waren, so hatte Lena nach und nach erfahren – von anderen, zufällig –, damals die Hauptakteure in jener gezielten Verleumdungskampagne gewesen. Sie naiv und simpel gestrickt, er krankhaft eifersüchtig, eifersüchtig auf alle wegen nichts. Er ließ seine Frau nicht aus den Augen, ständig betatschte er sie, hielt Wache, ein Herr mit Schoßhündchen, ein Neurotiker. Es gab solche Paare, die sich ewig betatschen müssen und dies für Liebe halten.

Gisela folgte Berthold hündisch, vergötterte ihn, bewunderte sein Golfspiel, sein Witzereißen, alles an ihm. Er war, da etwas klein und dicklich, auch auf Bewunderung angewiesen, daher vielleicht auch seine krankhafte Eifersucht. Gisela, treu ergeben, gab ihm niemals Anlass zur Eifersucht. Doch immer wieder war Berthold ausgerastet, wenn ein Mann seiner Frau – angeblich – zu nahe getreten war, sei es durch eigentlich harmlose Worte, Blicke, Aufmerksamkeit. So auch beim letzten Clubfest, als Gunther einmal, nur ein einziges Mal, mit Gisela tanzte. Er hatte übrigens mit allen Frauen getanzt. Nach dem Tanz hatte Berthold wutentbrannt seine Frau bei der Hand genommen und sie waren nach Hause gefahren. Ein Neurotiker eben.

Bertholds Eifersucht war sprichwörtlich. – Und nun dieser Zufall.

Berthold sammelte auch Gemälde, keine Kinderporträts wie Lena, sondern Röhrende Hirsche – am Waldesrand und Heideröslein im Mondenschein und Plätschernde Bächlein im Gebirge und am liebsten … Ritterfräulein – gefangen im Turm. Und dies, gerade dies war Lenas Chance.

Sie erstand das Gemälde (Gisela und Gunther in der Kemenate schmachtend: beziehungsweise deren Ebenbilder von 1880), und sie bot es bald darauf jenem Auktionshaus in ihrer eigenen Stadt an, in dem Berthold regelmäßig verkehrte und von wo er fast alle seine Bilder erworben hatte.

Gisela teilte übrigens sein Hobby nicht. Stets ging er allein zu Auktionen. Eigentlich ungewöhnlich für einen solch eifersüchtigen Menschen, aber dies war wirklich vorteilhaft für Lenas Plan.

Berthold bekam eine „ganz persönliche Einladung“ zur Vorbesichtigung und die Einladung enthielt einen für Berthold unerklärlichen, mysteriösen Hinweis:

„Schauen Sie sich Bild Nummer 891 genau an. Es könnte Ihnen die Augen öffnen.“

„Komisch“, sagte Berthold, seine Neugier war angestachelt.

Er konnte es kaum erwarten, das Gemälde zu sehen.

Lenas Club hatte seit einer Woche nur noch einen Gesprächsstoff.

Alle rätseln wie auch die Kripo, wieso Berthold unmittelbar nach einer Auktion nach Hause fuhr und seine Frau erwürgte. Es wird gemunkelt, es habe eine heftige Auseinandersetzung gegeben zwischen den beiden wegen eines anderen.

Es wird schwer sein, die Wahrheit zu erfahren, denn Berthold hat kurz nach der Tat Selbstmord begangen. Lena ist erstaunt. Wer hätte gedacht, dass ein Mensch so eifersüchtig sein kann.

Ophelias Abschied

(Ophelia kommt, phantastisch mit Kräutern und Blumen geschmückt …)
Ophelia: Da ist Vergissmeinnicht, das ist zum Andenken: Ich bitte euch, liebes Herz, gedenkt meiner! Und da ist Rosmarin, das ist für die Treue.
(Hamlet, von W. Shakespeare, vierter Aufzug, fünfte Szene)

Anna saß im Museums-Café und dachte gerade darüber nach, wie gut es ihr ging.

Vor ihr stand eine Tasse Cappuccino mit einem hübsch verpackten Zucker – wie es jetzt üblich war, in dünnen, langen Papierstäbchen mit buntem, modischem Aufdruck. Ach, wie schön das Leben sein konnte, wie sorglos und schwebend und leicht, und sie reckte und streckte sich ein wenig, so, dass es keiner von den anderen Café-Besuchern sah. Tee oder Cappuccino, Annas Seelentröster.

Der Cappuccino vor ihr duftete, sie löffelte die Sahnehaube ab, sie bestellte sich immer Cappuccino mit Sahnehaube und nicht mit aufgeschäumter Milch.

Sie konnte sich dicke Sahnehauben leisten, große feiste Buttercremetorten und Schokoladenkuchen, sie durfte ohne Gewissensbisse schlemmen, denn nichts, aber auch gar nichts setzte bei ihr an. Die Gewichtsprobleme ihrer Bekannten ließen sie kalt, bei Gesprächen über die verschiedenen Schlankheitskuren hörte sie angeödet weg. Das Schlanke lag in der Familie sozusagen und auch Carolin war so dünn, fast zerbrechlich, dabei aß sie doch ganz normal. Das Kind war zwar ziemlich blass neuerdings, auch etwas nervös, die großen Augen schauten noch größer als eh schon aus dem wachsbleichen Gesicht, die Wangenknochen hoben sich stark hervor.

Auf Annas Fragen reagierte sie ausweichend, manchmal sogar ein wenig feindlich, aber Anna hatte trotzdem erfahren, dass Carolins Freund nach fast einem Jahr engsten Zusammenseins Schluss gemacht hatte.

Und Carolin war so verliebt gewesen.

Beim letzten Liebeskummer hatte sie sich rutzeputz die Haare abgesäbelt, ein Schock nicht nur für die Eltern. Anna und Hermann hatten schon an rechtsradikale Tendenzen ihrer Tochter geglaubt und das Schlimmste befürchtet, aber Carolin hatte ja nur schockieren wollen, es war ihr gründlich gelungen, die dunkelbraunen Haare wuchsen wieder, der Spuk war vorübergegangen.

Dann, an Carolins 17. Geburtstag, hatte sie Sebastian kennen gelernt, einen introvertierten, hübschen Jungen aus ihrem Jahrgang im Gymnasium. Sie besuchten den gleichen Englischkurs und fingen eines Tages an, von Shakespeare zu schwärmen (sie hatten gerade den MACBETH gelesen).

Sie sahen sich alle Shakespeare-Verfilmungen an, und davon gab es sehr viele, ROMEO UND JULIA mit Leonardo di Caprio, HAMLET mit Kenneth Brannagh, SHAKESPEARE IN LOVE mit Gwyneth Paltrow, VIEL LÄRM UM NICHTS mit Emma Thompson. Die betreffenden alten Verfilmungen der gleichen Stücke guckten sie am Fernseher an, sie gingen in alle möglichen Theateraufführungen, aber es musste etwas von Shakespeare sein.

Carolin und Sebastian lernten sogar ganze Passagen aus ROMEO UND JULIA auswendig – im Original, versteht sich. Anna und Hermann, die selbst beide große Bewunderer Shakespeares und der englischen Literatur überhaupt waren, begrüßten dieses neuerliche Interesse ihrer Tochter an Kulturellem.

Die Vorgänger Sebastians waren Skateboardfahrer, Rugbyspieler, Tennis-Asse gewesen, aber so was wie Sebastian war ungewöhnlich. Mit lautem Disco-Gestampfe, Computerspielchen und Raverpartys hatte er es nicht.

Carolin und Sebastian machten stundenlange Spaziergänge, oder sie sahen sich irgendwelche alten Videoaufnahmen von Shakespeare-Filmen an.

Es war die ganz große Liebe.

Es war so überaus romantisch.

Die beiden hatten in der Schule sehr gute Noten, vor allem die Klausuren über literarische Themen fielen neuerdings bei Carolin, die noch nie Probleme in der Schule hatte, phantastisch gut aus.

Deutsch – Englisch – Französisch – alles Literarische vor allem faszinierte das Liebespaar, welches bald von den Mitschülern ROMEO und JULIA genannt wurde.

Die beiden steigerten sich in ihre Vorbilder hinein, sie kultivierten ihr Image, sie planten für die gemeinsamen Ferien einen Aufenthalt in Italien, in Verona, dem klassischen Romeo-und-Julia-Ort.

Zwei Tage vor Abreise in die Ferien wurde Carolin krank, sie erbrach alles, was sie aß, Sebastian blieb fern. Die Ferien verliefen traurig, Carolin schloss sich in ihr Zimmer ein, selbst den Vorschlag, mit den Eltern in die Provence zu fahren, lehnte sie ab. Nein. Niemals. Sie wolle doch lieber auf das Haus aufpassen.

Die Eltern fuhren alleine in die Ferien, ein wenig zögerlich, aber bisher war schon jeder Liebeskummer ihrer Tochter verflogen. Vor der Abreise baten sie noch Annas Mutter, ab und zu nach Carolin zu schauen.

Als sie nach zwei Wochen nach Hause kamen, fanden sie eine blasse, sehr dünne Tochter vor, die in langen, wallenden Kleidern umherlief, die langen, braunen Haare waren mit Blumen geschmückt. Sie schaute geistesabwesend aus.

„Das gefällt mir so“, sagte Carolin den besorgten Eltern.

„Lasst mich nur.“

„Ach, das geht vorbei wie damals die Sache mit dem kahlgeschorenen Kopf“, sagte Hermann, der immer optimistisch war.

„Sie macht sich jetzt ein wenig interessant, das ist der Liebeskummer, und der geht vorbei.“

Sie wollten erst mal abwarten. Die Ferien dauerten noch eine Weile. Es würde alles gut werden.

Dann hatte Anna erfahren, dass diese tolle Ausstellung in der Mannheimer Kunsthalle war … ein Katzensprung nur von ihrem Dorf. Und dazu noch die englischen Maler des 19. Jahrhunderts, die Präraffaeliten und ein wenig danach.

Und jetzt war sie hier, den Kummer über Carolin hatte sie ein wenig vergessen können, sie würde jetzt ihren Cappuccino trinken und dann noch den einen Saal besichtigen, den sie sich für den Schluss aufgehoben hatte: Das Beste soll man sich immer bis zuletzt aufheben, nämlich ihre Lieblingsmaler John Everett Millais und John William Waterhouse.

Danach würde sie gleich heimfahren und mit Carolin sprechen. Anna hatte Carolin gefragt, ob sie mit zur Ausstellung wolle, aber sie hatte ganz barsch abgelehnt. Ihr Interesse an englischer Kultur war wohl mit Sebastians Schlussmachen jäh zu Ende gegangen.

Ja, sie mussten unbedingt miteinander reden. Es war höchste Zeit.

Anna trank ihren Cappuccino.

Dann ging sie in den Saal mit den Waterhouse- und den Millais-Gemälden. Dort, ja, das Bild kannte sie gut, die rothaarige Frau, das Haar zu einem Knoten verschlungen, ihr Kleid ist goldtürkis, sie riecht an einer Rose, die an einem Spalier die Wand hochwächst. „My Sweet Rose“. John William Waterhouse. Auch jenes Bild dort von Waterhouse ist Anna bekannt. Ein junges Mädchen, blass, mit langen, braunen Haaren, es sitzt auf einem Stein an einem Gewässer mit Seerosen, das Kleid ist weiß mit goldenem Gürtel und goldenem Muster an Saum, Ärmeln und Kragen.

Sie schmückt sich mit Blumen, Margeriten und Mohn.

„Ophelia“ heißt das Bild.

Hinter Anna stehen zwei alte Damen, sie unterhalten sich über das Bild. Sie unterhalten sich laut, denn jeder darf wissen, dass sie gebildete Damen sind.

„Ja, das nahm ein sehr böses Ende mit der armen Ophelia. Von Hamlet verstoßen, und dann nimmt sie sich das Leben. Den Shakespeare haben die Maler des

19. Jahrhunderts gerne gemalt, die hatten so eine Schwäche fürs Dramatische. Fürs Grausige", sagt die eine Dame.

„Da drüben, schau mal, Marga, da ist noch mal die Ophelia, diesmal von Millais!" Und sie gehen eilig zu dem genannten Bild hinüber.

Anna folgt ihnen. Mechanisch.

Sie kennt das Bild. Sie hat es schon in London gesehen, in der Tate Gallery, zusammen mit Hermann. Das Bild von Millais ist inhaltlich die Folge des Waterhouse-Gemäldes. Bei Waterhouse schmückt sich die von Hamlet beschimpfte und wahnsinnig gewordene Ophelia mit Blumen, bei Millais treibt Ophelia tot im Wasser, die gepflückten Blumen gleiten ihr aus der starren Hand.

„Jaja", zwitschert die eine der beiden gebildeten Damen (ist es Marga?), „da ist sie nun tot. Wusstest du übrigens, dass das Mädchen, das dem Millais damals als Modell diente, bald danach an einer Lungenentzündung starb? Sie hatte wohl zu lange im kalten Wasser liegen müssen."

„Wie gruselig", sagte die andere, und sie trippelten davon.

Anna steht wie im Nebel, sie geht von einem Ophelia-Bild zum andern. Wie blind sie war, wie taub, wie grenzenlos blind und taub. Und töricht.

Hamlet, Ophelia, Shakespeare, Romeo und Julia, Carolin und Sebastian, es dreht sich alles in ihrem Kopf. Carolin und Sebastian, das waren nicht mehr Romeo und Julia, die sich liebten bis zum gemeinsamen Tod, das waren Hamlet und Ophelia, Carolin, die Verstoßene, die über die Zurückweisung durch den Geliebten nicht hinwegkommt, die nicht versteht, dass Hamlets Verhalten nur eine Pose ist, Ophelia, die „ein sehr böses Ende nimmt".

Carolins Blässe, die weißen Kleider, die Blumen.

Anna stürzte aus der Galerie, sie ignorierte die roten Ampeln, Hupkonzerte. Sie raste mit dem Wagen über die Autobahn. Kurz vor ihrer Straße überholte sie ein Notarztwagen mit Blaulicht und Sirene.

Er fuhr zu Annas Haus, auch er.

Zu spät.

Das Mädchen mit den langen, braunen, blumengeschmückten Haaren und dem seltsamen weißen Kleid war nicht mehr zu retten.

Es hatte seine Rolle ganz zu Ende gespielt.

Romeo und Julius

Julia: *„Willst du schon gehn? Der Tag ist ja noch fern.*
Es war die Nachtigall und nicht die Lerche,
Die eben jetzt dein banges Ohr durchdrang;
Sie singt des Nachts auf dem Granatbaum dort.
Glaub, Lieber, mir: es war die Nachtigall.“
(„ROMEO und JULIA“, W. Shakespeare, dritter Aufzug, fünfte Szene.)

Man schrieb das Jahr 1957.

Die Untersekunda der Keplerschule, eines humanistischen Gymnasiums, suchte im Deutschunterricht ein Theaterstück heraus, das demnächst aufzuführen wäre.

Die Keplerschule war eine reine Jungenschule, darum lachten alle, als der Deutschlehrer, Herr Seiler, seinen Vorschlag machte. „Romeo und Julia. Wir spielen ROMEO und JULIA.“ Die Lacher ignorierend, fuhr er fort: „Shakespeare, was gibt es Größeres?“

Herr Seiler war auch Englischlehrer und ein ausgesprochener Shakespeare-Fanatiker. Er stellte, das wussten seine Schüler, den „englischen Barden“ weit über die einheimischen Götter, den – wie Herr Seiler oft und gerne lästerte – „moralisierenden Oberlehrer Schiller“ und den „fürstendienernden alten Weiberfresser Goethe“. Shakespeare, so Herr Seiler, beherrschte die ganze Palette menschlicher Höhen und Tiefen, er kannte alle Abgründe des Menschenlebens und war seiner Zeit weit, weit voraus gewesen. Und dann konnte Herr Seiler stundenlang schwärmen.

„Wir sind eine Jungenschule, Herr Seiler“, sagte Friedrich Zurbrück, „vergessen Sie das? Wer spielt zum Beispiel die Julia?“ Und er fügte piepsend, als sei er ein Mädchen, hinzu: „Ich jedenfalls nicht.“ Es war wirklich komisch, denn Friedrich war mit seinen 15 Jahren schon richtig männlich und jeder wusste, dass er seine Männlichkeit eifrig erprobte an den Mädchen im Gymnasium für Höhere Töchter, das ganz in der Nähe der Keplerschule lag.

Herr Seiler lachte gutmütig mit.

„Wir sind ein Jungengymnasium, klar, ich hab es nicht vergessen. Aber um so besser, dass wir ein Jungengymnasium sind. Um so besser für Shakespeare. Zu Shakespeares Zeiten gab es keine Schauspielerinnen. Theater, das war Männertheater. Männer übernahmen die Frauenrollen.“

„Also hatte Julia einen Bart und sprach mit Bass?“, fragte Ulrich Kappel dazwischen, der Witzbold der Klasse.

„Nein, natürlich nicht. Ich sollte sagen: Jungen spielten die Mädchen- und Frauenrollen, nicht Männer. Genau gesagt Jungen, die noch nicht im Stimmbruch waren."

Alle schauten automatisch zu Tim Kerner hin, dem Primus der Klasse, der so klein und zart, fast mädchenhaft war, wie er intelligent war. Tim war sehr beliebt, denn er war kein fieser Streber, der die andern nie spicken ließ. Im Gegenteil: Er war auch ganz schlau und wendig und kameradschaftlich, wenn es darum ging, sich neue, von den Lehrern unerahnte Spicktricks für die andern auszudenken. Für sich selbst brauchte er diese Tricks keineswegs.

Es war eindeutig, dass Tim die Julia spielen würde. Er zierte sich nicht und ließ sich nicht lange bitten. Im Handumdrehen würde er die Rolle gelernt haben.

„Aber wer spielt den Romeo?", fragte Herr Seiler.

Auch hier war der Fall recht eindeutig. Bastian, Bastian Pfaff. Er war groß, hatte dunkle Haare, dunkelblaue, romantisch wirkende Augen, und er war der Schwarm der Mädchen der Höheren Töchterschule. Aber im Gegensatz zu Friedrich Zurbrück hatte Bastian es nicht nötig, mit seinen Erfolgen zu prahlen, ja, er wurde eigentlich umschwärmt, ohne selbst zu umschwärmen. Er war bei all seinem romantischen Äußeren nicht einmal romantisch, sondern ein Fußballchampion.

Der dicke Karl Ottmann würde die Amme spielen, das würde Lacherfolge geben, so ganz im Sinne Shakespeares, bei dem, wie Herr Seiler erklärt hatte, das Tragische und Komische immer so schön gemischt war wie im richtigen Leben.

Die Klasse war im Eifer, im Theatereifer.

Es gab einige Schüler, die von vornherein überhaupt nicht spielen wollten, absolut nicht. Aus Schüchternheit, Unlust, Unbegabtheit, aber sie übernahmen doch Aufgaben: Kulissenmalen, Technik, Beleuchtung, man brauchte einen Souffleur.

Julius Knapp meldete sich zu diesem wichtigen Amt. Er würde es später bereuen.

Julius, ähnlich klein und zart wie Tim Kerner, fiel im Klassenverband nicht auf, er war einer von jenen Schülern, die auch den Lehrern weder im Positiven noch im Negativen besonders auffallen. Sie sind nicht vorlaut, sie drängen sich nicht vor und fallen dem Lehrer nicht ins Wort (eine besonders unangenehme Eigenschaft vor allem der kleineren Schüler übrigens), sie tragen aber auch nicht durch originelle Ideen zum Fortkommen einer Diskussion bei. Es gibt solche Schüler und summa summarum bezeichnen Lehrer sie gerne als ihre „angenehmen Kunden".

Julius mochte seinen Lehrern und Mitschülern nicht sonderlich auffallen, seine Mutter aber machte sich schon seit längerer Zeit Sorgen um ihren Sohn. Die schöne neue Dampfmaschine, ein Weihnachtsgeschenk, hatte er nicht beachtet (es war schon drei Jahre her), auch die Märklin-Eisenbahn, ein Geschenk seines Großvaters, war nicht benutzt worden. Stattdessen ertappte die Mutter ihren Sohn Julius immer wieder im Spielzimmer der kleineren Schwester, wo er mit Puppen spielte, sich schminkte, sich verkleidete. Am Geburtstag der kleinen Schwester tauchte er plötzlich auf, als Prinzessin verkleidet, mit Krönchen auf der blonden Perücke und mit den Stöckelschuhen seiner Mutter. Die Kinder hatten über den Spaß gelacht. Die Mutter weniger.

Abends wies sie ihn zurecht: „Du bist gar kein richtiger Junge. Wer mit Puppen spielt, aus dem kann doch kein richtiger Mann werden. Ein Mann, wie dein Vater einer war“, sagte sie.

„Und was hat er von seiner wunderbaren Männlichkeit gehabt? Nicht heimgekommen ist er von Stalingrad, krepiert ist er dort mit all den andern wunderbaren Männern zusammen. Das ist es, was echten Männern passiert. Da verkleid ich mich lieber als Prinzessin.“

Julius sagte es bitter.

Es klatschte in sein Gesicht. Die Mutter verließ weinend das Zimmer.

Als Julius die Souffleurrolle übernahm, dachte er dabei vor allem daran, dass er dann Bastian – Romeo – nahe sein würde. Er würde, wenn Tim – Julia – stockte, die Worte sagen dürfen, die ihm auf dem Herzen drückten.

Nach einer Woche konnte er die Rolle der Julia in- und auswendig.

O Romeo! Warum denn Romeo?
Verleugne deinen Vater, deinen Namen!
Willst du das nicht, schwör ich zu meinem Liebsten,
Und ich bin länger keine Capulet.

Bei der ersten großen Probe saß Julius im Souffleurkasten – und litt unsägliche Qualen der Eifersucht. Eifersucht auf Tim Kerner, die „liebliche Julia“, und wenn Romeo – Bastian – sagte:

O wie sie auf die Hand die Wange lehnt!
Wär ich der Handschuh doch auf dieser Hand,
Und küsste diese Wange!

Dann meinte er, es nicht mehr ertragen zu können und davonlaufen zu müssen.

Er liebte Bastian, er ertrug es nicht, dass er all diese schönen Worte einer andern, einem andern sagte, die Worte, die eigentlich ihm, Julius, gebührten.

Er ertrug es nicht, wenn Tim Kerner, diese blässliche Julia, so voller Liebe zu Romeo sprach, seinem Romeo.

Nach der dritten Probe fasste Julius einen Plan, nach der fünften machte er sich ans Werk.

Er hatte – zufällig? – ein Buch über die Kraft der Gedanken gefunden, eine Art Voodoo-Buch, das davon handelte, dass man einzig durch die Kraft seines Willens jemanden schaden könne. Aberglaube, hatte er zunächst gedacht, aber er befasste sich, seit Herr Seiler im Zusammenhang mit Shakespeare über die Bedeutung des Aberglaubens für das Shakespeare'sche Theater gesprochen hatte, voller Interesse mit diesem Phänomen.

Julius formte sich ein Wachspüppchen, das etwa an Tim Kerner erinnerte, dann steckte er viele kleine Nadeln hinein. Tim sollte ja nicht gleich sterben, nur irgendwie krank werden, außer Gefecht gesetzt werden.

Während er seine Nadeln in die Wachspuppe stieß, sprach Julius die Worte Tybalts, der Romeo hasste wie die Pest:

Hör, Romeo! Der Hass, den ich dir schwur,
Gönnt diesen Gruß dir nur: Du bist ein Schurke!

Doch entsetzt zog Julius die Nadeln aus der Puppe, formte eine neue. Nicht Romeo – Bastian – sollte etwas zustoßen, sondern Julia – Tim Kerner.

Er murmelte beschwörende Sätze voller Eifersucht, voller Hass.

Am Tag darauf waren die Proben fast perfekt, Romeo – Bastian – und Julia – Tim – waren besser denn je zuvor. Herr Seiler war überglücklich. Julius aber litt tausend Tode, als Julia – Tim – sagte:

Willst du schon gehn? Der Tag ist ja noch fern.
Es war die Nachtigall und nicht die Lerche,
Die eben jetzt dein banges Ohr durchdrang;
Sie singt des Nachts auf dem Granatbaum dort.
Glaub, Lieber, mir: Es war die Nachtigall.

Und als Romeo antwortete:

Die Lerche war's, die Tagverkünderin,
Nicht Philomele; sieh den neid'schen Streif,
Der dort im Ost der Frühe Wolken säumt.
Die Nacht hat ihre Kerzen ausgebrannt,
Der muntre Tag erklimmt die dunst'gen Höhn;
Nur Eile rettet mich, Verzug ist Tod …

dachte Julius bei sich: „Verzug ist Tod, ja, mein Tod. Es muss etwas geschehn."

Julius vertraute auf die Kraft seiner Gedanken und es geschah etwas. Die Hauptprobe musste ohne Tim Kerner stattfinden, der mit seinem Fahrrad auf regennasser Straße in die Straßenbahnschienen geraten war. Sehr unglücklich. Er war auf dem Weg zur Probe gewesen und lag mit einem schweren Schädeltrauma im Krankenhaus. Er würde durchkommen, sagten die Ärzte.

Die Schüler waren bestürzt, kopflos, besorgt um Tim, aber auch traurig wegen der nun geplatzten Aufführung.

Julius meldete sich: „Ich kann die Rolle der Julia übernehmen. Ich kann sie auswendig."

Auch unauffällige Schüler sorgen manchmal für Überraschungen.

Die Aufführung wurde ein Erfolg und ging in die Annalen der Keplerschule ein. Alle Zuschauer waren sich einig, dass die Rolle der Julia nicht inniger, nicht echter, nicht anrührender hätte gespielt werden können. Es schien, als sei diese Julia tatsächlich unsterblich in ihren Romeo verliebt.

Tim starb übrigens in der Nacht unmittelbar nach der Aufführung.

Es gibt seltsame Zufälle im Leben.

Und Julius warf ein kleines, mit Nadeln bespicktes Wachspüppchen in die Mülltonne.

Herr Seiler traf Julius' Mutter wenige Tage nach der Theateraufführung in der Stadt.

„Gratuliere zu Ihrem talentierten Sohn. Solch ein Schauspieler. Eigentlich müsste Ihr Julius ‚Julia' heißen."

Herr Seiler war ziemlich erstaunt, dass Julius' Mutter wortlos wegging.

Lady Macbeth 2000

Lady Macbeth: „Ein wenig Wasser spült uns ab die Tat,
Wie leicht dann ist sie!“
(„Macbeth“, W. Shakespeare, Akt II, Szene 2)
Lady Macbeth: „Doch … wer konnte denken,
dass der alte Mann noch soviel
Blut in sich gehabt?“
(„Macbeth“, W. Shakespeare, Akt V, Szene 1)

Von Anfang an hatte sie ihren Mann für eine Memme gehalten, es ihm auch gesagt, ihn angestachelt, ja angefeuert, wie Fans einen Spieler anfeuern, sie hatte ihn an der Ehre gepackt, ihn beleidigt und damit zur Tat bewegt.

Es war alles ganz glatt gelaufen. Zunächst.

Sie hatten Burkhard Mommsen, Manfreds Chef, zu einem „kleinen Essen zu dritt“ eingeladen. Mommsens Frau Erika hatte ihn kurz zuvor verlassen und war nach Kenia abgereist. Sie war dorthin ständig in Urlaub gefahren, in ihr Traumland. Sie hatte Zeit. Und Geld. Mommsen verdiente das Geld. En masse.

Wie sie diese Frau gehasst hatte. Mommsen selbst war ein netter Mensch, liebenswürdig, zurückhaltend, ein vornehmer älterer Herr. Schade, dass man ihn hatte umbringen müssen und nicht seine zickige Ehefrau Erika.

Aber er war der Firmenchef, er hatte Manfred, seiner „rechten Hand“, dem „Mann seines Vertrauens“, die Firmenleitung überschrieben für den Fall seines Todes. Diesen Tod hatten sie beschlossen zu beschleunigen, in die Hand zu nehmen. Sie wollten den natürlichen Lauf der Dinge nicht geduldig abwarten.

Es würde wie eine Attacke von Raubmördern aussehen, alles war bestens organisiert, inszeniert, sie war nicht umsonst lange beim Theater gewesen. Sie würde cool bleiben, wenn auch Manfred, die Memme, wieder Nerven zeigen würde.

Ach, der Abend der Einladung, der Abend der Tat.

So etwas wie Mini-Reue (wenn es das gibt) befiel sie jetzt doch, wenn sie daran dachte, wie Mommsen auf seine warmherzige Art ihr harmonisches Zuhause, das friedliche, schöne Ambiente gelobt hatte, die warmen Farben der Teppiche, den exquisit gedeckten Tisch, die Blumenarrangements, die ruhige Atmosphäre von Haus und Garten, alles das Werk einer liebevollen Hausfrau.

Manfred, die Memme, hatte gequält geschaut, ein Hundegesicht mit mitleidigen braunen Augen.

Sie hatte selbst einen schwachen Moment gehabt. Im Gespräch über das geschmackvolle Haus und die harmonische Atmosphäre war ihr aufgefallen, wie sehr Burkhard Mommsen ihrem eigenen Vater glich. Doch sie riss sich zusammen. Es war doch gut, dass sie in Mommsens Cocktail schon ein kleines Beruhigungsmittel getan hatte, eines, das keine Spuren hinterlassen würde, so musste er nicht unnötig leiden, sadistisch sollte es nicht zugehen. Manfred kniff im letzten Moment, also war sie es, die mit aller Wucht zustach. Der Moment war günstig, sie stand hinter Mommsen, der schon ein wenig schläfrig wirkte, das Fleischmesser war in Reichweite.

Manfreds Drückebergerei hatte doch noch die Pläne durcheinander gebracht.

Mommsen war sofort tot.

Er sah wirklich schrecklich aus, das musste sie schon gestehen, aber sie war keine Memme. Es war nun nicht zu ändern.

Manfred drehte fast durch, das viele Blut, aber sie redete auf ihn ein. Er fing sich. Wie verabredet machten sie ein heilloses Durcheinander im Zimmer, dann brachte sie sich selbst die Stichwunde im rechten Unterarm bei – für das viele Geld und die Firma musste sie schon ein wenig leiden, Manfred – unter Gejammere – tat dasselbe mit seinem Oberschenkel.

Dann stellten sie „mit letzten Kräften" (haha!) den Alarm an. Die Polizei erschien schnell. Das Märchen vom brutalen Überfall durch zwei maskierte Männer war ein überzeugendes Märchen.

Es traf sich blendend, dass in der Gegend, es wohnten keine armen Leute hier, in den letzten Wochen und Monaten mehrere Einbrüche geschehen waren. Mehrmals waren zwei maskierte Männer gesehen, doch nie geschnappt worden. Ein Nachbar war mit einem Messer verwundet worden.

Die Polizei war zuvorkommend zu Manfred und seiner Frau. Sie spielte die Geschockte, Manfred musste gar nicht erst spielen, ihm schlotterten die Beine, und als er noch einmal einen Blick auf den toten Mommsen warf, sank er bewusstlos in sich zusammen.

Sie wurden in die Klinik gebracht und verarztet. Die Schwestern kümmerten sich rührend um die armen Überfallenen.

Der alte Mommsen, er hatte wirklich Pech gehabt. Die Täter hatten ihn für den Hausherrn gehalten und zuerst attackiert, sie selbst hatten zum Glück die Alarmanlage auslösen und so gerettet werden können.

Die Täter hatten von den Opfern abgelassen und waren in Panik getürmt.

Es ist schon merkwürdig, dass der alte Mann so viel Blut in sich hatte, dachte sie. Mehr als Manfred? Sie würde es gleich erfahren, denn sie war unterwegs zur Identifizierung des Toten, der sich mit seinem Auto – Manfreds Auto – überschlagen hatte und umgekommen war. Soeben hatte die Polizei sie von dem schrecklichen Unfall benachrichtigt.

Und sie dachte mit ein wenig Wehmut daran, wie heute Morgen ihr Mann über Schwindelgefühl und Augenflimmern geklagt hatte (jawohl, sie war inzwischen eine wahre Expertin im Verabreichen von spurenfreien Schlaftrunks geworden). Er wollte aber unbedingt mit dem Auto zur Firma fahren, denn er war jetzt der Chef, sie, ganz Fürsorge und liebevolle Vorsicht, beschwor ihn, doch zu Hause zu bleiben, einmal Schauspielerin, immer Schauspielerin. Nein, er war keine Memme, sondern der Firmenchef, er würde fahren.

Er fuhr und sie dachte, immer noch mit ein wenig Wehmut, eigentlich schade um ihn, es lief doch alles so gut für uns, und irgendwie habe ich ihn geliebt, aber dann dieser unverzeihliche Fehler.

Warum hatte er nur jene Karte mit der Briefmarke aus Kenia verloren? („Komm bald nach, es ist alles vorbereitet, ich vermisse dich. Deine Erika.")

Sie ging in das Badezimmer und wusch sich die Hände, sie rieb und rieb, immerzu, eine Gewohnheit, die sie seit Mommsens Tod hatte.

Doch zu dem einen Fleck war ein zweiter gekommen, den sie beim besten Willen nicht abwaschen konnte.

Es war zum Verrücktwerden.

Die Wette der Desdemona

Othello: Hast du zur Nacht gebetet, Desdemona?
Desdemona: Ja, mein Gemahl!
Othello: Kannst du dich einer Sünde noch erinnern,
Nicht ausgesöhnt dem Himmel und der Gnade,
So flehe jetzt alsbald.
Desdemona: Ach, mein Gemahl! Was willst du damit sagen?
(„OTHELLA", W. Shakespeare, 5. Aufzug, 2. Szene)

Barbara und Desdemona saßen sich im Café gegenüber. Es war ein nettes Café, nicht allzu alttantenhaft, geschmackvoll in cremefarbenen und weißen Tönen gehalten: Vorhänge, Polster, Tapeten. Hübsche Lüster an der Decke und passende Wandleuchten spendeten ein angenehmes Licht.

Alles war so richtig dazu angetan, einer Freundin sein Herz auszuschütten.

Es gibt solche Situationen, Räumlichkeiten, Augenblicke im Leben. „Es war schon eine total idiotische Idee damals von meinen Eltern, mich ausgerechnet DESDEMONA zu nennen", sagte Desdemona. „Zu einer Zeit, als alle vernünftigen Eltern ihre Kinder BRIGITTE, GISELA, ERIKA, HELGA, GERLINDE oder BARBARA nannten, tauften sie mich auf den unaussprechbaren Namen DESDEMONA. Fast alle betonen den Namen falsch und sagen Desdemóna statt Desdémona. Auf der zweiten, nicht auf der dritten Silbe liegt die Betonung. Ach ja" – und sie seufzte.

„Du, ich finde den Namen interessant, schön und sehr gebildet. Es ist doch toll, wie eine berühmte Shakespeare-Heldin zu heißen", tröstete Barbara.

„Das ist es aber doch gerade", erwiderte Desdemona. „Es ist ja nicht das Unaussprechbare des Namens, sondern die Bedeutung, das Schicksal der Desdemona. Wer möchte schon heißen wie eine, die von ihrem krankhaft eifersüchtigen Mann fälschlich der Untreue bezichtigt und von ihm erstochen wird? Eine tolle Heldin. Ein armes Würstchen war sie, dabei war sie treu wie Gold und hat nicht mal ihren Spaß gehabt. Ungerecht! Und was das Gebildetsein des Namens angeht, so nenne ich es leider halbgebildet. Meine Shakespeare-närrischen Eltern hätten ruhig einmal genau ihren OTHELLO nachlesen können. Es gibt so schöne andere Frauennamen bei Shakespeare: Viola, Beatrice, Portia, Cordelia, Celia, Rosalinde und natürlich Julia, na ja, Letztere lieber nicht, ist leider ein wenig abgedroschen, der Name. Aber immer noch besser als DESDEMONA. Es ist wie ein Fluch, DESDEMONA zu heißen."

„Na ja, bei deinem Rudolf hast du nichts zu befürchten – oder? Hast du mir nicht einmal gesagt, er sei alles, nur nicht eifersüchtig?“

„Ja, das kommt noch dazu. Da heißt man Desdemona und hat einen Mann, der so etwas von uneifersüchtig ist, dass es einen schon fast kränkt. Nein, zum Othello hat mein Mann nicht das Zeug.“

Desdemona schwieg und schaute sinnierend vor sich hin. Die Freundin sagte: „Das kann ich nicht glauben, dass ein Mann nicht eifersüchtig sein kann. Ich kann es einfach nicht glauben, nein, vor allem, wo du doch so hübsch bist. Ich habe bemerkt, dass dich die Männer ganz schön anglotzen. Macht das dem Rudolf nichts aus? Bemerkt er es nicht?“

„Doch, natürlich bemerkt er es, aber es schmeichelt ihm vielleicht, ich weiß es nicht genau. Er hat außerdem ein starkes Selbstbewusstsein, er sieht keine Gefahr, er vertraut mir. Ich könnte sein Vertrauen ganz schön ausnutzen, wenn ich wollte, aber ich tu es nicht. Ich hab ihm schon oft vorgeworfen, dass er nicht eifersüchtig ist. Ich finde seinen Mangel an jeglicher Eifersucht wirklich beleidigend. Aber bei Rudolf hat das nichts mit Gleichgültigkeit zu tun, ich weiß es. Er will mich nicht einzwängen. Er hat einmal gesagt, es sei ‚unwürdig‘, eifersüchtig zu sein, und es kränke den Partner, auf den man eifersüchtig ist.“

Sie machte eine Pause und trank einen Schluck Cappuccino.

„Im Grund hat er Recht, aber trotzdem … ich wünschte mir manchmal, er wäre ein wenig eifersüchtig. Ein klein wenig nur, das würde mir genügen. Ein klitzekleines bisschen Eifersucht, das wäre mal nett zur Abwechslung.“

Barbara sagte: „So und jetzt mache ich mit dir eine Wette. Das kann ich nicht länger mit ansehen. Du leidest ja richtig unter der Tatsache, dass Dein Rudolf so ein totaler Anti-Othello ist. Wetten dass? Wie bei Gottschalk?“

„Oje, nenne mir nur nicht den, den finde ich so übel, ich mag geschniegelte Männer nicht und Showmaster schon gar nicht, aber wetten? Warum eigentlich nicht? Ich wette natürlich, dass Rudolf nicht eifersüchtig zu machen ist.“

„Und ich, dass es möglich ist. Ein bisschen Heimlichtuerei, und es müsste klappen. Ich habe einen Plan, aber du musst mitmachen. Um was wetten wir? Ich setze meine Biedermeierkorallenkette, die du so schön findest.“

„Und ich meine belgische Jugendstilbrosche, die du so schön findest. Die Wette gilt, selbst wenn ich die Wette verliere. Ich gäbe alles, wenn ich nur einmal Rudolf eifersüchtig sehen könnte.“

Und sie kicherten wie die Schulmädchen und steckten die Köpfe zusammen wie zwei freche Gören, die einen Streich aushecken …

In den nächsten Tagen klingelte bei Desdemona und Rudolf öfter das Telefon. Immer, wenn Rudolf abhob (und er hob fast immer ab, weil Desdemona jedesmal – zufällig – sonstwo im Haus zu tun hatte), meldete sich keiner.

„Das wird mein heimlicher Liebhaber sein", scherzte Desdemona. „So wird es sein", sagte Rudolf und lachte gutmütig.

Die Anrufe ließen nicht nach, Desdemona wirkte zusehends verlegener, fast schuldbewusst. Rudolf war nicht mehr so gelassen wie in den ersten Tagen, eher ein wenig genervt.

Desdemona war neuerdings abends öfter weg. Mit Barbara, sagte sie, sie hatten sich viel zu sagen.

Eines Tages sagte Desdemona: „Ich geh heut mit Barbara ins Kino."

„Viel Spaß und amüsiert euch gut", erwiderte Rudolf.

Kaum war Desdemona aus dem Haus gegangen, als Barbara anrief: „Ist Desdemona da? Man sieht sich kaum noch. Ich muss mal mit ihr reden."

„Ich denke, ihr trefft euch jetzt gleich sowieso im Kino, warum rufst du dann an? Sie ist schon weg."

Barbara war, so schien es Rudolf, total verblüfft und eine Weile sprachlos, dann stotterte sie ganz komisch: „Ach ja, stimmt, dann sag ich ihr es im Kino. Servus. Tut mir leid, dass ich gestört habe."

„Servus." Rudolf legte auf. Er war sehr nachdenklich.

Am nächsten Morgen schwärmte Desdemona von dem Film. „Die neueste Hamlet-Verfilmung ist toll. Ethan Hawke als Hamlet, und das Ganze spielt in New York. Und Hamlet hat einen Laptop und Shakespeare passt halt immer, den kannst du in jede Epoche stecken und es stimmt.

Die ewigen Leidenschaften, Liebe, Eifersucht, Machtgier, all das, aber bei Eifersucht kannst du ja nicht mitreden." Rudolf tat so, als habe er die letzte Bemerkung nicht gehört.

„Hat Barbara der Film auch so gut gefallen wie dir?", wollte er wissen.

„Nein, nicht so sehr. Sie meinte, die Shakespeare'sche Sprache passt doch nicht so mit unserer modernen Zeit zusammen. Aber Ethan Hawke fand sie süß. Der hat ihr schon in DEAD POETS SOCIETY so gut gefallen als Todd Anderson."

Drei Tage später traf Rudolf ganz zufällig Barbara. Sie war – ganz zufällig – im gleichen Restaurant in der Nähe von Rudolfs Büro (er aß dort jeden Freitag zu Mittag, wie sie von Desdemona wusste). Sie sprachen über den Kinobesuch (Barbara hatte geschickt das Gespräch darauf hingelenkt).

„Du warst so begeistert von Ethan Hawke?"

„Wer ist das? Wen hat er gespielt?“

„Na ja, den Hamlet, ich dachte, du fandest ihn toll.“

„Jaja, klar, ach, was bin ich vergesslich. Und dann die Superidee, an der Originalsprache gar nichts zu ändern. Die laufen durch die Discos und Videotheken und reden wie um 1600. Toll!“

„Desdemona hat mir aber gesagt, du hieltest dies für aufgesetzt und wie die Faust aufs Auge.“

„Am Anfang, ja, aber jetzt denke ich anders darüber. Man kann doch einmal seine Meinung ändern. Überhaupt: Du bist so komisch, so misstrauisch. Ich komme mir vor wie bei einem Verhör. Das ist man bei dir nicht gewohnt.“

„Ach, Unsinn. Ich bin etwas überarbeitet und nervös.“

Als Barbara gegangen war, saß Rudolf noch über seinem Espresso und grübelte. Die Widersprüchlichkeiten um den Kinoabend, Barbaras Fahrigkeit, Desdemonas häufiges Wegsein. Ein sehr nachdenklicher Rudolf ging ins Büro zurück.

Die Anrufe ohne Anrufer mehrten sich. Einmal ging Desdemona ans Telefon. „Nicht jetzt“, flüsterte sie. „Ich kann nicht frei sprechen …“ Sie legte auf, als Rudolf ins Zimmer kam. Er hatte es deutlich gehört: „Nicht jetzt, … ich kann nicht frei sprechen.“

Danach hörten die Anrufe auf.

Rudolf achtete von nun an darauf, was an Post einging. Das hatte er nie getan. Überhaupt tat er jetzt Dinge, die er nie für möglich gehalten hätte. Er schämte sich vor sich selbst.

Da, eines Tages, ein Brief an Desdemona, kein Absender, die Adresse war getippt, der Brief war abgestempelt in München. Barbara war bei ihrer Schwester in München, das hatte Desdemona ihm gesagt.

Der Brief war sicher von Barbara – oder? Der Zweifel nagte gelb in Rudolfs Innerem. Er verachtete sich, als er den Brief über Wasserdampf aufmachte, aber es lohnte sich. (Wie unwürdig, dachte er, wie weit ist es mit mir gekommen?)

Und da stand schwarz auf weiß:

DESDEMONA, Geliebte,

wie gut, dass dein Mann kein Othello ist. Er ahnt wirklich nichts? Ich habe unser Wochenende in Füssen vorbereitet. Ein wundervolles Liebesnest in der König-Ludwig-Suite wartet auf uns. Wir haben einen herrlichen Blick auf Ludwigs Märchenschloss Neuschwanstein und auf Schloss Hohenschwangau. Du wirst begeistert sein. Ich kann es kaum erwarten. Wir treffen uns Samstag, 20 Uhr, in der Königlichen Kristall-Therme in Schwangau. Reiseplan liegt bei, es ist leicht zu finden. Es gibt viele Saunen da, ich warte in der Sauna „Venusberg".

In Liebe und Ungeduld

dein Stefan.

P.S. Wir sind im Romantikhotel Hohenschwangau registriert unter dem Namen Ehepaar Petersen. Königssuite.

P.S.2 Grüße deine Freundin Barbara. Danke für ihre Mithilfe.

Rudolf verschloss den Brief wieder und legte ihn zur übrigen Post.

Als Desdemona vom Einkaufen heimkam, las sie den Brief aus München. Vor Rudolfs Augen las sie laut vor: „O wie schön, Barbaras Schwester hat mich für dieses Wochenende nach München eingeladen. Wir machen dann ein Shopping- und Kulturwochenende. Nur wir drei Weiber."

Kaltblütig, wie kaltblütig sie ist, dachte Rudolf. Und so abgefeimt. Laut sagte er: „In Ordnung. Ein Wochenende, so weg vom Alltag, das tut dir bestimmt gut."

„Schade, dass du nicht mitkommen kannst", sagte Desdemona, ihn umgurrend. (Kaltblütig ist sie, durchtrieben und infam, dachte Rudolf. Und Barbara ist ihre Komplizin. Sie hat sie die ganze Zeit über gedeckt.)

Desdemona fuhr „nach München" und Rudolf bald danach ins Allgäu. Er war ein geduldiger Mann, und viel Geduld würde er gebrauchen können. Er wartete. Er wartete auf dem Parkplatz der Königlichen Kristall-Therme in Schwangau.

Es war dunkel, das war gut. Rudolf wartete.

Gespenstisch ragte das Märchenschloss von König Ludwig II. über dem Land. Fahlweiß schien es zu schweben, die Türmchen und Erker stachen totenbleich in die Nacht. Ein Märchenschloss, ein Totenschloss. Dies war doch eher dämonisches Transsylvanien als biederes Allgäu! Da, ein Wagen fuhr an, Desdemonas Wagen. Sie war allein. Aber natürlich, ER wartete schon in der Sauna, im „Venusberg".

Desdemona ging mit ihrer riesigen Badetasche in die Therme.

Und Rudolf, der Geduldige, wartete weiter.

Es machte ihn rasend, sich vorzustellen, wie ER Desdemona empfangen würde. All die andren Männerblicke auf Desdemonas Körper, ach, das hätte ihn nicht gestört, es hatte ihn nie gestört, aber der EINE, und Rudolf wurde zornig, zornig auf sich selbst, der so unwürdig seiner Frau auflauerte, und zornig auf seine Frau, die ihn so eifersüchtig hatte werden lassen.

Nach zwei Stunden kam eine beschwingte, gelöste Desdemona aus der Therme. Mit von der Sauna gerötetem Teint sah sie sehr jung und vital aus, sehr fröhlich und die Lebenslust selbst. Sie freute sich auf die König Ludwig-Suite und ihren Liebhaber. Aber wer war ER, wo war ER?

Wie infam und heimtückisch auch dies: Sie kamen nicht zusammen aus der Sauna, sie würden sich erst im Hotel wieder treffen. Spannung und Abenteuer.

Rudolfs Hände wurden feucht, sie zitterten.

Es waren starke Hände. Er stieg aus. Desdemona hatte ziemlich weit ab von den anderen Autos geparkt.

Rudolf stieg aus dem Wagen, mechanisch, mit roboterhaften Bewegungen, er war nicht eifersüchtig, doch nicht er, er musste nur seine Pflicht tun, seine verdammte Pflicht. Es ging um die Wiederherstellung seiner Würde.

Desdemona stellte die große Tasche mit dem Saunazeug ab. Sie fummelte mit dem Autoschlüssel, suchte das Autoschloss.

Es war sehr dunkel.

Rudolfs Hände zitterten nicht mehr. Er war ein starker Mann, und die Pflicht war rasch getan.

Es fing an zu schneien, sehr stark, der Schnee würde Desdemona zudecken.

Er fuhr zum Romantikhotel, denn es gab noch etwas zu tun. Wer war ER, wo war ER?

Die Rezeption hatte kein Ehepaar Petersen verzeichnet, es gab keine Königssuite. Ein bedauerlicher Irrtum, vielleicht das falsche Hotel?

Rudolf fuhr in die Nacht hinaus. Nach Hause. Er wählte Barbaras Nummer.

Nein, hatte er es vergessen? Sie war in München, oder im Allgäu, oder …? Er wusste nicht mehr, was wahr war, was gelogen.

Alles drehte sich in seinem Schädel.

Dann der Anruf am nächsten Morgen. Barbaras Stimme klang wie von ganz, ganz weit weg, tonlos, flach. Sie sagte: „ Stefan Petersen war eine Schimäre. Es gibt ihn nicht. Wir haben ihn erfunden, Desdemona und ich. Du hast eine Unschuldige getötet. Es war eine Wette, eine verdammte Wette, wir wollten dich eifersüchtig machen. Ich habe die Wette gewonnen, haha. Du Othello, DU."

Der mysteriöse Mord wurde nie aufgeklärt. Die bayerische Polizei nimmt immer noch an, dass ein anonymer Besucher der Therme der Täter war. Barbara wird nie die Worte ihrer toten Freundin vergessen: Es ist wie ein Fluch, Desdemona zu heißen.

Barbaras einziger Trost ist es, dass Desdemona so unendlich viel Spaß daran gehabt hatte, ihren Mann endlich, endlich einmal eifersüchtig zu sehen.

Manchmal können Späße eben tödlich enden.

Die Wendeltreppe

Bernd und Maria Baumeister waren das, was man ein glückliches Paar nennt – und dies nun schon seit 30 Jahren. Eine wahre Rarität in den heutigen Zeiten, wo man sich schnell gegenseitig ablegt, schneller als ein altes Paar Schuhe.

Wenn man Bernd und Maria fragte, worin denn das Geheimnis ihres so gefestigten Glücks läge, lachten sie nur und sagten: „Das Geheimnis ist nichts als unsere Bequemlichkeit."

Verständnisloses Staunen der Fragenden, dann die lakonische Erklärung der beiden: „Ist es nicht grauslich unbequem, sich auf einen neuen Partner einzulassen? Wenn es nur der neue Partner wäre, das ginge noch, aber nein, es ist doch immer das ganze Anhängsel, das so anstrengend ist: eine neue Schwiegermutter, ein neuer Schwiegervater, eine ganz neue Verwandtschaft, auch eine ganz neue Bekanntenschar, mit der man auskommen muss. Und dann erst die Erzeugnisse aus der ersten Ehe, verwöhnte und quengelige Kleinkinder oder biestige und feindselige Teenager. Nein!! Und dann stürzt man vom Himmelblau der ersten Verliebtheit sehr schnell ab in die graue Soße der Alltäglichkeiten. Nein und abermals nein!"

Bernd legte dann seine Hand auf die Marias, sie sahen sich an und lachten.

Eines Tages jedoch geriet die heile Ehewelt von Bernd und Maria ins Wanken.

Banal wie im Männerwitz, unverhofft und unheilvoll erlag ausgerechnet nach einem Betriebsausflug Bernd den Reizen einer jungen Kollegin. Sie hieß Sabrina Huber, und Jungsein war ihr einziger Trumpf. Für einen benebelten Mann Mitte fünfzig genügt dieser Trumpf aber durchaus.

Bernd maß der Chose keine Bedeutung zu, eine schnelle Sache, ohne Tragweite für die Zukunft. Dachte er.

Nur seinem angeheiterten Zustand war es zuzurechnen, dass Bernd einiges übersah: Sabrina Huber war nur leidlich hübsch, dafür aber reichlich beschränkt.

Das schulmädchenhaft mit Pokémons, Teletubbies und Diddlmäusen verkitschte und zudem babyrosa gestylte Zimmer der Sabrina Huber roch nach Bohnerwachs, diversen Reinigungsmitteln und Möbelpolitur. Bernd nahm es in seinem Dusel nicht wahr.

Eine schnelle Sache, wie man ein Glas Sekt trinkt, nichts weiter, noch nicht einmal ein Flirt.

Bernd schlich sich danach sehr ernüchtert aus Sabrina Hubers schweinchenrosa Zimmer hinweg und zu seiner Maria hin, die offensichtlich nichts dabei fand, wenn ihr Mann etwas später vom Betriebsausflug zurückkam. Sie war eine generöse Ehefrau und vertraute ihrem Bernd.

Dieser beschloss, Maria wegen Geringfügigkeit des Vorfalls nichts zu sagen (wie er zunächst, übermannt von Reue, vorgehabt hatte).

Leider hatte Bernd nicht mit der Verliebtheit besagter Sabrina Huber gerechnet, auch nicht mit ihrer Hartnäckigkeit, noch weniger mit ihrer Entschlossenheit, den One-Night-Lover zu ihrem Ehemann zu machen. Sabrina Huber träumte nämlich davon, bald aus ihrem frustigen Bürojob aus- und in ein ehelich-häusliches Betätigungsfeld einzusteigen. Sie liebte Hausarbeit über alles, eine Eigenschaft, die wohl nicht von allen Frauen nachvollzogen werden kann.

Sabrina verfolgte Bernd seit jenem ominösen Betriebsausflugsende mit Ausdauer und zuversichtlicher Erfolgsgewissheit.

Bernd wurde von Tag zu Tag klarer, dass er, wenn er nicht sein Glück mit Maria, seine Bequemlichkeit und damit seinen Seelenfrieden für alle Zeiten verlieren wollte, für eine baldige Abhilfe seiner beängstigenden Situation würde sorgen müssen.

Sabrina Huber musste aus seinem Leben verschwinden.

Nachts träumte er von Myriaden schrecklicher neuer Verwandter und Bekannter Sabrina Hubers. Es erschien ihm eine Schwiegermutter, die einer verschrumpelten Diddlmaus nicht unähnlich war, dann ein seniler (immerzu winkender) Teletubbie-Großvater mit einem Riesenschnuller, ein ganzes Heer von rosaroten, feisten Onkels, Tanten, Vettern und Basen und Gören, allen voran aber Sabrina Huber persönlich, die staubtuchschwenkend ausrief: „Und jetzt wird alles auf Hochglanz poliert dank Supergliss in der Riesenspartube … von Maggi.“

Der groteske Zug marschierte mit Tschingdarassabum einer rosaroten Wendeltreppe entgegen, und – hast du nicht gesehen – alles purzelte quietschend, kreischend, johlend spiralförmig in den Abgrund. Die rosarote Wendeltreppe war aus Zuckerwatte und löste sich in Nichts auf.

Der Traum war zu Ende. Der beunruhigten Maria erklärte Bernd, er habe wieder von seinem Chef geträumt, dem Widerling.

Bernd sann unaufhörlich darüber nach, wie die „baldige Abhilfe seiner untragbaren Situation“ auszusehen habe, und der Traum brachte ihn auf eine Idee.

Sabrina Huber würde mit ihren eigenen Waffen geschlagen werden, mit ihrem Sauberkeitswahn, mit Supergliss, Hochglanz und der … Wendeltreppe. „Vorsicht“, hatte ihn in jener ominösen Nacht Sabrina Huber gewarnt, als sie die schwindelerregende Wendeltreppe hochgewankt kamen. „Vorsicht, die Wendeltreppe ist halsbrecherisch.“ Und stolz hatte sie hinzugefügt: „Sie ist nämlich immer frisch gebohnert. Von mir persönlich. Jeden Tag.“

Was an jenem Abend Bernds Ohr nur undeutlich erreicht hatte, jetzt trat es ganz klar in sein Bewusstsein.

Das war es. Die Wendeltreppe würde ihn retten. Ihn, sein Glück mit Maria, seine Bequemlichkeit und seinen Seelenfrieden. Keinen lästigen neuen Verwandten und Bekannten würde er sich anpassen müssen. Eine Wendeltreppe würde den Status quo zurückerobern.

Es war ein Kinderspiel, und es sah tatsächlich wie ein Unfall aus. Bernd ließ sich noch einmal auf ein Liebesspielchen in Sabrinas Zimmer ein. Nur die Gewissheit, dass es das Letzte sein sollte, machte ihm die Chose erträglich.

Sabrina machte Zukunftspläne, Bernd faselte zum Schein auch etwas von baldiger Scheidung, Sabrina war blind vor Glück. Das war gut so, auch die Wendeltreppe war heute besonders gut gewachst und gebohnert … („Dir zu Ehren“, flötete Sabrina Huber, „ich habe mich besonders angestrengt heute, damit alles blitzblank ist.“)

Wenn Bernd sich Sabrinas Rundlingsfigur betrachtete und sich vorstellte, wo sich ihre Hängebrüste wohl in zwei, drei Jahren befänden (wie elegant, wie ästhetisch war dagegen seine Maria, obwohl sie 30 Jahre älter war als diese dralle Dame), verschwanden alle seine Skrupel angesichts seines auszuführenden Plans.

Eine letzte Umarmung, ein kurzer, aber fester Stups. Sabrina hatte selbst gesagt, damals in jener misslichen Betriebsausflugsnacht, dass die Wendeltreppe „halsbrecherisch“ war.

Und wie Recht sie gehabt hatte.

Maria las am nächsten Morgen in der „Rheinpfalz“ von dem Unfall.

„Eine Kollegin von dir, gelt?“, fragte sie mit schräg geneigtem Kopf.

„Jaja, schrecklich. Aber da sieht man es mal wieder. Die Statistik lügt nicht: Die meisten Unfälle passieren im Haus“, erwiderte Bernd. „Weißt du, sie war extrem putznärrisch. Alle haben sich darüber lustig gemacht.“

„Ein richtiges Familientier also“, sagte Maria knapp. „Wie langweilig.“

Sie sah Bernd, an und es schien ihm, als läge in ihrem Blick ein kleines kumpelhaftes Augenzwinkern.

Bernd hat seinen Seelenfrieden wieder. Bernd und Maria waren halt schon immer das, was man ein glückliches Paar nennt.

Blind Date

Ihrem frommen und sittsamen Namen zum Trotz war Maria frivolen Abenteuern nicht abgeneigt. Sie liebte die sogenannten Blind Dates, verdankte ihnen auch so manche vergnügliche Stunde.

Von Dauer war keine jener oberflächlichen Beziehungen, das wäre auch nicht in Marias Sinn gewesen. Sie war ein Single aus Leidenschaft. Eigentlich war Maria wenig auffallend in ihrem Äußeren, eine hübsche, etwas blässliche Rotblonde, sehr schlank, fast von knabenhafter Statur. Dem aufmerksamen Beobachter wäre nicht entgangen, dass in ihrem Blick so eine gewisse Verschlagenheit lag und dass sie bei all ihrer kindlichen Ausstrahlung etwas Verdorbenes an sich hatte.

Sie war Kanzleiangestellte, und ihr Beruf langweilte sie über alle Maßen, daher suchte sie ihre Abenteuer an den Wochenenden und durch Zeitungsannoncen oder Ähnliches.

Sie vertrug sich recht gut mit ihren Kolleginnen, die Arbeit verlief ohne lästiges Mobbing, der Umgangston war freundlich, aber distanziert. Maria hatte keinen Freundeskreis und frönte ihrem abenteuerlichen Wochenend-Hobby ungestört und in aller Stille.

„Lieben auch Sie das Abenteuer, die Herausforderung durch Unbekannte? Eine Überraschung wartet auf Sie. Junger Mann, 30 Jahre jung, sucht junge Dame. Kennwort: Andrea Ramazotti." Dann noch einige Ziffern. Das klang mysteriös, auf Andrea, den Frauennamen, konnte sich Maria allerdings keinen Reim machen. Um so besser. Das erhöhte das Prickeln, steigerte die Abenteuerlust.

Am Samstagabend stand Maria vor der Tür des Hauses 13b in der Gustav-Mahler-Straße. Eine hübsche Vorstadtgegend mit gepflegten Gärten um bürgerliche Häuser aus den 20er Jahren, mit Loggien und Glyzinien. Da stand auf dem Türschild: Andrea Ramazotti. Komisch, Maria hatte den Namen für einen Decknamen gehalten.

Ein unglaublich hübscher junger Mann Anfang dreißig öffnete die Tür. „Ich bin Andrea", sagte er mit einer atemberaubend schmeichelnden Stimme. Ach ja, fiel es Maria ein, Andrea war ein italienischer Männername.

Andrea führte den Gast ins Haus, ein Spießerhaus mit Spießereinrichtung, trotz des kultivierten Ambiente, das die Fassade versprach. Marias Blick erfasste dies blitzesschnell.

Hätte Maria den jungen Mann auf der Straße oder in einem Café erblickt, sie hätte dem lässigen, eleganten Adonis eine ultramoderne Penthousewohnung oder aber eine Altbauwohnung mit Biedermeiermöbeln zugetraut, eventuell hätte sie ihn auch für schwul gehalten, für einen schöngeistigen, schwulen Ästheten oder einen Kellner, der mit samtenen Augen und geschmeidigem Raubkatzengang Männer und Frauen gleichermaßen zu entzücken weiß.

Keine ultramoderne Penthouseeinrichtung, keine erlesenen Antiquitäten. Dies hier war ein Zuhause im Altfrauengeschmack. Die Möbel stammten aus einem undefinierbaren Kitscharsenal, Plastik poliert, die Vitrine barst beinahe, so vollgestopft war sie mit Sammeltassen, Cognacgestellen aus Draht, mehreren bizarren Konstruktionen von Korkenziehern, Schälchen für Knabberzeug und Kaffeekannen mit Tropfenfängern aus Schaumstoff und ähnlich nützlichem Gerät fürs traute Heim.

Das Blumenfenster beherbergte die scheußlichsten Pflanzen von Gummibaum bis wollene Kakteen über rosa Alpenveilchen. Zum Teil baumelten diese unhübschen Gewächse makramee-umhüllt von der Decke (hatte Andrea einen Hausfrauenkurs für Makramee besucht?).

Die großen Läufer auf dem Boden und die kleinen auf den zahlreichen Kommoden, die Sofakissen und die Vorhänge waren von kunterbunten, grell gemischten Farben und Mustern und schienen zu wetteifern, wer wen an Hässlichkeit übertreffen könne.

Dies alles registrierte Maria – eher unterschwellig –, doch sie empfand ein Gefühl der Unbehaglichkeit. Etwas passte nicht ins Bild.

Der galante, aufs Modernste und Schickste gekleidete Andrea geleitete Maria zu einem Sofa von seltener Abscheulichkeit, welches drei Kissen zierten, die wie mit dem Metermaß abgemessen nebeneinander standen und welche alle drei messerscharf in der Mitte eingeknickt waren.

Vor dem Sofa stand ein niederer Glastisch mit Bambusstellage, auf dem Tisch standen eine Flasche Amaretto, zwei Gläser und Salzstangen und Erdnüsse in einem zweigeteilten Teakholzschälchen (eines von denen aus der Vitrine, ging es durch Marias Kopf).

Andrea drehte das Radio an, ein Hausfrauensender spielte ein läppisches Schnaderhüpferl: „Adelheid, Adelheid, schenk mir einen Gartenzwerg …“ Andrea schien die Musik zu gefallen oder zumindest nicht zu stören. War Maria im falschen Film?

Sie hörte gerne Sting, Xavier Naidoo, auch Eric Clapton (sie hatte einen ausgesprochen guten Geschmack in allen Dingen). Die Musik aus Andreas Radio bereitete ihr große Pein.

Außerdem lag irgendein merkwürdiger Geruch in der Luft. Maria hatte es schon beim Eintreten bemerkt, aber schließlich hatte jedes Haus seinen Eigengeruch. Es war so etwas Brenzliges, Staubiges. Maria konnte es nicht einordnen.

Vielleicht waren es die vielen Kerzen, die Andrea angesteckt hatte. Überall brannten Kerzen. Andrea war so charmant, so schön, so romantisch, er schaute Maria aus seinen samtenen Augen verliebt an, er entzündete mit seinen unglaublich schlanken Händen die Kerzen auf dem niederen Tisch. Die Kerzen standen in einer Scheußlichkeit aus süßlich-lila Glas.

„Muranoglas“, sagte Andrea stolz.

Er schenkte den Amaretto ein. Maria trank den Amaretto schnell, damit sie es hinter sich hatte, sie knabberte mit langen Zähnen an einer Salzstange. Sie hasste Amaretto, sie hasste auch Erdnüsse und Salzstangen.

Andrea lächelte. Maria vergaß die Musik (es kam gerade die Stelle, wo Adelheid dem Sänger einen Gartenzwerg schenken soll, um ein gutes Werk zu tun, und zwar einen Gartenzwerg fürs Rosenbeet und mit einer Zipfelmütze!), Maria vergaß auch den merkwürdigen Geruch und dieses merkwürdige Haus. Andreas Lächeln. Seine Zähne waren weiß und makellos, vielleicht ein wenig zu spitzig und zu klein, sein Mund aber war eine Verheißung. Marias Blick fiel auf das Regal hinter Andrea.

Ach, er sammelt Vasen, dachte sie, aber bei näherem Hinsehen stellten sich die Vasen als Urnen heraus.

„Andrea Ramazotti“ stand auf der einen Urne. Darunter Jahreszahlen: 1935-1997. Andrea hatte Marias Blick bemerkt.

„Meine Mutter. Andrea Ramazotti. Sie war Deutsche. Mein Vater war Italiener. Er nannte mich Andrea, weil er das lustig fand. Andrea die Frau, Andrea der Sohn. Meine Mutter hat mich sehr geliebt. WIR haben uns sehr geliebt. Wir waren unzertrennlich. Wir sind es noch jetzt, wir werden es immer sein.“

Er nahm die Urne aus dem Regal, umarmte sie liebevoll, drückte einen Kuss darauf, stellte sie – ganz sachte – zurück.

Maria war keine sehr zartbesaitete junge Frau, aber ihr Unbehagen wuchs.

„Und die drei anderen Urnen?“, frage sie.

„Freundinnen“, antwortete Andrea. „Leider zu früh verstorben. Noch etwas Amaretto?“

Maria versuchte, die Namen auf den anderen Urnen zu lesen.

„Monika Feigenbutz, 1969-1998“ stand auf der einen, auf der andern „Kirsten Teufel, 1972-1999“. Auf der dritten Urne stand nichts.

Wären die Namen Schmitt, Müller, Meier gewesen, Maria hätte ruhiger bleiben können. Aber die Namen Teufel und Feigenbutz waren ihr schon einmal begegnet. Sie hatte die Namen damals so lustig gefunden, obwohl der Zusammenhang eher traurig war. Beide Frauen waren in der Zeitung als vermisst gemeldet worden. Alleinstehende Frauen, die plötzlich verschwunden waren. Kirsten Teufel, Monika Feigenbutz. Maria war sich ganz sicher.

„Wo könnte ich hier mal aufs Örtchen?", fragte Maria.

„Zweite Tür links, vor dem Ausgang."

Im Flur hing das Foto einer dunkelhaarigen Frau in mittleren Jahren, recht füllig, eine alternde Schönheit. Wie Andrea, der Sohn, in einigen Jahren aussehen würde. Unter dem Foto stand zu lesen: „Meine innigst geliebte Mutter mit 45 Jahren." Das Foto war mit frischen roten Rosen umkränzt.

Maria rannte zum Ausgang, panikartig.

Die Tür war verschlossen. Maria rüttelte, schrie.

Andrea stand hinter ihr. In der Hand hielt er die Urne ohne Namen.

„Lass mich raus! Was soll das?" Maria verlor die Fassung.

„Das", sagte Andrea ganz ruhig, und es schien Maria, als rede er plötzlich mit der Stimme einer älteren Frau, „das ist die Überraschung."

Maria wurde nie gefunden.

Andreas Urnensammlung aber wächst und wächst.

Die Anhalterin

Friederike fuhr durch die Nacht.

Der Besuch bei Agnes war längst fällig gewesen. Es war wie früher. Als seien die zehn Jahre zwischen dem gemeinsamen Abitur und jetzt nie gewesen; obwohl sie sich nicht ein einziges Mal dazwischen getroffen hatten, obwohl so vieles geschehen war, sie steckten die Köpfe zusammen wie damals in der Schule, vieles war geschehen inzwischen, aber nichts Trennendes.

Agnes hatte Probleme mit verschiedenen Partnern gehabt, das Übliche, sie war durch karge Zeiten gegangen, auch jetzt gab es Unschönes im Berufsleben. Agnes hatte Schwierigkeiten mit missgünstigen Kollegen, eigentlich genauer gesagt mit missgünstigen Kolleginnen.

Und das im Zeitalter der Emanzipation? Agnes lachte etwas bitter.

Gerade im Zeitalter der Emanzipation. Eine Kollegin hatte Agnes den Aufstieg verbaut, wie sie im Nachhinein erfahren hatte. Es war eine von jenen Frauen gewesen, die sich so gerne kumpelhaft und emanzipiert geben, sich eine Nische für sich selbst in der harten Männerwelt ergattern und sich einen Teufel um die „Mitschwestern" scheren.

„Ich bin eigentlich eher der solidarische Typ", sagte Friederike, „sogar, wenn es um Frauen geht" und sie hatten gelacht und gekichert wie damals als Teenager.

„Ich eigentlich auch", meinte Agnes, „ich nehme zum Beispiel prinzipiell jede Frau und jedes Mädchen mit, das per Anhalter fährt. Du kannst die doch nicht den Männer-Monstern überlassen. Stell dir mal vor, du lässt eine Frau am Straßenrand stehen und erfährst kurz danach, dass sie von so einem perversen Kerl mitgenommen und umgebracht wurde. Das könntest du dir nie verzeihen."

Dann hatten die Freundinnen das Thema gewechselt und nur noch von früher geredet, von Schulkameraden, Lehrern, Freunden. Die Vergangenheit war ein sicherer Hafen, eine abgeschlossene, zwar unabänderliche, aber überschaubare Welt.

Es fing an, leicht zu regnen. Friederike stellte den Scheibenwischer an, der Regen wurde stärker. Da vorne, fast hätte sie das verschwommene Bild nicht wahrgenommen, stand eine Frau. Eine Anhalterin. Kein Mädchen, eher eine Frau Mitte 30, groß gewachsen, blond.

Friederike fiel ihre Unterhaltung mit Agnes ein. Sie bremste spontan. Die Frau, recht hübsch, sagte leise: „Ich habe eine Autopanne dort hinten. Ich wohne nicht weit von hier. Morgen lasse ich die Kiste abschleppen, sie steht in Sicherheit und hindert nicht. Kann ich mitfahren?"

Friederike schaute in den Rückspiegel, da war kein Auto, aber es stand bestimmt jenseits der Straßenkreuzung.

„Aber klar, es regnet ja fürchterlich."

Die Frau hatte schon ein wenig nasse Haare. Sie trug eine kleine Sporttasche, die sie vor sich abstellte.

„Danke", sagte die Frau mit angenehm dunkler und leiser Stimme. Friederike versuchte sich in Konversation, um höflich zu sein, aber die Anhalterin war recht wortkarg. Sie fuhr sich durchs regenfeuchte Haar.

„So dichtes Haar", dachte Friederike, „anders als meine mickrigen Borsten. Fast wie eine Perücke."

In dem Moment sah sie aus dem Augenwinkel eine ganz kleine Bewegung, als würde sich das Haar der Beifahrerin verschieben.

Als würde eine Perücke verrutschen.

Die Anhalterin fragte mit ihrer angenehm tiefen Stimme, ob sie denn rauchen dürfe. Sie sei nervös wegen der Autopanne.

Friederike sagte: „Ja." Die Anhalterin holte aus ihrer Sporttasche ein silbernes Etui und steckte sich eine Zigarette an.

Das Licht einer Straßenlaterne, sie fuhren gerade durch ein kleines Dorf, fiel auf die Hand der Anhalterin. Es war eine sehr seltsame Hand. Es war eine behaarte Hand.

In Friederikes Kopf ging Erstaunliches vor sich. Das Merkwürdige war, dass sie so ruhig blieb. Ihre Hände auf dem Lenkrad zitterten nicht. Ihre Stimme blieb fest, sie unterhielt sich in SMALLTALK, so oft von ihr bei anderen belächelt, jetzt erfuhr sie, wie nützlich Smalltalk sein konnte. Das Wetter, die ärgerliche Autopanne, die unverschämt hohen Reparaturkosten, man wusste nie, ob man in der Reparaturwerkstatt übers Ohr gehauen würde, vor allem als Frau, denn Frauen kennen sich doch mit Autos nicht so aus, gell, das ist doch bei Ihnen auch schon passiert? Eine überteuerte Rechnung, weil man eine Frau war? Die Mechaniker wissen das und nützen es aus, bei einem Mann würden sie sich das nicht erlauben. Ob sie denn Kinder habe? – Zwei Mädchen, wie niedlich, ach ja, bestimmt so hübsch blond wie die Mutter? … (Übertreibe das Spiel nicht, sagte sich Friederike zwischendurch, sonst merkt er, dass ich weiß …) Und sie sagte, sie selbst habe keine Kinder, sie sei unverheiratet, aber sie habe einen Freund, der sie zu Hause erwarte.

Er ist bestimmt schon beunruhigt, weil ich mich verspäte. (Sag jetzt bloß nicht, vielleicht hat er schon die Polizei alarmiert, sagte irgendetwas in Friederike. Übertreib es nicht.)

„Wie heißen Sie übrigens?“

„Karl-a Ebert“, sagte die angenehm dunkle Stimme neben Friederike.

Karl-a, war da nicht eine klitzekleine Pause vor dem zweiten „a“ gewesen? Jetzt kommt gleich die lange Strecke durch den Wald, ging es durch Karlas Kopf. An dieser Stelle bete ich immer leise vor mich hin, dass das Auto nicht stehen bleibt, dass das Benzin nicht ausgeht, dass ich keine Panne habe. Lieber Gott, ich gehe nie in die Kirche, so richtig kann ich auch nicht glauben, dass es dich gibt, bei all dem Grässlichen, was auf dieser Welt passiert, Tag für Tag und das schon länger, doch wenn es dich gibt, dann schau jetzt nach mir, einem Menschenkind, das deine Hilfe nie im Leben so nötig hatte wie jetzt. Bitte, lieber Gott, hilf mir dieses eine Mal. Hoffentlich gibt es dich.“

Karl-a nahm einen tiefen Zug aus der Zigarette, sah so merkwürdig zu Friederike hinüber, an ihren Beinen, an ihrer ganzen Gestalt entlang, drückte die Zigarette im Aschenbecher aus, hob an, etwas zu sagen, als ein Schlag den Wagen erschütterte.

Ein Geräusch von splitternden Knochen. Entsetzlich.

„Ein Tier!“, schrie Friederike, „ich habe ein Tier überfahren.“

Sie bremste jäh, beide Autoinsassen wurden mächtig durchgerüttelt.

„Steigen Sie aus, schauen Sie nach dem Tier, Karla, vielleicht lebt es noch, ich kann kein Blut sehen.“

Karl-a stieg aus, etwas zögerlich.

Ein gütiger Gott – wenn es ihn wirklich geben sollte – ließ Friederike das Richtige tun. Sie gab Vollgas, fuhr davon.

Im Rückspiegel sah sie eine hochgewachsene, blonde Gestalt mit starken Armen wild fuchteln.

Jetzt erst merkte Friederike, wie ihre Zähne aufeinanderklapperten. Sie hatte keine Kontrolle darüber. Ihre Hände zitterten auf dem Lenkrad und gehorchten ihr nicht. Ihre Haare schienen elektrisch aufgeladen. Im Spiegel schaute ihr ein bleiches Etwas mit blutleeren Lippen entgegen, das mit ihr selbst nur eine ganz entfernte Ähnlichkeit hatte. Jetzt erst fiel ihr auch der Artikel in der Tageszeitung ein, den sie beim Frühstück überflogen hatte.

Ausbrecher – Anhalter – womöglich getarnt – gewalttätig – drei mysteriöse Frauenmorde – betäubt seine Opfer – bevor er sie tötet.

Friederikes Freund war tatsächlich beunruhigt. Eine unglaubliche Geschichte. Vielleicht hatte sie sich getäuscht und die Frau war tatsächlich eine Frau? Es gab auch männlich aussehende Frauen, sie hatte keinen Beweis … Alles nur Einbildung? Morgen früh würden sie zur Polizei gehen. Es würde schwer werden, die Polizei zu überzeugen …

Am nächsten Morgen erst fiel Friederike die Sporttasche ein, die Karl-a hatte stehen lassen.

Beim Öffnen der Sporttasche sagte Friederikes Freund: „Entschuldigung. Du hattest doch keine Hirngespinste."

In der Sporttasche lagen eine Betäubungsspritze, ein Seil und ein sehr scharfes Messer. Sonst nichts.

„Vielleicht gibt es ihn doch", sagte Friederike.

„Wen?", fragte der Freund.

„Gott."

Die gar traurige Geschichte von Anselm und Merle

Gehören Sie zu den Menschen, die Namen für Schall und Rauch halten? Sie lachen, wenn man sagt, der Name eines Menschen könne ein Vorzeichen sein und vielleicht auf sein zukünftiges Schicksal hindeuten?

Ich behaupte „Nomen est omen“, und die Geschichte, die ich Ihnen erzählen möchte, wird es beweisen.

Meine Geschichte beginnt ganz romantisch in einem holländischen Museum und endet ganz unromantisch – um nicht zu sagen kläglich – vor einem Fitness-Studio im vorderen Odenwald, genau gesagt, im Weschnitztal. Es war an einem Tag im Februar, und es war ungewöhnlich warm. Frühlingshafte Temperaturen trieben die Menschen aus den Häusern, veranlassten sie zu Ausflügen und Spaziergängen.

Ganz Den Haag war auf den Beinen, um das Wetter zu genießen.

Die Bänke unter den alten Bäumen, welche die schöne Seeanlage des Binnenhofs nebst Museum Mauritshuis säumten, waren besetzt. Den Haager und Touristen schwärmten aus, wie man es sonst nur im Sommer erlebt.

Im Museum selbst waren wegen des schönen Wetters weniger Besucher als sonst. Im Saal in der ersten Etage, in dem das Gemälde „Het Puttertje“ – der Distelfink – von Carel Fabritius hängt, befanden sich zwei Museumsbesucher, eine junge Frau und ein junger Mann.

Sie standen beide sinnierend vor dem eben erwähnten Bild. Seltsam eigentlich, denn es gab größere und imposantere und bekanntere Gemälde hier zu sehen, warum also dieses kleine, fast unscheinbare Bild von einem relativ unbekannten Maler, gemalt 1654, „Het Puttertje“?

Der junge Mann und die junge Frau standen nicht nahe beieinander, sie gehörten offensichtlich nicht zusammen, sie waren kein Paar. Sie standen sehr lange vor dem Gemälde.

Auf einmal sagte der junge Mann: „Ist das auch Ihr Lieblingsbild?“

„Ja“, antwortete die junge Frau. „Es hängt mit meinem Namen zusammen. Ich bin ein Vogelnarr und immer, wenn ich hierher komme nach Den Haag – ich habe nämlich Verwandte hier –, schaue ich mir den „Distelfink“ an.

„Wieso mit Ihrem Namen? Heißen Sie etwa Fink oder Vogel oder wie?“

„Mit meinem Vornamen hängt es zusammen. Mein Vorname ist Merle, das heißt auf Französisch AMSEL, also auch so ein Vogelvieh.“

Zur Antwort lachte der junge Mann, er lachte und lachte. Dann sagte er: „Das ist nicht möglich, ich heiße auch wie Sie. Nicht MERLE, aber Amsel, das heißt, eigentlich ANSELM, aber alle nennen mich AMSEL. Aber wollen wir nicht zusammen einen Kaffee trinken gehen? Ich weiß da ein nettes Café in der Passage, es heißt „De Passant". Ich habe auch Verwandte in Den Haag, und seit Jahren ist „De Passant" mein Lieblingscafé.

Bei „pannekoeke" und heißer Schokolade kamen sich Merle und Amsel, will sagen ANSELM, näher.

Wie zu erfahren war, verdankte Merle ihren Namen dem Umstand, dass ihre Mutter damals einen Französisch-Volkshochschulkurs besucht hatte, und sie war vernarrt in alles Französische. Sie war in der letzten Kursstunde vor der Entbindung bis zum Wort MERLE (Amsel) gekommen, und das hatte sie dazu bewogen, der Tochter diesen ungewöhnlichen Namen zu geben.

Anselm, der Sohn eines Heidelberger Kunstlehrers, war nach dem Italienverliebten Maler Anselm Feuerbach benannt worden, doch die Menschen sind dumm und ungebildet und haben keinen Sinn für Höheres, daher wurde Anselm von frühester Jugend an ganz banal AMSEL genannt. Uzwörter werden oft zu Ehrenwörtern, Anselm hatte außerdem Humor, also ließ er es geschehen, dass man ihn so nannte. Humor ist vielleicht die einzige Möglichkeit, die Dummheit der andern einigermaßen unbeschadet zu ertragen.

Wer das junge Paar auf der Galerie des kleinen holländischen Cafés „De Passant" beobachtet hätte, dem wäre aufgefallen, dass der junge Mann ungewöhnlich gut aussah, das junge Mädchen aber eher unscheinbar und farblos. Merle und Anselm. Amsel und Amsel.

Ein hübsches Vogelmännchen, ein graues Vogelweibchen.

Es kommt nicht selten vor, dass sich ausgesprochen schöne Männer mit relativ unattraktiven Partnerinnen schmücken. Ja, schmücken, denn unbewußt oder bewusst erreichen sie damit, dass ihre eigene Attraktivität damit um so mehr heraussticht.

Wie dem auch sei, mehr oder weniger attraktiv, Merle und Anselm trafen sich während ihres Den-Haag-Aufenthaltes, der bei beiden noch zwei Wochen dauern sollte – wie merkwürdig auch diese Übereinstimmung –, täglich, sie wurden unzertrennlich, sie wurden ein Liebespaar.

Beide waren – auch dies eine merkwürdige Übereinstimmung – im vorderen Odenwald zu Hause, im Weschnitztal.

Daheim angekommen, vertiefte sich ihre Beziehung, sie heirateten, es wurde eine kleine „Vogelhochzeit", aber eine stilvolle. Zwei Jahre vergingen. Die Turteltauben, unzertrennlich seit dem ersten Tag ihrer Begegnung vor dem „Puttertje"-Gemälde im Den Haager Mauritshuis, „waren sich selbst genug“, wie sie sagten, sie waren zufrieden in ihrem gemütlichen Nest, sie besuchten gemeinsam Gemäldegalerien, sie joggten durch die Wälder, begleitet von Vogelgezwitscher.

Diese Idylle sollte enden, als Anselm sich im Fitness-Studio anmeldete. Ohne Merle, die etwas gegen das „stupide Gewichteheben“ und die „blödsinnige Muskelprotzerei“ hatte.

Zum ersten Mal bekam der immerblaue Himmel des Turteltaubenpärchens eine Wolke. Das Unheil nahm aber vollends seinen Lauf an jenem Montagabend, an dem Anselm zur Bauch-Beine-Po-Gymnastik ging, Fräulein Elvira Katzenmayer erblickte, die Gymnastiklehrerin, und sich unsterblich in sie verliebte.

Doch es sei mir ein kleiner Einschub gestattet: Ich habe völlig vergessen, dass Anselm das Herz seiner Schwiegermutter, der Französischnärrin, im Sturm erobert hatte, als er ihr seinen Nachnamen nannte. Er hieß nämlich BRACONNIER, und allein das Französische seines Namens genügte, Merles Mutter völlig für Anselm einzunehmen. Jetzt würde ihre geliebte Tochter MERLE BRACONNIER heißen, Glück über Glück.

Was Merles Mutter erst Wochen später herausfand, das war die Bedeutung des Wortes „braconnier“.

Sie schlug einen Tag nach der Hochzeit ihr Wörterbuch auf, und es durchzuckte sie, als habe sie einen Stromstoß erhalten.

„Wilddieb, Wilderer“ stand da: braconnier = Wilddieb, Wilderer.

Das Wort hatte sie damals in ihrem Französischkurs in der Volkshochschule nicht gelernt, sie war ja (wie wir wissen) nicht weiter als MERLE gekommen und sie hatte ihr Französisch danach nicht mehr vertieft.

Da sie sehr abergläubisch war und an „Nomen est omen“ glaubte, traute sie von nun an ihrem Schwiegersohn alles zu und hielt im Rückblick die Ereignisse, die ich berichten werde, für schicksalhaft und unausweichbar.

Doch zurück zu Fräulein Elvira Katzenmayer, der Bauch-Beine-Po-Lehrerin, in welche sich Anselm unsterblich und schicksalsbesiegelnd verliebte. Fräulein Elvira hieß nicht umsonst Katzenmayer. Alles an ihr war katzenhaft, das seidig glänzende Fell, äh, Haar, die geschmeidigen Bewegungen, ihr grüner Blick aus schrägen Augen. Ihre Stimme glich einem Schnurren, sie bewegte sich gemächlich und ohne Eile auf ihren ein wenig x-igen Beinen.

Nichts schien sie aus der Ruhe bringen zu können, erhobenen Hauptes ging sie durch die Reihen schwitzender Bauch-Beine-Po-Gymnastiker, dann begab sie sich auf ihr Lehrerinnenpodest vor dem Spiegel (d.h., eigentlich bestanden die drei

Wände außer der Fensterfront vollends aus Spiegelglas), sie streckte und reckte die Katzenmayer-Glieder, sie besah sich lustvoll und wohlgefällig.

Dabei kreuzte Anselms Blick den ihren im Spiegel, es war ein Coup de Foudre, ein Blitzschlag.

Hätte Anselm eine innere Stimme gehabt, er wäre gewarnt gewesen. Eine Amsel, ein Vogel und eine Katze? Das konnte doch nur im Fiasko enden.

Aber der Blitzschlag war groß und die innere Stimme meldete sich nicht.

Zwei Monate dauerte die Affäre zwischen Katze und Vogel, und sie ging jäh zu Ende.

Merle, durch gewisse Anzeichen misstrauisch geworden, spionierte ihrem Vogelmännchen hinterher – und sieh, sie wurde fündig. Das Fitness-Studio als Sündenpfuhl witternd, ging sie eines Montagabends Anselm hinterher, schaute durch das Sprossenfenster des im Parterre gelegenen Bauch-Beine-Po-Gymnastikraums … und sah genug.

Die Katzendame auf dem Podest vollführte gerade ihre graziösen Übungen, der Spiegel offenbarte Anselms und Elviras Katzenmayers Blick-Geflirte, eine deutlichere Sprache konnte nicht gesprochen werden.

Die Disco-Stampfmusik, welche den Gymnastikübungen unterlegt war, klang wie Höllenlärm in Merles Ohren. Sie hatte genug gesehen. Es gab keinen Zweifel. Diese beiden waren ein Liebespaar.

Es begann stark zu regnen, wie gut, dachte Merle, das ist geradezu perfekt.

Sie wartete lange in der Nähe des Studios.

Ach ja, da war doch noch die Sauna, von der Anselm jeden Montagabend müde, matt und glücklich kurz nach zwölf heimkam. Wieso erst nach 12 Uhr, ging es durch Merles Kopf. Sie hatte doch die Saunazeiten an der Eingangstür zum Studio gelesen: „Mo – Sauna bis 10 Uhr."

Sie wartete lange, sie war geduldig.

Der Regen wurde ein Platzregen. Da, die zwei Gestalten dort vorne, die über die Straße rannten, auf den Parkplatz zu, einen Mantel schützend über die Köpfe haltend, Anselms Burberrymantel, stellte Merle fest, sie rannten wie blind, der Mantel nahm die Sicht (wie gut, dachte Merle).

Merle zögerte keine Sekunde. Hinten auf dem Auto hatte sie einen Aufkleber: Ich bremse für Tiere.

Merle war tierlieb, aber für diese beiden Tiere bremste sie nicht. Den Vogel erwischte sie sofort, er war auf der Stelle tot, bei der Katze dauerte es ein wenig länger. Katzen sind bekanntlich zäh.

Es gab keine Zeugen. Ein kleiner Ort, die Leute blieben bei dem Wetter in ihren Häusern.

Als am nächsten Tag ein Polizeikommissar, ein gemütlicher, runder Mann, bei Merle vorsprach, traf er eine untröstliche Merle vor, einen kleinen, verängstigt wirkenden Vogel. Sie saß im Wohnzimmer und häkelte und strickte mit ihrer Mutter zusammen Babywäsche. Das arme Würmchen, es würde vaterlos aufwachsen müssen. Der Kommissar stellte nur wenige Fragen. Wo sie letzten Abend, als der bedauerliche Unfall geschah, gewesen sei? Merle strich sich über den runden Schwangerenbauch. Zu Hause natürlich, es gab noch viel zu häkeln und zu stricken, bis das Baby kam. Ein Weinkrampf folgte. Merles Mutter konnte Merles Aussage bestätigen. Sie war ja den ganzen Abend mit ihrer Tochter zusammen gewesen. Ununterbrochen.

Der Kommissar verabschiedete sich, nicht, ohne sich vielmals zu entschuldigen. Reine Routinefragen, ach, wie lästig. Und noch mal: herzliches Beileid.

Als er gegangen war, sagte Merles Mutter: „Ich habe bald gemerkt, dass er nichts taugt, dein Anselm. Traue keinem, der ‚Wilddieb‘ heißt.

Nomen est omen. Hätte ich doch gleich im Wörterbuch nachgesehen und nicht erst nach der Hochzeit.“

Nun, glauben Sie immer noch, dass Namen Schall und Rauch sind?

Diana

Er nannte sie Diana.

Diana, die römische Göttin der Jagd, bei den Griechen Artemis genannt. Jene war grausam, sie verwandelte den jungen Mann Actäon, der sie versehentlich beim Baden erblickte, in einen Hirsch und ließ ihn von blutgierigen Hunden zerreißen. Vom eigenen Gefolge jagen. Von den eigenen Hunden zerfleischen.

Seine Diana hatte eigentlich nicht Diana geheißen.

Sie trug den schrecklich banalen Namen Sandra, einen Allerweltsnamen, ohne Zauber, ohne Mystik, in den 60er Jahren in Mode gekommen.

Sandra, das klang nach dauergewelltem Haar, vielleicht mit eingefärbten Strähnchen, es klang nach ‚Heiraten mit 18' und ‚Sich scheiden lassen mit 30' und nach Eigenheim und Langeweile und nach ‚Sonntags machen wir alle zusammen eine Radtour'.

Sandras – nein, Dianas – Haar war tizianrot, wellig, nicht dauergewellt, eine Pracht in natürlichem Kupfer, in tausend Nuancen schimmernd. Es war Dianas Haar gewesen, das ihn angezogen, in den Bann geschlagen hatte, das ihn bezaubert, verzaubert, verhext hatte.

Dianas Haar auch, die Kupferwellenpracht, welche ihn fast zum Mörder hätte werden lassen.

Angefangen hatte alles an einem Herbsttag.

Es konnte gar kein anderer Tag gewesen sein als ein Herbsttag, denn nur im Herbst entfaltet sich der Zauber roter Haare mit seiner ganzen Wucht, die Natur spiegelt das Mysterium der roten Fülle in dem Gold, dem Rost, dem Messing, dem Kupfer der Blätter in den Wäldern, in den Gärten, in den Parks alter Schlösser wider.

In einem solchen Park hatte er Diana zum ersten Mal gesehen. Und doch war es eher wie ein Wiedersehen, ein ‚Ich-hab-dich-schon-einmal-Getroffen' gewesen.

Woher kannte er nur dieses Gesicht, dieses Haar? Er wusste es nicht in jenem Augenblick der Verzauberung.

Ausgerechnet im Elsass war es gewesen, aus Langeweile hatte er einige Tage dort verbracht, er, Michael Rapp, 35 Jahre alt, Restaurator, unverheiratet.

Das Elsass, seine Wurzeln waren dort, er hatte den Familienstammbaum eifrig studiert, es gab keine Verwandten mehr, lange war es her, dass seine Vorfahren, Hugenotten, nach Deutschland ausgewandert waren. Irgendwie zog es ihn immer wieder in jene kleine Ecke der Welt, wenn auch seinem künstlerischen Auge der Touristenkitsch wehtat und sein Kopf die Pseudoromantik verurteilte.

Eigentlich hätte ihn die Ostsee mehr interessiert, doch die lange Fahrt hatte ihn abgehalten. Außerdem waren die Benzinpreise drastisch gestiegen, das Elsass schien ihm eine brauchbare Alternative, nicht allzu weit vom vorderen Odenwald, von der Bergstraße aus, vom Weschnitztal aus, wo er wohnte.

Freilich, die Insel Rügen, Greifswald, auf den Spuren Caspar David Friedrichs wandelnd, all dies hätte ihn eher gereizt als das hier.

Dann, mitten in der Butzenscheibenputzigkeit der elsässischen Weinstraße stand er plötzlich vor einem alten Schloss irgendwo.

Er stieg aus, schlenderte durch das schmiedeeiserne Tor, da gab es auch einige alte Grabsteine, er blieb fasziniert stehen, er taxierte sofort: klassizistisch, und er war in seiner Welt.

Einer der Grabsteine trug folgende Inschrift:

Hier ruhet in Gott der verstorbene
Frantz Xaver Kugel, Buerger und Weinhaendler
zu Ebersheimmuenster, starb den 29. Maerz 1806
seines Alters 69 Jahre. Er ruhe im Frieden der Liebe.
Der beste Vater. Dieses Denkmal haben ihm seine seufzende
Witwe und seine weinenden Kinder errichtet.
F.R.Thil.X.A.
F.F.H.

Michael bückte sich, um sich den Totenkopf genauer anzusehen, der unter der seufzenden Witwe und den weinenden Kindern in Stein eingemeißelt war.

Memento Mori, ja, Mensch, bedenke, dass du sterben musst.

Inmitten dieser trübseligen Stimmung traf ihn die Liebe wie ein Blitzschlag.

Oder sagt man Donnerschlag?

Unweit des klassizistischen Grabsteins, dem seligen Weinhändler Kugel gewidmet, erblickte Michael die schönste Frau, die er je gesehen hatte.

Die Rothaarige, die Grünäugige, die Weißhäutige, die Schlanke, die Faszinierende. Seine Diana. Sie trug keinen Köcher, keinen Pfeil, dafür einen Regenschirm. Es hatte nämlich gerade begonnen, ein wenig zu regnen. Das Herbstlaub roch modrig, der Totenkopf auf Weinhändler Kugels Grab grinste breit und hämisch (war heute auch nicht Freitag, der Dreizehnte, schoss es ihm durch den Kopf), Diana aber lächelte hinüber zu ihm, dem noch in gebückter Haltung Dastehenden.

Dieses Lächeln, es raubte Michael fast die Besinnung.

Es regnete nun heftiger, Diana machte eine einladende Handbewegung, sie bot ihm Schirm und Schutz vor dem nun prasselnden Regen.

Michael merkte, dass er für einen Moment nicht atmete.

Vor Schreck, vor Freude, vor Glück?

Aber atmen musste er doch, wenn das Abenteuer eine Zukunft haben sollte.

Er sagte freudig dem Grabstein des Weinhändlers Kugel aus Ebersheimmünster „Ade" und begab sich unter die Schirmherrschaft Dianas.

Diana hieß Sandra – wir wissen es bereits –, Michael bemühte sich, seine Enttäuschung zu verbergen, doch war er fest entschlossen, sie weiterhin Diana zu nennen.

Sie war ins Elsass gefahren, weil ihr nichts Besseres eingefallen war. Eigentlich wollte sie auf die Insel Rügen fahren und auf Caspar David Friedrichs Spuren wandeln (sie liebte die Kunst – sie war Kunststudentin), aber sie hatte die endlos lange Fahrt gescheut von Heidelberg aus, außerdem waren die Benzinpreise in die Höhe geschnellt und dann die fiesen Schlagetot-Visagen der Skinheads in den Fußgängerzonen der Städte dort oben. Das viele, teure Benzin, die Unverfrorenheit der Rechtsradikalen.

Michael lachte und sagte: „Das kann kein Zufall sein, das ist ja wie bei mir … Die Benzinpreise, Caspar David Friedrich und das alles und dann doch lieber das Elsass, obwohl man es schon in- und auswendig kennt, und das Städtchen Riquewihr ist wie Rothenburg ob der Tauber, Mittelalterkitsch und die Touristen dreistöckig übereinander, es ist nicht besser als die Rüdesheimer Drosselgasse und Neuschwanstein und das Heidelberger Schloss dazu. Weniger Japaner, dafür aber mehr Deutsche, was auch kein Vorteil ist, und in den Gassen von Riquewihr riecht es nach Bratwurst, so ganz und gar nicht französisch."

Und Diana lachte ihr herrliches Lachen, und ihr Haar schimmerte im Schein der Winstub-Beleuchtung (einer potthässlichen Lampe im altdeutschen Stil: ein absurdes Fässchen auf einem Ochsenjoch) in den Farben Kupfer-Gold-Weinrot.

Sie verabredeten sich für den nächsten Tag zum gemeinsamen Besuch des Städtchens Colmar, Hauptziel Unterlindenmuseum.

Diana – Sandra – hatte den Altar von Matthias Grünewald noch nie gesehen, obwohl sie schon öfters im Elsass gewesen war … mit Manfred, rutschte es ihr heraus. Sie wurde über und über rot, Ton in Ton mit ihrem Haar.

„Manfred?" Eine Welle von Eifersucht schlug über Michael zusammen.

„Welcher Manfred?"

Diana biss sich auf die Lippen. „Ein Verflossener, er bedeutet mir nichts mehr."

Sie schwiegen. Michael sagte sich im Stillen, dass er nicht annehmen könne, eine so schöne Frau wie Diana habe nur auf ihn allein gewartet und bisher im Nonnenkloster gelebt, unnahbar und entsagungsvoll.

Er schalt sich insgeheim einen Phantasten. Er musste doch real bleiben. Ja, den berühmten Isenheimer Altar wollte sie schon immer kennen lernen. Sie schlenderten den Kreuzgang entlang. Welch ein Kreuzgang, sie waren ganz still beide. Er nahm ihre Hand, eine ganz weiße Hand. Die weiße Haut der echten Rothaarigen.

In der romanischen Abteilung machte sie einige Bleistiftskizzen in ihren kleinen Skizzenblock. Kapitele mit schönen floralen Schnörkelelementen, Reste einer romanischen Klostersäule, 11. Jahrhundert.

Dann zeichnete sie noch einen Triton mit Glubschaugen und mit Dreizack, der in einen hellen Sandstein gehauen war.

Beim Zeichnen war sie völlig vertieft, sie schien ihn vergessen zu haben. Durchs Fenster des Museums fiel ein herbstliches Licht und fing sich in ihrem Haar.

Er liebte sie so sehr. Nie würde er eine andere mehr lieben können, er wusste es schon jetzt. Er würde nie mehr von ihr loskommen. Es fiel ihm plötzlich ein, wo er sie schon einmal gesehen hatte. In England, in irgendeiner Gemäldegalerie, auf einem Gemälde. Sie war das Ebenbild jener Frau – wie hieß sie noch, Jane Morris? oder irrte er sich? Es war unwichtig. Der Maler war Dante Gabriel Rossetti, der Name allein zerging auf der Zunge wie ein englisches Sahnebonbon, er klang unirdisch wie ein Traum.

Rossetti, Dichter und Maler von Rothaarigen. Präraffaelitische Schule. Ach, egal der Name, für ihn war sie Diana. Diana die Jägerin, er die Beute. Hilflos. Unrettbar ausgeliefert, verloren?

Nein, im Gegenteil, gerettet, dem langweiligen Alltag enthoben. Sie war mit dem Skizzieren fertig, wirklich hübsch, sie hatte Talent. Sie schlenderten weiter, er ergriff wieder ihre Hand, sie zog sie nicht zurück.

Vor einem Bild, von Lucas Cranach dem Älteren gemalt, blieben sie länger stehen.

„Melancholie“ – 1532.

„Cranach hat hässliche Schlitzaugen gemalt“, sagte Diana – Sandra. „Findest du nicht auch?“

Sie waren seit dem Edelzwicker gestern Abend beim Du.

„Ja und noch was anderes ist mir aufgefallen“, sagte Michael. „Auf den Kreuzigungsbildern des Mittelalters. Die sind alle ganz stark antisemitisch. Schau dir mal die Folterknechte und die Bösen in der Menge an. Die meisten Darstellungen sind Hetzbilder gegen die sogenannten ‚Gottesmörder‘. Kein Wunder, dass man im Mittelalter solch grauenhafte Judenverfolgungen kannte. All die Pogrome. So traurig.“

„Du hast Recht“, sagte Diana. „Die Menschen waren schon immer dumm … und sie werden es immer bleiben. Dumm und böse.“

Sie waren beim berühmten Isenheimer Altar angekommen.

Diana blieb wie angewurzelt vor der Verkündigungsszene stehen.

Marias Haar war rot, rotblond, Korkenzieherlöckchen, sie hatte einen pfiffigen Gesichtsausdruck, machte eine abwehrende Bewegung, ihre Hände waren weiß wie Dianas Hände.

„Du wärst auch ein schönes Maria-Modell“, sagte er zu Diana.

„Vielleicht eher ein Model für Maria Magdalena, die große Sünderin?“, entgegnete Diana, und ihr Gesicht wurde plötzlich traurig.

„Ich bin ganz und gar unheilig.“

„Diese Maria hier sieht auch nicht so heilig aus. Sie kommt mir sehr irdisch vor.“

„Darum lieben die Menschen vielleicht diesen Altar so sehr, darum ist er so berühmt geworden.“

Sie war ganz versunken in den Anblick, dann sagte sie jäh: „Aber irgendwie ist dies alles so schaurig, lass uns rausgehen, das erschlägt mich, diese Höllenszenen, diese Monster und diese grauslichen Fabelwesen, diese entsetzliche Kreuzigung, der arme Mensch Christus. Es ist gruselig.“

Und Diana hatte wirklich eine Gänsehaut bekommen.

Sie gingen in den Kreuzgang hinaus. Wieder diese Stille. Es war eine Stille, die man fast hören konnte.

Niemand war hier. Michael zog Diana an sich und küsste sie.

Durch eine Rosette des Kreuzgangs drangen Sonnenstrahlen, ließen ihr Haar aufleuchten.

Es brannte wie Feuer. Eine Aureole umgab sie.

„Du bist eine Hexe. Du hast mich verhext“, sagte Michael.

„Lass uns einen Kaffee trinken“, sagte Diana plötzlich und riss sich von ihm los. „Ich bin müde.“

Es war inzwischen trübe geworden, wieder regnerisch, die Leute liefen schnell, als ob sie vor etwas flüchteten.

Die kamerabestückten Touristen zog es in die umliegenden Cafés und in die Weinstuben.

Kultur macht hungrig und durstig.

Er ging mit Diana in eine kleine Weinstube – L’Arbre Vert –, und statt des Kaffees tranken sie einen herben Sekt, einen Crémant, den sie nicht benötigt hätten, denn es prickelte und kribbelte auch so.

„Du hast mich erlegt, Diana“, sagte er später im Hotelzimmer. „Meine rothaarige Göttin der Jagd.“

„Ich heiße aber Sandra, schlicht und einfach“, sagte sie.

„Sei doch nicht so ernüchternd, ich bin ein romantischer Mann, hast du das noch nicht bemerkt?“

„Ich bin eine romantische Frau, ich bin aber auch eine realistische Frau, trotz Kunst und all dem. Ich möchte im Grunde nur … glücklich sein.“ Sie zögerte und sagte dann leise: „Deshalb bin ich auch abgehauen.“

„Abgehauen? Wieso abgehauen?“ Michael war entgeistert.

„Na ja, abgehauen von zu Hause, von Mann und Kindern. Vom Eigenheim im Grünen, vor der allianzversicherten Zukunft und den Kindergartenfestvorbereitungen und dem Fürs-Schulfest-Basteln und dem Die-Schwiegermutter-Einladen. Weißt du, mein Mann, Manfred … ja, er ist mein Mann, kein ‚Verflossener‘, aber er bedeutet mir auch nichts mehr – also mein Mann ist so einer von den Computerfreaks, von denen es jetzt überall so viele gibt. Zu viele. Er ‚surft im Internet‘ (ein angeberischer Ausdruck, finde ich), er tut dies von früh bis spät, er surft um die Welt und sieht seine nächste Umgebung nicht mehr. Er sieht weder mich noch die Kinder. Neulich hat sich die Kleinste ihren Finger in der Schranktür eingeklemmt, es war furchtbar, das arme Ding hat geschrien wie am Spieß, er, Manfred, hat sich keinen Millimeter wegbewegt von seinem heiligen Computer, er war abgetaucht in seine virtuellen Welten. Er nimmt nichts mehr wahr. Ich musste die Kleine zum Arzt bringen, der Finger war schlimm verletzt. Manfred hat nicht einmal gefragt. Ich könnte ihn umbringen.“

Sie sagte es mit Überzeugung.

„Warum hast du gesagt, du seist Kunststudentin und all das?“, fragte er.

„Ach, ich war auch Kunststudentin, habe dann Manfred kennen gelernt, wir haben uns geliebt, dann war ich schwanger, das Übliche, Heirat und Kinder. Dann hat er mich nicht mehr bemerkt, mich für selbstverständlich angesehen, mich nicht mehr registriert.

Es war so schön, wieder einmal bemerkt zu werden. Und ich habe mich auch so sehr verliebt. Eine Verheiratete mit Kindern, die hättest du nicht lieben können.“

Diana umklammerte seine Hände.

„Ich möchte nicht zurück. Ich möchte bei dir bleiben. Aber die Kinder, auf die Kinder könnte ich nie verzichten. Niemals.“ Dann fügte sie leise hinzu: „Sie sehen übrigens aus wie ich, sie haben mein Haar. Ganz rot.“ Sie lächelte und dachte an ihre Kinder. Eine unendliche Zärtlichkeit lag in diesem Ausdruck. Sie sehnte sich nach den Kindern, er spürte es deutlich.

Es machte ihn fast ein wenig eifersüchtig, aber nur fast.

„Es wird einen Weg geben für uns“, sagte Michael. „Lass mich nur machen.“

In jener Nacht träumte er, er tappe in einer leeren Villa umher, oder war es ein düsteres Kloster oder ein Schloss? Seltsame gregorianische Gesänge, unheimlich, drangen an sein Ohr.

Da zwängt er sich durch eine Kreuzgangsrosette, es nimmt ihm den Atem, er steht auf einmal in einem kerkerähnlichen Raum, er muss sich bücken, es riecht nach Wein und Moder, ein ganz kleines Männchen sitzt vor einem Riesencomputer und murmelt: „Weinhändler Kugel, 69 Jahre. Tot, tot."

Das Männchen erblickt ihn, das Männchen hat Schlitzaugen wie bei Lucas Cranach dem Älteren, es kichert: „Manfred ist der Größte." Dann drückt es auf hundert Computertasten, auf dem Computerschirm fliegen smaragdgrüne Höllendrachen und rothaarige Madonnen mit Ringellöckchen händeringend und abwehrend durcheinander, die Madonnen tragen in jedem Arm ein rothaariges Kind und sehen aus wie Diana.

Das Männchen lispelt giftig zu ihm hinüber: „Raus, Nummer 1532", dann schlägt es mit einem Dreizack auf ihn ein. Da saust urplötzlich ein Pfeil durch die Luft und durchbohrt das Männchen, nagelt es buchstäblich am Computerschirm fest, ein heiliger Sebastian.

Hinter dem Computer taucht ein Flammenmeer roter Haare auf, dann ein Gesicht, Dianas Gesicht, sie wirft den Köcher weg, aus dem der tödliche Pfeil stammte, sie breitet die Arme aus, geht, fliegt auf ihn zu, die Flammen ihres Haares züngeln und zischen, er ruft: „Ich verbrenne" und er erwacht.

Diana neben ihm ist verschwunden. Die Kuhle, in der sie gelegen war, ist noch ganz warm von ihrem Körper.

Auf dem Nachttischchen ein Zettel: „Hol uns einfach ab, wenn du dich für uns entschieden hast."

Es war alles so leicht. Tausend Mordpläne schmiedete er unterwegs auf der Autobahn, aber es war gar nicht notwendig, Dianas Mann zu ermorden.

Ein Computerfreak, der in virtuellen Welten lebt, merkt nicht, wenn Frau und Kinder plötzlich verschwinden.

So einer ist schon tot.

Ein im Internet surfender lebendiger Toter.

Diana und die Kinder – zwei wirklich reizende rothaarige Kinder, Gwendolyn und Deirdre, Ebenbilder ihrer Mutter – waren einfach aus dem Haus gegangen mit ihren Koffern und Köfferchen und in Michaels Auto eingestiegen.

Und es begann ein ganz neues Leben.

Ein Leben voller Liebe und Zuwendung.

Der Hund aus Jade

Vorwort:

Ihr Arrogantlinge, ihr Schönen, Reichen und Erfolgreichen, ihr IMMER-IM-TREND-Liegenden, ihr Golfspieler und Champions, ihr Macher in Showbiz, Wirtschaft und Politik, Ihr kleinen Despoten jedweder Branche, ihr glatten Schönredner …, es gibt da einen etwas unbeholfenen, uneleganten kleinen Inspektor, ein wenig schielend und in seinem schäbigen Trenchcoat alles andere als ein Augenschmaus; seine Frau, seinen Hund und sein altes, klappriges Auto liebend, und er reißt euch mit einem Ruck die smarten Masken vom Gesicht und zeigt der Welt eure Fratzen.

Wurm war sich seiner Sache sehr sicher gewesen.

Er hatte den Kollegen etwas denunziert beim Chef, ein kleiner, fingierter Brief, ein angebliches Techtelmechtel zwischen dem Kollegen und der Frau des Chefs, eine lächerliche einfache Sache bei einem solch eifersüchtigen Mann.

Ein wenig Mobbing nach unten, ein wenig Kriechen nach oben.

Wurm war darin ein Meister.

Sein selbstsicheres Auftreten, sein fast militärisch knapper Ton, tadellos sitzende Anzüge. Welcher Vorgesetzte würde da nicht vor Respekt, welcher Untergebene nicht vor Bewunderung vergessen, dass Wurm eigentlich ein Nichts war.

In sich hineinkichernd vor Schadenfreude, wartete Wurm ab, und er sollte nicht vergeblich warten.

Es gab die erwünschte Wirkung, die Zornesausbrüche des Chefs, die Unschuldsbeteuerungen des verleumdeten Kollegen, dann die fristlose Kündigung. Der Kollege hatte eine Frau und drei Kinder.

Am gleichen Abend noch stürzte sich der Kollege aus dem Fenster. Er wohnte im 6. Stock eines Wohnblocks. Der Sturz war sehr effektiv. Wurm sagte zum Chef: „So Sensible sind eine Belastung für die Firma."

Er wurde tags darauf befördert.

Beflügelt durch diesen bescheidenen Anfangserfolg, experimentierte Wurm hier und da, im Büro und im Bekanntenkreis, es gab mehrere Entlassungen, einige Scheidungen, Wurm war zufrieden.

Die Frau seines Chefs war tatsächlich nicht übel. Das konnte er auf den zahlreichen Partys feststellen, zu denen der Chef ihn nun immer häufiger einlud.

Wurm machte eine gute Figur, seine Verbeugungen waren tief, und in Worten war er gewandt wie kein anderer. Wenn gelegentlich Gäste brüskiert die Party verließen, so war das schließlich ihre eigene Schuld: Wer wird denn so sensibel sein.

Mimosen waren sowieso schlecht für die Firma. Nicht mehr zeitgemäß. Softies waren out. Zäh war angesagt.

Auf einer jener Partys reichte die Frau des Chefs gerade Drinks. Bei Wurm angekommen, flüsterte sie unauffällig: „Morgen Abend um 10 Uhr im ‚Ragtime'? Mein Mann ist für vier Tage auf Geschäftsreise in China."

Statt einer Antwort gab Wurm ihr durch eine tiefe Verbeugung und einen Handkuss zu verstehen, dass er durchaus nicht abgeneigt war, der Einladung Folge zu leisten.

Die Frau des Chefs, der es übrigens gelungen war, ihren Mann davon zu überzeugen, dass jener üble Verdacht, den Wurm geschürt hatte, völlig haltlos gewesen war, hatte ein kleines Rachespielchen vor. Sie wusste genau, wie sich alles entwickeln würde, aber sie hatte Geduld, denn Zeit hatte sie sowieso in Hülle und Fülle. Sie langweilte sich allmählich, nur ständig in die Modeboutiquen und die Geschäfte für teures Interieur zu rennen, und einen – echten – Liebhaber traute sie sich aus Angst vor ihrem wirklich extrem eifersüchtigen Ehemann nicht zuzulegen. Solch ein kleines Scheintechtelmechtel mit Wurm, das würde schon machbar sein, ohne Verdacht zu erregen.

Die Frau des Chefs war nicht mehr ganz jung, aber sehr charmant. Schon an jenem ersten Abend im ‚Ragtime' machte sie aus ihrer ‚Zuneigung' zu Wurm keinen Hehl.

Sie verbrachte sogar die Nacht mit ihm. Sie gestand Wurm, dass sie ihren Mann hasste und seinen Tod wünschte.

Wurm war begeistert. In den folgenden Nächten träumte er von einem Chefsessel, riesengroß und er, Wurm, mittendrin.

Der Chef hatte ein großes Hobby: Es war das Sammeln von „Hundekunst" (so nannte die Frau des Chefs abfällig das Steckenpferd ihres Mannes), das heißt, das Sammeln der verschiedensten Hundedarstellungen aus allen möglichen Epochen und Erdteilen.

Da standen in den Vitrinen und Regalen schwarzweiße King-Charles-Spaniels aus England neben chinesischen flachgesichtigen Pekinesen aus der Ming-Zeit, es gab an den Wänden Kinder- und Hündchengemälde holländischer Meister (z.B.: ein Genregemälde von Gerard ter Borch aus dem Jahre 1655), es gab fürstliche Kinder mit edlen Windhunden, aber auch bäuerliche Szenen mit balgenden Kötern, eine Federzeichnung, bräunlich-grau laviert, von Jan Steen, mit dem Titel „Muschelesser“ und eine Meißenfigur „Junge Bäuerin mit Hund“.

Der besondere Stolz des Chefs war das Gemälde „Marriage à la Mode“ von Hogarth, dem großen englischen satirischen Maler des 18. Jahrhunderts. Das Gemälde zeigte in einer satirischen Szene die Schließung einer „modernen“, nämlich einer Vernunftsehe: Advokaten mit Perücken schätzen das Inventar ab, die zukünftigen Eheleute, voneinander abgewandt, sind mit anderen Dingen als dem Verliebtsein beschäftigt. Der Bräutigam in spe nimmt eine Prise Schnupftabak, die Braut in spe flirtet mit einem andern Mann.

Es gab auch weniger bekannte Gemälde, zum Beispiel das Bild des englischen Malers Arthur Dixon von 1918, worauf ein netter kleiner Wuschelhund versonnen aus dem Fenster schaut und auf seinen Herrn wartet. Das Bild hieß: „Will he come back?“ Wird das Herrchen zurückkommen, oder ist es im 1. Weltkrieg geblieben?

Es gab Stiche, Aquarelle, Ölgemälde, Statuen, sogar Spazierstöcke mit Hundeköpfen als Knauf. Aus Messing, Silber, Porzellan. Es gab den „Tanzenden Hund“, eine japanische Netsukefigur aus Elfenbein, Ende 18. Jahrhundert.

Einige Zeit, nachdem der Chef von seiner Chinareise zurückgekommen war, zeigte er Wurm, seinem „lieben Freund und Geschäftspartner“, seine Sammlung, eine Ehre, die nur wenigen je zuteil ward.

Wurm wurde seinem Namen gerecht, er krümmte und bog sich nach allen Seiten, er lobte die Sammlung über alle Maßen und tat so fachkundig, dass der Chef ihm gestand, er, Wurm, sei bereits testamentarisch als Nachbesitzer der Sammlung eingesetzt, seine Frau zeige leider kein Verständnis für seine Kunst. Wurm krümmte und bog sich, er könne dieses Vermögen – und dies war es in der Tat – nicht annehmen, doch der Chef bestand darauf, dass er einst das Erbe übernehmen solle.

In Wurms Schädel arbeitete es indessen. Der Chef war gesund und noch nicht ganz 60 Jahre alt. Er würde noch lange leben können, vielleicht noch 30 Jahre, dann war Wurm selbst schon 70. Nein, er brauchte das Vermögen jetzt.

Der Zufall wollte es, dass hinter Wurm ein netter grüner Jadehund stand. Der Hund auf der Konsole war handlich und stabil. Wurm holte aus, während der Chef die Herkunft eines besonders seltenen Hundefigürchens erläuterte. Wurm war in seiner Jugend Ringer gewesen und stärker und geschickter, als er aussah.

Der Chef war auf der Stelle tot.

Die Wohnung bot ein Bild der Verwüstung, als eine halbe Stunde später die Polizei auftauchte, von der völlig verstörten Frau des Chefs alarmiert, welche ihren Mann (Opfer eines Überfalls?) tot inmitten seiner Sammlung vorgefunden hatte.

Die Frau des Chefs war überrascht und erfreut darüber, dass sich ihr Rachespielchen, wie sie es nannte, so rasch zu ihrem Vorteil und Nutzen entwickelt hatte.

Wurm hatte den Köder schneller als erwartet geschluckt und somit gleich zwei Fliegen mit einer Klappe geschlagen: Es gab einen misstrauischen Ehemann weniger auf dieser Welt und der unangenehme Wurm würde – dessen war sie sich sicher – des Mordes überführt werden.

Er würde keine Menschenseele mehr verleumden.

Ein kleiner, schiefer Inspektor in einem dünnen und alten Trenchcoat verhörte die Frau des Chefs. Ja, ihr Mann habe schon Feinde, Rivalen im Geschäft. Ob sie Namen wisse? Ja, es gäbe da einen, Wurm, der vom Chefsessel träume, es war bekannt. Aber ihr Hinweis möge bitte Geheimnis des Inspektors bleiben.

Der Inspektor kratzte sich am Kopf. Wurm wurde herbeigeholt, er werde als Zeuge gebraucht. Ob er die Sammlung kenne? Er, der Inspektor (er hieß übrigens Caramba), liebe alle diese Bilder und Kunstgegenstände, aber er als armer Polizeibeamter könne sich solch einen Reichtum nicht leisten.

Wurm antwortete, er fände die Sammlung miserabel und langweilig, er mache sich nichts aus Kunst und er hasse vor allem Hunde. Caramba, der Hundefreund, ahnte sofort instinktiv, dass er es hier mit einem Mörder, mit DEM Mörder, zu tun hatte.

Wer Hunde hasst, der kann kein guter Mensch sein.

Caramba ging auf einen Spazierstock mit einem Hundekopf als Griff zu. Er lag in der Nähe der Leiche. Der Spazierstockgriff war aus massivem ziseliertem Gold und stellte eine Dogge dar. Er sagte, beiläufig zur Frau des Chefs, die außer Wurm im Raum war, hingewendet, er halte diesen Stock für die Tatwaffe, doch erkenne man leider kein Blut. Der oder die Täter hatten wohl fleißig gewischt, aber im Labor fände sich alles heraus. Ja, er müsse den Spazierstock mit ins Labor nehmen.

Wurm wurde es etwas heiß bei dem Gedanken, dass er womöglich den Jadehund nicht sorgfältig abgewischt hatte danach. Ein schneller Blick auf die Konsole, wo der Hund aus Jade, die Tatwaffe, stand. Caramba entging dieser Blick, so flüchtig er auch war, keineswegs. Zur Frau des Chefs sagte er: „So, dann reicht es für heute, ich nehme die Tatwaffe mit, aber an Sie habe ich noch einige Fragen. Können wir unter vier Augen miteinander reden?“ Und zu Wurm:

„Entschuldigung, Sie können mir wohl in dieser Sache nicht weiterhelfen. Die Störung bedaure ich zutiefst.“ Sagte es und ging mit der Frau des Chefs aus dem Raum, die „Tatwaffe“ unter den Arm geklemmt. Ungeschickt und tolpatschig, wie dieser komische kleine Inspektor nun mal war, wäre er fast über den dicken chinesischen Teppich gestolpert. Er fing sich aber im letzten Moment und ging hinaus, die Tür hinter sich schließend.

Wurm lachte in sich hinein. So ein Trottel von Inspektor. Nie würde der etwas herausfinden. Er hatte die falsche Tatwaffe in Verdacht, und es sah ganz so danach aus, als verdächtige er die Frau des Chefs.

Die Dinge hatten sich gut für ihn entwickelt.

Doch schnell ein Blick auf den Jadehund und eine letzte Sicherheit. Hatte er auch alle Windungen gesäubert? Er war sehr in Eile gewesen. Er ging zur Konsole, hob den Jadehund hoch, da, hinter einem Hundeohr war noch ein Hauch von Rot. Wurm nahm sein Taschentuch, befeuchtete es und wischte, wischte. Er war ganz vertieft. Dort unten am Sockel, noch ein kleiner Fleck. Wurm wischte, wischte. Er bemerkte den kleinen Inspektor nicht, der in Begleitung eines Polizisten in Uniform hinter ihn getreten war und zusah, wie Wurm wischte und wischte.

Der Inspektor räusperte sich. Wurm, verblüfft, ließ Taschentuch und Jadehund sinken.

Es gab nichts mehr zu sagen.

Nun, man weiß ja: Inspektor Caramba kommt jedesmal zurück.

Der Witwentröster

Es war an einem nebelverhangenen, tristen Dienstagnachmittag Anfang November, als Konrad F. F. Müller sich plötzlich entschloss, seinem Junggesellendasein ein Ende zu bereiten und sich zu verehelichen.

Er hatte gehört, es gäbe keine glücklichen Ehen (er hatte nämlich die gesamte „Menschliche Komödie“ von Balzac gelesen) – und das war es ja, was er suchte und wollte: unglücklich sein.

Konrad gehörte nämlich zu jenen – zugegebenermaßen eher seltenen – Exemplaren der Menschheit, welche nur glücklich sein können, wenn sie unglücklich sind, die das Glücklichsein meiden wie die Pest und nur im Unglück tiefe Freude, ja Befriedigung empfinden können. Mit einem gewissen Dünkel schauen sie verächtlich auf die herab, die sich vergnügen, als wollten sie sagen: den Mittelmäßigen die Freude und die Fröhlichkeit, uns aber die Trauer.

Das war nicht immer so gewesen: Als Kind war Konrad F. F. Müller froh und unbeschwert gewesen, es gab unzählige Fotos, die einen pausbäckigen, rosigen, mit sich und der Welt zufriedenen, satten Säugling auf einem Kuschelfell zeigten, dann ein tapsiges und lachendes Kleinkind, ein hoffnungsfroh in die Zukunft schauendes Schulkind mit Schultüte und Zahnlücke, später einen fußballspielenden Lausbuben inmitten einer Freundesschar, die sich im Gruppenbild nach einem gewonnenen Match gegenseitig überglücklich umarmte.

Dann aber, im Alter von 17 oder 18 Jahren etwa, musste bei Konrad der Wandel eingetreten sein, den seine Eltern, seine Lehrer, seine Umgebung zunächst für eine modische Attitüde hielten.

Oder hatte er, der sehr spät Pubertierende, nun endlich sein wahres Ich gefunden, hatte er seine fröhliche Larve abgestreift, um der Welt endlich sein wahres Gesicht zu zeigen?

Kein seltenes Phänomen bei Jugendlichen, denn diese einschneidende Zeit im Menschenleben macht doch auch oft aus dem Schüchternen den Selbstbewussten, aus dem Feigen den Tapferen, aus dem Kleinen den Großen, warum dann nicht auch aus dem Lustigen den Traurigen?

Oder war es aus ganz bewusstem Trotz gegen die Eltern, welcher Konrad dazu bewog, von nun an nicht mehr „Unser Sonnenscheinchen“ sein zu wollen, „Unsere kleine Frohnatur“ und das „Doppelte Glückskind“, alles Koseworte, welche Konrads Mutter für ihn, das Einzelkind, erdacht hatte und welche sie bei jeder passenden und unpassenden Gelegenheit zitierte? War es in Auflehnung gegen die Rolle, die ihm die Eltern sozusagen schon bei der Taufe zuerteilt hatten, als sie ihn nämlich mit zweitem und drittem Namen Felix, Fortunatus nannten, daher der Stempel „Doppeltes Glückskind".

Mit Fleiß und Energie schaffte es Konrad Felix Fortunatus recht bald, aus der Schublade des „Sonnenscheinchens" herauszuhüpfen und seine Umwelt eines Besseren zu belehren.

Er trat aus dem Fußballclub „Fröhliches Leder, Concordia 1887" aus und in die Schauspiel-AG seiner Schule ein (die Abschiedstränen seiner Fußballkumpels bereiteten ihm große Freude, machten sie ihn doch so wohlig traurig …).

Seinem Deutschlehrer, der die Schauspiel-AG leitete, sagte er von vornherein klipp und klar, dass er beabsichtige, nur tragische, nie und nimmer aber komische oder lustige Rollen zu übernehmen. Der Deutschlehrer war lieb und verständnisvoll, er leitete die Schauspiel-AG mit Enthusiasmus und Erfolg, er schätzte Konrad sehr, denn dieser hatte sein schauspielerisches Talent früher als Klassenclown in den unteren Klassen als „Quietschi" unter Beweis gestellt: oft und intensiv. Der AG-Leiter hatte schon für Konrad die Hauptrolle in Kleists „Der zerbrochene Krug" im Visier gehabt, doch Konrads Entrüstung war groß. „Den Dorfrichter Adam soll ich spielen? Ich ein Hanswurst mit Glatze und Bauch und hinkend? Nur über meine Leiche."

Der Deutschlehrer hatte die rettende Idee: „Dann spielen wir halt keine Komödie, das fällt uns Deutschen ja eh ein wenig schwer, wir spielen eine Tragödie."

Gesagt, getan, die Gruppe einigte sich auf „HAMLET". Shakespeare, der ging immer, der war immer und überall aktuell. Den Hamlet spielte natürlich Konrad, der in seiner neuerworbenen Traurigkeit einen Dänenprinzen par excellence abgab, einen Melancholiker, wie er im Buche stand …

Der Tag der Aufführung kam, die Schulaula war vollbesetzt.

Als Konrad im dritten Akt, erste Szene, seinen Monolog „Sein oder Nichtsein, das ist hier die Frage" hielt und über den Tod sinnierte und später auf dem Kirchhof im fünften Akt in der ersten Szene den Totenschädel von Yorick, dem ehemaligen Hofnarren, in der Hand hielt und über die Vergänglichkeit alles Lustigen in der Welt sprach, da hätte man in der proppevollen Aula eine Nadel fallen hören können. Die Zuschauer hielten förmlich den Atem an, ja, ein leiser, feiner Hauch des Todes war da fast zu spüren, eine Gänsehaut rieselte gruselig über die Rücken des faszinierten Publikums, dann brauste ein tosender Applaus durch die Schulhalle (die eigentlich die Turnhalle war, darum roch es hier immer ein wenig nach Turnschuhen, Schweiß und Gummimatten). … Konrad gab ein Dakapo von „Sein oder Nichtsein", und Shakespeare lächelte in seinem Grab.

In gewissen Fächern legte Konrad jetzt zu, denn endlich verstand er, die „Trauerkloß-Lektüren" (so jammerten seine Kurskameraden der Oberstufe) so richtig zu genießen.

Es bereitete ihm eine geradezu höllische Lust, dass die Deutschlehrerin „Werthers Leiden" (dazu ein Halbjahr lang) behandelte, im Französischen bei „Bonjour Tristesse" war er aus dem Häuschen, im Englischunterricht war er in seinem Element: Der Lehrer hatte „Death of a Salesman" und „Mourning Becomes Electra" (Trauer muss Elektra tragen) ausgesucht, Konrad bestritt den Unterricht, der Lehrer und die Mitschüler hatten Statistenrollen, Konrad bekam – natürlich – 15 Punkte.

Dann kam die Deutschlehrerin auf Thomas Mann, ja, besser ging es nicht, im „Tod in Venedig" und im „Zauberberg" wurde eifrig gestorben. Im Musikunterricht gab es Mahlers todessüchtiges Werk, und auch Richard Strauss' „Ariadne auf Naxos" war ganz nach Konrads Geschmack. Selbst in Biologie blühte Konrad auf, wenn der Lehrer von Raben, Käuzchen und Trauerweiden sprach, bei (Glücks-) Käfern und (Glücks-)Klee hörte er weg.

Konrads Schulkameraden erlagen der Tristesse-Faszination, zumindest die meisten, er wurde insgeheim zum Trendsetter, und so ging die Abschlussfahrt nach Paris, aber nicht der Lichter und Moulin Rouge wegen; vielmals besuchten 17 in schwarze Mäntel gehüllte Abiturienten die Katakomben und den Friedhof von Balzac, Oscar Wilde und Jim Morrison.

Es gab originelle Erinnerungsfotos, Gruppenbilder mit Totenschädeln und vor Jugendstilengeln auf Gräbern.

Nun stand Konrad Felix Fortunatus vor der Berufswahl, und er hatte die Qual der Wahl: Animateur bei einem fröhlichen Ferienclub schied aus und dies und jenes auch, aber es gab da noch den Beruf des Arztes oder – besser noch – den des Chirurgen, wo man täglich dem Tod ins Auge sehen musste (durfte, in Konrads Worten), es gab den Chef der Mordkommission, den Leiter eines Seniorenheims und andere.

Konrad zögerte noch, als das Schicksal sich einmischte und seinem Entschluss auf die Sprünge half. Ein Onkel verstarb plötzlich, er besaß ein florierendes Bestattungsunternehmen, welches er Konrad vererbte. Konrad war damit ein „gemachter Mann" mit 20 Jahren, sein Gewerbe war absolut (todsicher) krisenfest und hatte Zukunft: gestorben wurde immer.

Konrads Wohlstand vermehrte sich, bis er eines Tages – es war jener anfangs erwähnte nebelverhangene Dienstagnachmittag im November – beschloss, sich zu verehelichen.

Viele Gelegenheiten hatte Konrad schon gehabt, denn er sah in seiner Melancholie sehr anziehend und sexy aus, die Frauen liebten seinen morbiden Charme, den tieftraurigen Blick seiner fast schwarzen Augen. Doch die Frauen, mit denen er sich eingelassen hatte, waren alle lustig und leicht und lebensfroh, fast schien es, als wirke er ausschließlich auf den schmetterlingsleichten Frauentyp.

Was er suchte und brauchte, nicht für eine Nacht, sondern für ein Leben lang, das war eine verwandte Seele, eine Traurige eben. Wie und wo sollte er sie finden? Er hatte auf dem „Ball der einsamen Herzen" und in Singleclubs sein Glück (besser, sein Unglück) gesucht, doch überall nur Frohsinn und Leichtlebigkeit, es fehlte allen diesen Frauen der Ernst, die Schwere, sein Lebenselixier.

Doch da, die rettende Idee, warum war er nicht schon längst darauf gekommen? Das Glück – oder Unglück – war zum Greifen nah: Eine Witwe müsste es sein, etwas rundlich, aber keineswegs dick, und traurig, ja, traurig war eine Witwe sowieso.

Das Objekt seiner Begierde traf Konrad schon am nächsten Tag in Gestalt einer Witwe, welche sein Bestattungsunternehmen aufsuchte. Sie erfüllte alle Bedingungen seiner Traumfrau: Sie war untröstlich über den frischen Verlust, nicht zu jung, nicht zu alt, etwas rundlich und blond.

Zu Allerseelen wurde Hochzeit gefeiert, das Ziel der Hochzeitsreise war das TOTE MEER.

Und Konrad tröstete und tröstete.

Er tröstete gut und intensiv und häufig.

Er tröstete so gut, dass bald die Tränen seiner Witwe versiegten. Sie wurde von Tag zu Tag fröhlicher, sie lachte laut und oft –, und hiermit begann Konrads Leidensweg.

Er musste sich eingestehen, dass seine Heirat ein Irrtum gewesen war. Ein wenig leiden, das wäre erträglich gewesen, aber diese gewesene Witwe strapazierte seine Leidensbereitschaft doch über das erträgliche Maß hinaus.

Dies war nicht mehr die Frau, die vor kurzem noch so trostbedürftig, so niedergeschmettert schien. Und es fiel ihm wie Schuppen von den Augen: Er erkannte, dass es zwei Sorten von Traurigkeit gab. Das eine war die Traurigkeit, die von außen, durch tragische äußere Umstände auch die Fröhlichen heimsucht. Vorübergehend heimsucht. Das andere ist die Traurigkeit, die eine Eigenschaft, eine Wesensart ist und die durch frohe Ereignisse aufgehellt werden kann. Vorübergehend aufgehellt werden kann. Er erkannte, dass im Gegensatz zu ihm selber die Frau, die er so blind geheiratet hatte, keine innere Traurigkeit besaß. Traurigkeit war ihr nicht Bedürfnis, sondern nur flüchtige Reaktion.

Nun war er unglücklicher, als er es wünschte, und er sah kein Ende. Eines

Nachmittags trat er ins Wohnzimmer ein. Sie schaute sich gerade mal wieder eine Schmuddel-Talkshow an. Es war eine jener Talkshows – die übelste Variante von allen –, die das Gemeinste im Menschen hervorkitzeln: die Schadenfreude, die Freude am Schaden, an der Demütigung eines Mitmenschen, einer Mitkreatur.

Eine dickliche Ehefrau schilderte gerade genüsslich und in allen schlüpfrigen Einzelheiten ihre Liebesspiele mit ihrem jungen Liebhaber. Der Ehemann, der nichtsahnend in die Sendung gelockt worden war, saß neben der Frau auf der Couch und musste sich alles – live – mit anhören.

Er wurde abwechselnd rot, blass, grün (der Fernseher brachte die Nuancen vortrefflich zur Geltung). Das Publikum – vom Schulkind bis zum Greis waren alle Altersgruppen vertreten – pfiff, johlte, schrie, die Frauen klatschten, die Männer klatschten sich vor Vergnügen auf die Schenkel.

„Warum, warum?“, stotterte der gedemütigte Ehemann, der mit den Augen einen Fluchtweg aus dem Studio zu suchen schien.

„Warum, warum?“ äffte ihn die ordinäre Dicke höhnisch nach, und ihre Kreolenohrringe flogen, während sie sich vor Lachen ausschüttete. „Du hast es halt nicht mehr gebracht.“

Der Ehemann brach weinend zusammen.

Da war das Publikum im Fernsehstudio aus dem Häuschen.

So einen Spaß hatte es schon lange nicht mehr gegeben. Und dazu noch LIVE. Der Weg hatte sich gelohnt.

Konrads Frau gluckste und prustete. Sie verschluckte sich beinahe an den Erdnussflips. Das halbe Sofa einnehmend, – sie hatte ordentlich zugelegt seit Allerseelen –, hatte sie einen Mordsspaß.

„Widerlich, diese Schadenfreude“, sagte Konrad.

„Wieso? Du hast aber auch keinen Humor. Für die nächste Sendung hab ich mich angemeldet. Da werd ich mal auspacken. Hahaha.“

Konrad verließ wortlos das Zimmer.

Eine Woche später, in der Nacht vor der nächsten Talkshow, machte er sich am Auto seiner Frau zu schaffen. Er kannte sich bei Autos bestens aus.

Am nächsten Tag sagte der Moderator der Talkshow kurz an, dass eine Teilnehmerin kurzfristig hatte ersetzt werden müssen, da sie auf dem Weg ins Studio mit dem Auto tödlich verunglückt war. Versagen der Bremsen (einige Leute im Studio kicherten).

Aber Hauptsache, dass das Publikum seinen Spaß haben konnte. THE SHOW MUST GO ON. Das Publikum klatschte freudig Beifall.

Jetzt sucht Konrad weiter, doch um Witwen macht er einen großen Bogen.

Ars Longa
(oder: Die Schuld)

Vorwort:
„Vita brevis, ars longa“
(Seneca „De brevitate vitae“
[Das Leben ist kurz, die Kunst ist lang])

Die Freunde, beide Schriftsteller, saßen sich im Halbdämmer gegenüber. Im Bücherregal des Bibliothekszimmers brannten mehrere Kerzen in Messingleuchtern und schafften ein angenehmes Licht.

Amadeus streckte sich behaglich auf dem satinbezogenen gestreiften Biedermeiersofa aus. Rachmaninovs Klavierkonzert Nr. 1 war leise zu hören. Amadeus war nicht nur Schriftsteller, er war ebenfalls Musikkenner.

Er bot seinem Freund einen Zigarillo an, beide saßen schweigend im Halbdunkel und lauschten der Musik.

„Ach“, sagte Pierre auf einmal in das Schweigen hinein, „wir Schriftsteller und überhaupt alle Künstler haben es gut. Wir können doch straflos sündigen, wir legen doch alles in die Musik, in Gemälde, in Geschichten; wenn wir Glück haben, werden wir vom Publikum noch gelobt und vielleicht sogar geliebt für unsere Maßlosigkeiten, unsere Begierden, unsere Verruchtheiten, unsere Untreue, unseren Hass, unsere Mordgier.“

„Lieber Freund, jetzt übertreibst du wieder einmal, außerdem, ganz kann ich dir nicht folgen. Kannst du bitte etwas deutlicher werden?“

„Nun ja“, entgegnete Pierre. „Ich rede zunächst mal von mir selbst und meiner jetzigen Situation, denn ich bin in eine sehr verzwickte Liebesgeschichte hineingeraten. Ich war wochenlang ganz verzweifelt – aus Diskretionsgründen muss ich dir Details vorenthalten, ich habe es der Frau, um die es geht, versprochen. Kurz und gut, um auf unser Thema zurückzukommen, was ich im wirklichen Leben nicht erreichte in diesem Falle, nämlich die geliebte Frau zu bekommen, das erreichte ich sozusagen in der Kunst, in der Phantasie.

Gestern am späten Abend setzte ich mich an meinen Schreibtisch und ich schrieb und schrieb, es war eine meiner bisher schönsten Geschichten und … Du wirst es nicht glauben, ich habe mein Gleichgewicht wiedergefunden. Ein anderer, der nicht schreibt, malt, komponiert, hätte vielleicht gemordet, er hätte den Ehemann, die Frau, sich selbst in äußerster Verzweiflung getötet. Anders ich: Ich schrieb eine Geschichte. Das ist Katharsis, das ist Reinigung. Wir Künstler morden nicht, wir sublimieren die niederen Instinkte auf eine höhere Ebene. Für die Groben die gemeine Tat, für uns der Gedanke, das Wort, der Klang, das Zeichen.“ So schloss er seine Ausführung, die Antwort des Freundes abwartend.

Dieser starrte vor sich hin, goss sich ein Glas Burgunder ein, welches er, ganz gegen seine Gewohnheit – er trank sehr selten –, in einem Zug hinunterstürzte. Fahrig zog er an seinem Zigarillo. Seine Hand, so schien es Pierre, zitterte sogar ein wenig, und er sah noch im warmen Kerzenschein fahl aus, blass und plötzlich alt. Hastig stellte er sein Glas auf dem Marmortisch vor sich ab und sagte schließlich, und es klang heiser und brüchig: „Du hast soeben etwas angesprochen, das ich seit einigen Jahren wie eine Riesenlast mit mir herumschleppe, eine Schuld, die ich nicht schreibend loswerden kann, denn ich habe schreibend gemordet. Du wirst mein Geheimnis teilen, der erste und einzige Mensch auf der Welt, du wirst meine Schuld mittragen und mich nicht verraten?“

„Ich bin dein Freund. Ich höre.“

Und Amadeus erzählte die Geschichte seiner Schuld, die ihn fast erdrückte.

„Du hast recht, wir Künstler schaffen uns gelegentlich einen Ersatz für das, was man Leben nennt. Der Hässliche lebt in seinen Romanen als umschwärmter Don Juan, der arme Dichter erfindet sich in einer Romangestalt Güter und Reichtum – denke nur an Balzac, der selbst ein Leben lang den Schuldnern davonrannte –, der Erfolglose träumt sich erfolgreich und so fort. Der Enttäuschte und Gekränkte nimmt Rache, er kommt auf seine Kosten, aber eben nicht wirklich. Er erfindet sich eine Rache, er mordet in Gedanken, auf dem Papier, mehr nicht, danach fühlt er sich besser, gereinigt, du hast es schon gesagt, kein Richter wird ihn für eine imaginäre Tat ins Gefängnis bringen, kein Gericht dieser Welt wird ihn schuldig sprechen können.

Auch ich habe oft ganz bewusst so geschrieben: ersatzweise geliebt, zum Schein Betrügereien angezettelt, ersatzweise Verbrechen begangen, bis zum Mord. Alles Fiktion. Doch ich schweife ab. Kommen wir zum Kern. Zu meiner Geschichte. Wir Künstler, du weißt es ja selbst, sind verletzlich und eitel und wollen gelobt werden. Es ist diese Eitelkeit, die uns so verletzlich macht, sie treibt uns bis zum Hass, gelegentlich.“

„Ja, Amadeus, ich weiß“, warf Pierre ein, „wer würde das bestreiten? Doch erzähle bitte weiter.“

„Du erinnerst dich noch an den Kritiker Christian Heinrich R., welcher mich vor Jahren nicht verriss, sondern … mich ignorierte. Das ist viel schlimmer, dieses

Ignorieren, dieses Nichtbeachten meiner Bücher, damit auch meiner Person. Ich hasste ihn, mein Hass steigerte sich zu Mordgedanken, ich schmiedete in Gedanken Pläne, ihn zu beseitigen. Alles schien mir zu riskant, und eigentlich bin ich auch ein friedliebender Mensch, ich könnte keinem Lebewesen etwas zuleide tun, am wenigsten jemanden umbringen.

Dann tat ich das, was du beschriebst. Ich mordete Christian Heinrich R. in Gedanken. Eine Nacht lang schrieb ich mir meinen Hass von der Seele. Es war eine so gelungene Novelle, meine beste.“

Amadeus schaute vor sich hin, er schluckte, stockte.

„Das ist doch wunderbar“, rief Pierre aus, „ich weiß, was geschah, du fühltest dich erleichtert, wie neugeboren, deine schlechten Gefühle hattest du in die Novelle gestopft, der Kritiker hat dich nicht mehr kränken können.“

„Ja und nein, meine Geschichte ist aber noch nicht zu Ende.“

Amadeus zündete sich abermals einen Zigarillo an, jetzt mit sichtbarem Zittern und er fuhr fort.

„Meine Kriminalnovelle handelt von einer Frau, einer Kritikerin.“

„… und du hast ihr den Namen ‚Christiane‘ gegeben, ‚Christian‘ geht ja nicht“, scherzte Pierre, aber Amadeus schaute gar nicht amüsiert drein.

„Entschuldige“, sagte Pierre schnell, „das war nicht lustig.“

„Meine Kritikerin nannte ich Felicitas K., doch die Beschreibung ihres Wesens, ihres Äußeren …, na ja, es war eben jener verhasste Mensch. Felicitas K. war naiv-hochmütig, eine seltsame Mischung, blasiert in großer Selbstüberschätzung, ich nannte sie ‚Frau Reich-Ranicki, kleine Provinzausgabe‘“, ganz schön böse, ich weiß, aber es war Bosheit, die mich zum Schreiben beseelte, es war Rache, die mir die Feder führte.

Diese Frau nun wurde Opfer eines Mordanschlags. Die Polizei vermutete politische Hintergründe, da die Kritikerin, selbst aus höchsten Kreisen der Gesellschaft stammend, in den höchsten politischen Kreisen verkehrte. Es gab Gerüchte über Gerüchte, wonach sie in einen Bestechungsskandal größeren Kalibers verwickelt war. Ich beschrieb den Mief, den Sumpf der sogenannten besseren Gesellschaft, mittendrin meine ‚Lieblingsfreundin‘. Satire war immer schon meine starke Seite gewesen; meine besondere Begabung, Missstände grotesk und übertrieben darzustellen, ließ mich mächtig vom Leder ziehen. Ich schonte weder die korrupten Politiker noch die Gesellschaft, noch Einzelpersonen. Am wenigsten schonte ich natürlich ‚Frau Reich-Ranicki, kleine Provinzausgabe‘.

Meine Geschichte hatte ein offenes Ende, insofern als der Mörder oder die

Mörder nie gefasst wurden, aber es gab versteckte Anspielungen auf eher private als politische Mordmotive. Ich war zufrieden mit meiner Novelle, ich würde sie meinem Verleger zeigen, doch vorher sollte ER sie lesen, ER, das Objekt meiner Rachsucht.

Ich fuhr in sein Haus, er wohnte abgelegen, er war Junggeselle und schrullig. Er hatte bekanntlich keine oder wenige Freunde. Er war schon erstaunt, mich zu sehen, er kannte mich, auch wenn er mich ignoriert hatte. Diesmal konnte er nicht ausweichen. Ich gab ihm mein Manuskript und zwang ihn zum Lesen. Ich weiß es noch, als sei es gerade erst geschehen.

Er las, seine höhnische Miene war jetzt einer Ängstlichkeit gewichen, so klein kam er mir plötzlich vor, er tat mir leid, es war zu merken im Wechsel seines Gesichtsausdrucks, dass er sich erkannte in der Protagonistin Felicitas K., doch stelle dir meinen Triumph vor, lieber Pierre, lieber Freund, er las und stammelte: ‚Das ist gut, das ist sogar exzellent. Da haben Sie aus Rachsucht etwas Geniales geschaffen. Ich werde es ausnahmsweise rezensieren, und ich werde es lobend rezensieren. Ich verspreche …‘ Dann, lieber Pierre, geschah das Furchtbare. Er legte das Manuskript aus der Hand, fasste an sein Herz … und er starb, vor meinen Augen. Ich hatte nicht gewusst, dass er schwerst herzleidend war. Ich habe es nicht gewusst. Ich wollte ihn nicht töten. Niemals hätte ich das tun können. Niemals.“

Amadeus sank in sich zusammen, die Schuld wog schwer.

„Dann habe ich wie in Trance mein Manuskript vom Tisch genommen, bin aus dem Haus gestürzt, irgendwie heimgefahren. Es stand am nächsten Tag in der Zeitung, dass der Kritiker Christian Heinrich R. seinem schweren Herzleiden erlegen sei. So, nun weißt du alles.“

Noch ganz benommen von dem eben Gehörten, die ganze Tragweite noch nicht erfassend, schaute Pierre zu seinem armen Freund hinüber.

„Vita brevis, ars longa. Es lebe die Kunst. Du hast doch nicht wirklich gemordet. Und vor allem: Zeige mir Deine Geschichte. Warum kenne ich sie eigentlich nicht. Ich möchte sie lesen.“

„Du kannst sie nicht lesen, und niemand wird sie je lesen. Sie war der Beweis für meine Schuld. Ich habe sie noch in der gleichen Nacht damals vernichtet“, entgegnete Amadeus, fast unhörbar, und er stürzte aus dem Zimmer.

Undine

„Es muss etwas Liebes, aber auch etwas höchst Furchtbares um eine Seele sein … wär es nicht besser, man würde ihrer nie teilhaftig?"
(aus: UNDINE, von Friedrich de la Motte Fouqué)

Er hatte sie abgöttisch geliebt, verehrt, auf Händen getragen.

Sie waren wie Feuer und Wasser, wie Berg und Tal, wie Eisen und Watte, wie Sonne und Mond, Ebbe und Flut. Das Gegensätzliche zog ihn an, das andere. Das andere Element, so könnte man es fast nennen.

Doch allzu Gegensätzliches schafft Kluften, es trennt. Wenn die verbindende Brücke zum anderen fehlt, bleibt am Ende doch nur Einsamkeit und Bitternis.

Sein Hass begann – wie so vieles andere im Leben – nicht plötzlich, sondern allmählich, schleichend, und er führte zum unausbleiblich endgültigen Bruch.

Da war ihre Sorglosigkeit. Ihre Leichtigkeit, das Leben wie ein Spiel zu spielen, wie einen Tanz zu tanzen, wie ein Lied zu singen. Ihre Leichtigkeit und Fröhlichkeit ließ ihn an ihrer Seite schwer und dumpf und plump aussehen. Was ihn anfangs so fasziniert hatte, fing an, ihn zu ärgern, es gab Momente, in denen er sie hasste.

Doch nicht von Anfang an, nein. Der Anfang war wie ein Blitzschlag gewesen, die vielzitierte „Liebe auf den ersten Blick". Was ihn wohl am meisten gefesselt hatte, war ihr Lachen, es klang so völlig frei und unbeschwert wie das Lachen eines Kindes, wie eine muntere Quelle. Noch nie zuvor hatte er eine erwachsene Frau so lachen gehört.

Und dann ihr Gang, er war so ganz anders, es schien, als würde sie es vermeiden wollen, den Boden zu berühren. Wie ein Luftgeist. Ein Wassergeist eher, denn als er sie nach ihrem Namen fragte, sagte sie „Undine". Da gab es jene Wasserfrau Undine aus dem Märchen des Romantikers Friedrich de la Motte Fouqué. Er erinnerte sich, das Märchen „Undine" vor Jahren gelesen zu haben, er las gerne und viel und kreuz und quer.

Jene Märchen-Undine und seine Undine aus Fleisch und Blut hatten nicht nur den Namen gemeinsam.

Die Märchen-Undine hatte ihn damals in ihren Bann gezogen, die schöne, blonde Wasserfrau, die durch die Liebe zu einem Sterblichen erst eine Seele erhält. Im seelenlosen Zustand ist sie leichtsinnig, ohne Sorge, ohne Erdenschwere, ja, ohne Gewissen oder Verantwortungsgefühl.

Seine Undine, die Richtige, Lebendige, glich der Märchen-Undine in ihrer Leichtigkeit, in ihrer unbeschwerten Fröhlichkeit.

Bald merkte er, dass seine schöne Kindfrau nicht nur leichtlebig, sorglos, sondern auch völlig ungebildet war. Auch seine Undine kam von „ganz unten aus der Tiefe". Nicht vom Wasser, aber aus ganz einfachen Verhältnissen, und es war dauernd zu merken.

Ihr Geschmack in allem war sehr, gelinde gesagt, einfach, sogar banal. Sie sah gerne Schmuddel-Talkshows und Seifenopern im Fernsehen, sie aß Fast Food, ihre Ohrringe waren riesige Billigklunker, ihre Kleider Flitterkram in Babyrosa und Knallgelb und Blutrot, sie umgab sich mit allerlei kitschigem Schnickschnack wie der Diddlmaus, jenem bei simplen Gemütern so beliebten Ausbund von Hässlichkeit und totaler Geschmacksverirrung.

Welche Aufgabe also für ihn, den Belesenen, Bildungshungrigen, Kunstliebhaber, Museumsbesucher, Antiquitätensammler, Kulturreisenden, Opern- und Theaterfan.

So wurde sie, seine Undine, nach und nach sein Geschöpf, durch ihn würde sie eine Seele bekommen, hoffte er.

Die Freizeit, die Reisen, die Wohnungseinrichtung, alles wurde auf Undine eingestellt, auf die Wasserfrau, freilich ganz nach seinem Geschmack.

Zur Hochzeitsreise ging es nach Dänemark, das Paar wohnte in einem Kopenhagener Luxushotel mit Blick auf die Statue der weltberühmten kleinen Seejungfrau.

Er las Undine das Märchen „Die kleine Seejungfrau" von Hans Christian Andersen vor, sie zeigte sich wenig beeindruckt, gähnte gelangweilt.

Die Wohnungseinrichtung des jungen Paares hatte ein prächtiges Wasserbett aufzuweisen und Figuren von Meerjungfrauen in mehreren Variationen, aus grüner Jade, aus Porzellan, aus Silber, Bronze und Gold. Es gab Jugendstilbilder und sogar ein Gemälde des berühmten Malers Arnold Böcklin mit Wassergeistern, Nereiden und Tritonen.

Die Stoffe der Vorhänge, die Bezüge der Kissen und Sofas und Betten waren wasserblau oder irgendwie mit Fischmustern versehen, mit kleinen Muscheln, Seesternen oder Seepferdchen, mit Nixen und dicken lustigen Wassermännern. Es gab auf Undines Bett ein Kuschelkissen mit der Little Mermaid aus dem Walt-Disney-Zeichentrickfilm, Undine hatte sich dieses Zugeständnis an ihren Kitschgeschmack hart ertrotzen müssen gegen den Widerstand ihres schöngeistigen Mannes, der letztendlich zähneknirschend nachgab und erlaubte, dass Undine das Kissen aus der Mülltonne fischte, wohin er es schon befördert hatte. Sie musste dafür aber auch „ganz lieb zu ihm sein".

An den Wochenenden standen Fahrten auf dem Terminplan, die sorgfältig von ihm ausgesucht waren und auf Undine – seine Undine, sein Wunschgeschöpf – abgestimmt waren. Sie machten eine längere Radtour ins Malerdorf Worpswede bei Bremen und zur herrlichen Villa Barkenhoff und zum Haus im Schluh, wo der Jugendstilkünstler Heinrich Vogeler gelebt und so vielseitig gewirkt hatte.

Wer kennt nicht sein herrliches Riesengemälde „MELUSINE", welche die Wasserfrau Melusine (oder Undine, die beiden sind fast austauschbar) darstellt, wie sie auf dem Stein am Waldteich sitzt, halb Fisch, halb blonde, blasse Frau, eine Kindfrau wie seine eigene Undine, im Hintergrund der Ritter mit der Armbrust, er entdeckt die schöne Melusine, wie er selbst Undine entdeckt hatte.

Undine, die Diddlmaus-Verehrerin, fand das Bild „kitschig", er war tief gekränkt. „Wie seelenlos sie ist", durchzuckte es ihn, aber die Radtour hatte ihr prächtig gefallen, sie lachte und klatschte vergnügt in die zarten Hände.

Nach und nach äußerte die unbeschwerte, sorglose Undine Unmut über seinen, wie sie es nannte, „doofen Fisch-Tick" – er hatte ihr zum Geburtstag gerade einen alten holländischen Meister, ein Stillleben mit Austern, toten Fischen und braunweiß gefleckten Muscheln geschenkt.

Es kostete ihn einige Überredungskünste, sie dazu zu bewegen, ihn in die Oper zu begleiten. Es gab die Oper „Undine" von Lortzing. Natürlich „Undine".

Sie ging mit, er kaufte ihr zuvor ein silberglänzendes, enganliegendes Kleid mit Spaghettiträgern, es hatte ein kleines Muster, das sich bei näherem Hinsehen als Schuppenmuster erwies, dazu hochhackige Schuhe mit dünnen Riemchen, die ihren schwebend-trippelnden Gang noch unterstrichen.

In der Pause im Foyer schauten sich Männer und Frauen nach der Silberschönheit die Augen aus dem Kopf – die Männer voller Begierde, die Frauen voller Neid.

Undine lachte dazu ihr silberhelles Lachen, es war alles ein Spiel, dies hier amüsierte sie, die Blicke der Leute, wenn auch die Oper sie schrecklich langweilte.

„So ein Quatsch", sagte sie mit entzückendem Augenaufschlag. „Ich verstehe gar nicht, was das alles soll. Ich wär viel lieber zu den ‚3 fröhlichen Allgäuern im Musikantenstadel' gegangen.

Groll stieg in seinem Herzen auf, dumpfer Groll und eine tiefe Verzweiflung. „Sie wird nie eine Seele bekommen, sie ist so grenzenlos … hohl."

Aber sie konnte seine Gedanken nicht lesen, sie lachte unbekümmert, schüttelte die blonde Lockenmähne (es waren ganz kleine Seerosen hineingeflochten aus Seide), sie schaute ihn aus ihren algengrünen Augen groß und leer an, und sein Groll, seine Verzweiflung waren vergessen. Für eine Weile zumindest.

Zwei Wochen später hatte er die Verwegenheit, sie in eine Wagneroper mitzunehmen. Es war das „Rheingold", und als die Rheintöchter Woglinde, Floßhilde und Wellgunde ihr undinenhaftes „Waia! Waga! Woge du Welle" anstimmten, lachte, ja, lachte Undine, seine Undine, silberhell und doch laut schallend, ein unbändiges Hohngelächter.

Er wäre vor Scham am liebsten in den Erdboden versunken. Doch in den Pausen drehten sich alle wieder entzückt und verzaubert nach seiner Schönen um, seiner Schönen ohne Ordnung, ohne Tiefe, ohne Seele.

Sie hielt elegant das schäumende Sektglas in der perlmuttfarbenen Hand und lachte ihr gurrendes Sirenenlachen.

Ihm fielen die Zeilen aus dem Undine-Märchen ein, wo Undine mit zarten Händen des Ritters Wangen streichelt und vertraulich flüstert: „Du kannst nicht von mir lassen!" Ging es ihm wie dem Ritter, der am Ende sterben musste, konnte er tatsächlich nicht von ihr lassen?

Sie saßen auf der Veranda, die Kissen der Korbstühle hatten ein feines Wellenmuster, azurblau und schilfgrün, und sie schauten auf den Teich mit den Seerosen. Kleine Fontänen stiegen hier und da aus den Froschmäulern der Bronzefrösche in die Höhe.

Libellen schwirrten in den Gräsern und im Schilf. Undine trug ein reizendes lachsrotes Kleid mit einer doppelten Korallenkette, sorgfältig von ihm ausgesucht. Er plante gerade den nächsten Urlaub, der nach Italien gehen sollte, wo die Museen und natürlich Botticellis Venus, die Schaumgeborene, die aus der Muschel entsteigt, zu besichtigen waren.

Undine schmollte und trotzte wie ein kleines Kind. Nein, nicht schon wieder zu so einer Fisch-Tussi. Sie wolle doch lieber in die USA, nach L.A., Las Vegas, Hollywood, Lake Powell. Und Disneyland.

Er versprach ihr ein Collier aus edelsten Perlen und einen Ausflug in den Holidaypark nach Hassloch bei Speyer. Sie liebte Vergnügungsparks, sie war ein Kind. Für ihn waren solche Dinger ein Horror, aber er litt und schwieg und sie lachte ihr silbernes Lachen, als sie in besagtem Holidaypark in den Teufelsfässern den Donnerfluss hinunterfuhren.

Er schwieg und litt und fühlte, wie der Hass in ihm emporstieg.

Er hatte in Büchern gelesen, dass aus unendlicher Liebe am Ende unendlicher Hass werden könne, die Bücher hatten Recht, und er wußte plötzlich, was zu tun sei.

Ein kleiner Schubs nur, sie war so leicht, er so bärig stark, die Leute hatten alle mit sich selbst zu tun, keiner merkte den Schubser.

Die Zeitungen meldeten am Tag darauf einen schlimmen Unfall im Vergnügungspark. Eine wunderschöne junge Frau war zu Tode gestürzt, im nicht sehr hohen Wasser ertrunken.

Es gab einen trauernden, untröstlichen Ehemann, der seine Frau abgöttisch geliebt und auf Händen getragen hatte. „Wie komisch“, dachte er bei sich, „ich fühle nichts, keine Reue, kein Bedauern, keinen Verlust. Und das Komischste von allem: Undine, meine Wasserfrau, konnte noch nicht einmal schwimmen.“

Die Jugendfreundin (oder: Die Obsession)

Ich wollte damals gar nicht auf diese Party gehen. Ich hasse Partys, besonders die Partys von Schuller. Schuller ist mein Kompagnon, oder so etwas Ähnliches. Eigentlich sind wir beide Chefs, und eigentlich bin ich Schuller gegenüber zu nichts verpflichtet.

Noch nicht einmal zu seinen Partys müsste ich gehen, ich habe es einfach nicht nötig. Überhaupt muss ich mich zu nichts zwingen, ich bin mein eigener, freier Herr, ich habe alles unter Kontrolle.

Keine Ehefrau, noch nicht einmal eine Freundin, der ich mich erklären müsste. Ab und zu ein kleines Techtelmechtel für eine Nacht oder zwei oder drei, aber wenn es anfängt, romantisch zu werden, gehen bei mir alle Notlampen an: ein inneres Warnsystem, untrüglich, hundertprozentig verlässlich. Ich mache Schluss, wenn das Warnsignal blinkt, und zwar ohne zu zögern.

Es gibt da solch typische Zeichen, zum Beispiel, wenn die Frauen dir „danach" ins Ohr säuseln: „Ach, könnte ich nur morgens neben dir aufwachen" und ähnlichen Schwachsinn. Das versetzt mich in Panik.

Ich hätte damals nicht zu Schullers Party gehen sollen. Alles fing damit an.

Mein inneres Warnsystem hätte funktionieren müssen, aber es tat es nicht.

Ich grüble seit langem über der Bedeutung. Das ist doch heute so üblich, bei allem nach der höheren Bedeutung zu fragen. Warum hatte das Warnsystem etwa 30 Jahre lang, also etwa seit meinem 25. Lebensjahr, fehlerfrei funktioniert und dieses eine Mal versagt? So jämmerlich versagt?

Es war schon fast 10 Uhr, als ich bei Schuller eintraf. Es war ein Heidenkrach zu hören, als ich aus meinem BMW stieg. Ich klingelte. Ich zögerte, fällt mir eben ein, doch ich klingelte. Elke öffnete die Tür. Elke, Schullers zweite Frau.

Ein Sektglas in der Hand haltend, war sie schon ganz schön angetrunken. „Hallo Süßer", sagte sie ziemlich unsicher. Sie meinte, mich Süßer nennen zu dürfen, weil wir uns zwei- oder dreimal näher gekommen waren, als Schuller auf einer Wochenendtagung war.

Damals war ich nahe daran gewesen, mich in sie zu verlieben, aber dann kam sie mit der altbekannten Tour „Am liebsten möchte ich morgens neben dir aufwachen" –, und alle Warnglocken schellten.

Wenn ich mir jetzt Elkes aufgedunsenes Gesicht, die schwammige Figur und ihr selten hässliches, von ausgesprochen schlechtem Geschmack zeugendes Outfit ansah, konnte ich meine damalige Beinahe-Verliebtheit nicht verstehen, noch nicht einmal die zwei- bis dreimaligen Turnübungen … bezeichnenderweise in Schullers Fitnessraum im todschick ausgebauten Souterrain übrigens.

„Hallo“, gab ich halbherzig zurück und löste langsam Elkes Schwabbelarme, die sie klammeraffenmäßig um meinen Hals gelegt hatte. „Schau, ich hab dir auch eine Orchidee mitgebracht. Weiß wie der Schnee und wie dein unschuldiges Herzelein.“

„Ich wusste gar nicht, dass du auf einmal so auf Symbolik machst. So romantisch, du???“

Da war immer noch eine gehörige Portion Bitterkeit von damals, als ich ihr sagte, 1, 2, 3 Turnübungen im Fitnessraum bedeuteten noch lange nicht, dass da tiefe Gefühle im Spiel waren, ganz nett, aber nicht mehr.

Elke war romantisch und sentimental wie die meisten Alkoholiker, wie ich beobachtet habe. Sie führte mich, auf ihren hochhackigen rosa Schuhen unsicher vor mir hertrippelnd, ins Haus.

Überall standen die Leute herum, mit Gläsern in den Händen, rauchend, flirtend, gekünstelt lachend, zu laut lachend, plaudernd, gelangweilt dreinschauend, Interesse heuchelnd, Beziehungen anknüpfend (in jeder Hinsicht, geschäftlicher und erotischer Art), die ganze Palette einer durchschnittlichen Partygesellschaft also.

Ich kannte viele der Gäste, vielleicht die meisten, was mir besonders widerwärtig war.

Wäre ich nur zu Hause geblieben.

Keine neuen Frauen. Einige hatte ich näher kennen gelernt, man war sich zumindest äußerlich näher gekommen, bei ähnlichen Partys, danach in ähnlichen Fitnessräumen, dunklen Fluren, Gartenhäuschen, Landgasthöfen, für eine Nacht, zwei Nächte, wenn der Herr Gatte auf Wochenendmeditationsseminaren im Allgäu weilte oder eine Geschäftsreise nach China oder Thailand unternahm.

Fast alle wollten „am nächsten Morgen neben mir aufwachen“, bei allen hatte mein inneres Warnsystem 100-pro funktioniert, ich hatte diese Frauen gehabt und überwunden dank der Warnsignale, Lämpchen und Schellen.

Da standen sie, saßen sie, sie wurden nicht jünger, aber diese Tatsache schienen sie auf jeder neuen Party mit immer größerer Verzweiflung verbergen zu wollen. Ihre Masseure, Friseure, ihre Modeboutiquen und Schuhsalons hatten keinen Schaden davon.

Am liebsten wäre ich umgekehrt.

„Hier ist unser einsamer Wolf“, stellte Elke mich vor, was wirklich überflüssig war, denn es kannten mich wirklich fast alle. Fast alle. Da drüben an der Kaminkonsole vor dem Spiegel sah ich über die Köpfe hinweg ein neues Gesicht. Ein Frauengesicht. Ich sah das Gesicht zuerst im Spiegel, und zwar neben der Barockmadonna. Schuller sammelte Barock in jeder Variation: Möbel, Bilder, Statuen, Porzellan, Uhren.

Überall hingen Boulle-Uhren, stand Meißener, Frankenthaler, Nymphenburger, Thüringer, Ludwigsburger Porzellan (Schuller hatte mir einmal einen Vortrag darüber gehalten, ich erinnerte mich an einiges) in verschnörkelten, für meinen Geschmack zu verschnörkelten Vitrinen herum, es gab Tabernakelsekretäre und natürlich Heilige (allein sieben Nepomuks) und Madonnen.

Das Gesicht neben der Madonna im Spiegel war neu und doch vertraut. Nicht mehr sehr jung, auch nicht im schmeichelnden Schein des Kerzenlichts, welches von dem barocken Leuchterpärchen aus warm die Szene beschien.

Doch hinter dem mittelalten Gesicht sah ein zweites hervor, schien ein zweites, ganz junges Gesicht sich abzuzeichnen, und es fiel mir wie Schuppen von den Augen.

Elisabeth.

Das war Elisabeth, meine Jugendliebe.

Ich hatte sie etwa 30 Jahre lang nicht gesehen.

Sie mochte damals 19, 20 Jahre alt gewesen sein, ich ein paar Jahre älter.

Ich war ihr erster Mann gewesen, sie nicht mein erstes Mädchen. Viele Freundinnen hatte ich vor ihr gehabt, doch dann sah es vorübergehend so aus, als gäbe es nur sie in meinem weiteren Leben.

Sie war anders als alle andern, viel ernster.

Ihr Anderssein hatte mich fasziniert, ihr Anderssein hatte mich schließlich abgestoßen. Die Beziehung ging auseinander.

Was hatte uns zueinander gebracht? Da war eine erotische Anziehung gewesen, eine sehr starke, das ist ja immer der Beginn. Ich habe einmal gelesen, dass es bei Paaren so etwas wie einen Schlüsselauslöser gibt: Es kann ein bestimmtes Timbre in der Stimme sein, ein bestimmter Gang, ein Lippenschwung, eine Nasenlinie, eine Geste, vielleicht ein „Sich-die-Haare-aus-dem-Gesicht-streichen“, ein Augenbrauen-Hochheben, ein Lachen, irgendwas. Meistens wissen die Betreffenden selbst nicht, was es ist, das sie zueinander kommen oder (heute immer seltener werdend) beieinander bleiben lässt, 20, 30, 40 Jahre lang.

Eine Horrorvorstellung für mich, das Zusammenbleiben.

Dafür war ich nie der Typ.

Kurz und gut, unsere unterschiedlichen Auffassungen waren letztlich größer als die wenigen Gemeinsamkeiten.

Diese Gemeinsamkeiten waren, neben der erotischen Anziehung, eine Vorliebe für Puschkin (nicht den russischen Dichter, sondern das Getränk, in den Sechzigern damals ein Modegetränk), für die Beatles (vor allem für PENNY LANE) und für HB-Zigaretten.

Elisabeth liebte Puschkin, den Dichter, zwar mehr, sie machte sich eigentlich gar nichts aus Alkohol, aber mit Kirsche trank sie auch mal einen Puschkin, vielleicht mir zuliebe.

Sie liebte Literatur und Malerei, ich konnte – und wollte – ihr nicht ganz folgen, ich war wütend auf sie, auf diesen Bereich, der ihr gehörte.

Wir stritten oft. Es gab kein Zurück.

So kam der Tag, an dem nichts mehr ging.

Dazwischen 30 Jahre.

Elke tauchte im Türrahmen neben dem Kamin auf.

„Darf ich dir unseren einsamen Wolf vorstellen, Elisabeth?“, sagte sie. „Peter Berger.“

Elisabeth stutzte, als sie mich sah, ungläubig sagte sie: „Ist es möglich? Peter? Du?“

„Ihr kennt euch? Na so was.“ Elkes Ton war mokant.

Ihr gedunsenes Gesicht dem meinen nähernd, sagte sie: „Ich dachte, du machst dir nur etwas aus den wilden Frauen.“

„Die Stillen und Sanften können auch wild sein“, gab Elisabeth ganz ruhig zurück. „Sehr wild sogar.“

Elke hatte etwas Mühe, sich zu beherrschen, dies ging ihr alles gegen den Strich. Sie lachte kurz auf und wankte davon, immer noch mit dem Sektglas in der Hand und sich eine andere Gästegruppe suchend, eine, die mehr nach ihrem Geschmack war.

Wir zwei standen allein.

Wir waren schon ein wenig betreten, muss ich sagen.

„Du hast dich gar nicht verändert.“

Wir sagten es gleichzeitig und mussten lachen.

„Nein, das ist gelogen, ich bin ganz schön fett geworden“, sagte ich. „Aber du hast – fast – noch dein rundes Gesicht von damals.“

„Oje, das hab ich nie gemocht früher, aber jetzt ist es ganz praktisch. Jetzt beim Älterwerden.“

Ja, dachte ich, das war es gewesen, das runde Gesicht, die hohen Wangenknochen, die Sommersprossen, das war der Schlüsselreiz und vielleicht die dunklen Augen, in denen manchmal Trauer lag. Sie war schlank geblieben, die Frisur war nahezu unverändert, ein dunkler Kurzhaarschnitt. Sie wirkte sportlicher als früher.

Und eleganter.

„Komm, setzen wir uns auf das Sofa dort drüben, es steht sich so ungemütlich, ich hasse diese Stehpartys."

Es gibt im Leben immer wieder merkwürdige Zufälle.

In dem Moment, wo wir uns auf die Ledercouch setzten („Teuer, aber eklig, hübsch hässlich, würde Pater Brown sagen", kommentierte Elisabeth), ertönte „Penny Lane". Sie hatte schon als Teenager ein Faible für Satire gehabt, damals hatte es mich zusehends genervt, jetzt fand ich es geistreich, reizvoll.

Und dann auch noch PENNY LANE, unser Lied von damals. Meine Knie wurden seltsam weich.

„Soll ich uns einen Puschkin holen, und bestimmt rauchst du eine HB mit mir?", fragte ich.

„Du hast das nicht vergessen?" Elisabeth war erstaunt, nachdenklich.

„Nun ja, wenn du eine Kirsche auftreiben kannst, trinke ich einen Puschkin. Dir zuliebe und wegen der Nostalgie."

Dann sagte sie schnell noch: „Aber das mit der HB, lieber nicht. Ich hab doch nur mit 19 ab und zu mal … gepafft. Weil es so schick aussah."

Als ich mit zwei Gläsern Puschkin (und mit Kirschen dazu) zurückkam zur ekligen Ledercouch, saß ein Mann neben Elisabeth.

„Mein Mann, Martin Kaiser. Und das ist Peter Berger", stellte sie uns vor.

Mein Herz machte einen großen Stolperer. Mit einem Ehemann hatte ich nicht gerechnet.

Hatte ich erwartet, dass Elisabeth 30 Jahre lang im Rapunzelturm sitzen und warten würde, bis der Märchenprinz aus der Jugendzeit durchs Dickicht geritten käme und sie erlösen würde? Ich Tor.

Elisabeths Mann war ein liebenswerter Mann und trotzdem oder gerade deshalb: Ich hasste ihn spontan und instinktiv.

„Meine Frau hat schon von Ihnen erzählt. Ihren Namen kenne ich schon lange", sagte er völlig ungezwungen. Er war ein angenehmer, ein zwangloser Mann. Ich hätte ihn gerne zum Freund gehabt, wenn er nicht Elisabeths Mann gewesen wäre.

Ich hätte es lieber gehabt, wäre er ein unsympathischer Zeitgenosse gewesen.

Es war wohl so, dass Ehefrauen ihren Männern von ihrem „Ersten“ erzählen. Elisabeth wurde ein wenig rot. Wie ein Schulmädchen.

Ja, das war es auch gewesen, das Rotwerden. Das hatte mir immer gefallen. Elisabeth hatte es immer sehr gestört, das Rotwerden.

„So, jetzt lass ich euch lieber mal allein“, sagte Elisabeths Mann. „Dann könnt ihr besser über früher reden. Nach 30 Jahren hat man bestimmt Gesprächsstoff.“

Und er ging auf ein paar Leute zu, die ich als Antiquitätenhändler kannte. Schullers Freunde.

„Ist Dein Mann auch so ein Antiquitäten-Heini?“, fragte ich. „Einer von der Holzwurmliga. Von Schullers Hehlerbande?“

Doch mein zynischer Ton prallte an Elisabeth ab. „Martin liebt Antiquitäten sehr.“

„Mehr als dich?“, entgegnete ich. Sofort darauf fügte ich hinzu: „Entschuldige, das war jetzt eben gerade ziemlich gemein, aber ich hätte es lieber gehabt, wenn du nicht geheiratet hättest!“

„Was erwartest du? Man kann doch die Uhr nicht zurückdrehen. Unsere Zeit war eine schöne Zeit, aber sie ist vorbei.“

Für einen Moment war ich 30 Jahre zurückversetzt, ich hörte Elisabeths Stimme: „Dein Kuss schmeckt nach Puschkin und HB.“

Ihr Haar war schweißnass, wir waren so jung, so verliebt, es war nach einem Discobesuch (in einer der ersten Discos der 60er Jahre, eine riesige silberne Spiegelkugellampe an der Decke drehte sich immerzu und warf tausend Irrlichter auf die Tanzenden). Wir waren in meinem Auto. Elisabeth sagte: „Ich reiß mir eine Wimper aus und stech dich damit tot.“ Sie pikte mir in die linke Brustseite, so zum Spaß …

„Bist DU eigentlich verheiratet?“, fragte die Elisabeth von Schullers Party und holte mich von weit, weit her. „Ach nein, du bist ja der einsame Wolf.“

Sie fischte mit einem kleinen Spieß die Kirsche aus dem Puschkinglas und steckte ihn in ihren Mund. Den immer noch hübschen Mund. Im Hintergrund kam nach PENNY LANE: She loves you, yeah, yeah, yeah, I wanna hold your hand, Let it be. Schuller war auch so ein Beatles-Fan und ein nostalgischer Depp wie ich selbst.

Und ich merkte, dass ich nicht nur ein nostalgischer, sondern auch wieder ein verliebter Depp war. Mein Warnsystem streikte.

„Hast du Kinder?“, hörte ich mich fragen, als sei ich ein anderer. Small Talk. Ablenken von dem, was ich eigentlich wirklich sagen wollte. Nur nicht von früher reden, vom Spazierengehen im Wäldchen, heimlich gefolgt von Elisabeths jüngerer Schwester, die sich einen Spaß daraus machte, sich mit ihrer Freundin auf dem Hochsitz zu verstecken und plötzlich unser Stelldichein zu stören.

Nur nicht fragen: „Schmeckt dein Kuss immer noch nach Puschkin und HB?"

NUR nicht.

„Ja, wir haben eine schon erwachsene Tochter, sie hat gerade ihr Examen gemacht und arbeitet demnächst als Grafikerin. Dort drüben steht sie."

Und Elisabeth zeigte auf ein auffallend schönes Mädchen, eine junge Frau eher, sehr groß, mit langen, schwarzen Haaren. Sie unterhielt sich mit einem älteren Herrn und schien sich zu langweilen. Sie bemerkte Elisabeth und winkte ihr kurz zu. Elisabeth gab den Gruß zurück. In Elisabeths Gesicht war Stolz zu lesen und Glück. Ich mochte das nicht, ich merkte, wie etwas an mir zu nagen begann. Ich konnte es nicht benennen, dieses dumpfe Etwas.

„Die guten alten Beatles", sagte Elisabeth. „Sie waren doch groß. Und einmalig. Man wird fast wieder jung, wenn man die Lieder hört. Und die schönen Texte. Lady Madonna, Let it be, Eleanor Rigby. Wunderschön. So … menschlich, so wahr, so traurig auch. Weißt du, ich bespreche die Texte oft mit meinen Schülern im Englischunterricht. Sie sind gar nicht so abgestumpft und cool, wie sie immer tun, die Teenies.

Manchmal kommen die Beatles nicht an, meistens aber doch. Als Lehrer muss man viel Frust aushalten können, aber es gibt auch schöne Momente, und manchmal springt der Funke über. Dann tut sich dir sogar auch mal eine Seele auf. Das ist das Größte. Oder du merkst, ach, das hättest du selber sein können, so vor 30 Jahren und mehr." Sie schaute ganz versonnen drein. „Ich liebe meinen Beruf, aber ich hasse ihn auch. Man fühlt sich manchmal wie … wie ausgelaugt."

Ach ja, ich hatte ganz vergessen, dass Elisabeth Lehrerin geworden war. Sie hatte angefangen, Sprachen zu studieren, damals, und bald darauf hatten wir Schluss gemacht.

Ein schwärmerischer Ausdruck lag jetzt in Elisabeths Gesicht, und ich hätte mir so sehr gewünscht, dass er mir gälte, aber er tat es nicht. Dies ärgerte mich. Es tat weh.

Da winkte sie ihren Mann zu uns her, zog ihn neben sich auf das eklige Ledersofa. Er legte den Arm um sie. Sie schauten sich an. Ein Blick, in dem 30 gemeinsame Jahre lagen. Ich spürte es.

30 Jahre Ehe und Langeweile, dachte ich, angebrannte Milch und Langeweile, wo hatte ich das nur gelesen, bei Tucholsky, fiel mir ein, den hatte ich durch Elisabeth

kennen gelernt, er war ihr Lieblingsdichter gewesen, mir war er zu pessimistisch, ich mochte ihn nicht sonderlich, ich mochte Dichter überhaupt nicht sehr, aber dieser Satz mit der Ehe, die nichts weiter sei als verbrannte Milch und Langeweile, der war mir in Erinnerung geblieben, der Satz gefiel mir.

Doch dieser Blick redete von anderen Dingen: von Gemeinsamkeiten, von zusammen Erlebtem, vom Auf und Ab, von durchwachten Nächten beim Kind, von SICHVERSÖHNENNACHEINEMGROSSENKRACH,von UNDWIRGE-HÖRENDOCHZUSAMMENTROTZALLEM.

Dies alles sagte der Blick, ich konnte es fühlen, nicht benennen. Und es war mir sonnenklar: Jene war eine andere Welt. Ich gehörte nicht dazu. Ich war eine schöne Jugenderinnerung, nichts weiter. Irgendwie ging der Abend zu Ende. Ich kam irgendwie nach Hause. Elisabeth und ich hatten uns versprochen, „irgendwann anzurufen“, wie im Nebel fuhr ich heim. Elisabeth hatte noch gesagt: „Es war schön, dass wir uns getroffen haben. Wie hätte ich nur diese Party ohne dich ausgehalten, mit all diesen grässlichen Leuten, die alle betrunken waren?“

Die folgenden Tage durchlebte ich schemenhaft. Nachts war nicht an Schlaf zu denken. Ich legte alte Beatles-Lieder auf, ich trank Puschkin und rauchte HB-Zigaretten. Zu viel Puschkin, zu viele Zigaretten.

Der Anruf Elisabeths kam nicht, auch kein Brief. Wie auch? Was bildete ich mir ein?

Ich rief einmal, zweimal bei ihr an, einmal war ihre Hausangestellte am Apparat, beim nächsten Mal ihr Mann. Ich legte beide Male wortlos auf.

Eines Tages fuhr ich zu ihrer Schule, parkte gegenüber dem Haupteingang, da ging sie mit einem Riesenpacken von orangefarbenen Heften, eine Klassenarbeit, sie sah mich nicht, sie achtete nicht auf Autos, die waren ihr immer schon egal gewesen. „Hauptsache, es fährt“, hatte sie gesagt, als ich sie mit meinem neuen Porsche beeindrucken wollte, 1966. „Alles andere ist affig.“ Und dann hatte sie gesagt. „Komisch, aber die doofsten Leute fahren meist die tollsten Autos. Sie haben’s halt nötig.“ Ich war sehr beleidigt gewesen damals.

Ein orangefarbenes Heft löste sich aus dem Packen und fiel zu Boden. Eine Schülerin, die hinter Elisabeth herging, half ihr beim Aufheben. Elisabeth bedankte sich und stieg in ihr ziemlich vergammeltes Auto. Sie hätte sich bestimmt ein besseres leisten können.

Einige Tage später parkte ich in der Nähe von Elisabeths Haus. Es regnete.

Im Autoradio PENNY LANE von meiner Kassette. Ich rauchte drei HBs. Keine Elisabeth in Sicht. Da, ihre Tochter, sie fuhr mit dem Wagen an, neben ihr ein gut aussehender junger Mann, sie waren mit Kisten bepackt. Sie gingen ins Haus, der junge Mann und das Mädchen. Elisabeths wunderschöne Tochter. Wie Schneewittchen sah sie aus. Eine Haut weiß wie Schnee, Haare schwarz wie Ebenholz und Lippen so rot wie Blut. Ich drückte meine Zigarette aus und fuhr weg. Ich Tor, ich Tor.

Ich sentimentaler alter Simpel. Was erwartete ich, was um alles in der Welt?

In den folgenden Tagen und Wochen sprachen mich die Leute auf mein Aussehen an: Ich sei plötzlich so hager, ob ich krank sei, was mir fehle. Was mir fehle?

Eine gute Frage war das, sie traf das Wesentliche.

Ich träumte: Elisabeth kam auf einer Wolke dahergeschwebt, es war eine stinkende Zigarettenwolke.

Elisabeth hielt eine Kirsche in der Hand und warf sie auf ein schwarzes Auto. Darauf stand ganz groß überall: BMW, BMW, BMW, BMW.

Der BMW war auf einmal über und über rot von Kirschsaft, rot von Blut, auf dem Auto war ein Lautsprecher installiert, es war ein komischer Lautsprecher, er sah eher aus wie das alte Grammophon auf der Reklame von HIS MASTERS VOICE, die mit dem Hund, aus dem Lautsprechergrammophon kam SHE LOVES YOU, YEAH, YEAH, YEAH, gesungen wie ein feierlicher Kirchenchoral, ging dann in Mozarts Arie der Königin der Nacht über, kippte ganz oben grauenhaft schrill um. Elisabeths Hand feuerte eine neue Kirsche aus einem Riesenaschenbecher voller Kirschen in den Trichter des Grammophonlautsprechers. Der explodierte mit Getöse, es kamen lauter Barockengelchen herausgeflogen. Sie hatten breite Wangenknochen und viele, viele Sommersprossen.

Auf ihren runden Gesichtern waren kleine Herzchen aufgemalt wie die Herzen der Aktion „Ein Herz für Tiere“, „Ein Herz für Kinder“ und so weiter. Ich wollte solch ein Engelchen fangen, aber sie flutschten wie eklige glatte Fische aus meinen Händen, sie waren aus Leder, aus glattem Leder, und Elisabeth sagte höhnisch: „Gehörst du auch zur Hehlerbande, du einsamer Wolf, du?“

Da rutschte Elisabeth auf einem der glatten ledernen Barockengelchen aus und brach sich das Genick. Ich hörte ein schreckliches Knirschen und Splittern und Krachen. Ich wachte zähneknirschend auf. Der Kiefer tat mir weh.

Der Traum kam von nun an immer wieder und wieder. Ich merkte, dass etwas von mir Besitz ergriffen hatte, dessen ich mich nicht erwehren konnte.

So etwas nennt man wohl eine Obsession. Ich war besessen, besessen von dem Gedanken, Elisabeth wieder zu haben, 30 Jahre Leben ungeschehen zu machen, neu anzufangen.

Elisabeth gehörte mir.

Ich parkte wieder jeden Tag vor ihrer Schule, ich versteckte mich hinter einer Zeitung. Einmal schaute eine Gruppe von Schülerinnen, etwa 13, 14 Jahre alt, so komisch in mein Auto und tuschelte, sie hielten mich bestimmt für einen von den alten Spannern, die es auf kleine Schulmädchen abgesehen haben, das soll es ja geben.

Ich hatte allmählich Elisabeths Stundenplan herausbekommen, ich wusste, wann sie kam und ging. Ich war zum Glück unabhängig, war niemand Rechenschaft schuldig, war mein eigener Herr.

Ich freute mich wie ein Kind, wenn ich sie sah – wenn auch nur kurz –, wie sie vom Schulhaus auf den Lehrerparkplatz ging, mit Kollegen oder Schülern plaudernd oder allein, und ich fieberte schon dem nächsten Tag entgegen. Sie nur sehen, zu wissen, dass es sie gab im Leben, wenn auch nicht in meinem Leben.

Ich war nur Zaungast, aber es genügte mir, ich war zufrieden und genoss mein AUF-ELISABETH-WARTEN wie ein Abenteuer. Manchmal sah Elisabeth sehr müde aus, wenn sie aus dem Schulhaus kam, dann sah man, dass sie nicht mehr jung war. Manchmal kam sie vergnügt über den Schulhof gegangen, sie unterhielt sich vielleicht mit einem kleinen Schüler, legte ihm den Arm um die Schulter und hob seinen schweren Schulranzen ein wenig hoch, als wolle sie ihm beim Tragen helfen, oder sie sprach mit einem älteren Mädchen oder einem schlaksigen Jungen, lachte mit ihnen.

Sie mochte diese Kinder, diese Jugendlichen, und ich war eifersüchtig.

Es machte mich rasend, dass diese flegeligen Pickelgesichter und kleinen Pausbackenbengel Teile von Elisabeths Welt waren, ich aber nicht. Ich hasste sie, alle diese Möchtegernrevoluzzer und Babyspecklolitas, diese verwöhnten Muttersöhnchen und magersüchtigen Nymphen, die Elisabeths Welt bevölkerten.

Allmählich wurde mir das Absurde meiner Situation, meines Verhaltens klar.

War ich im Begriff, den Verstand zu verlieren?

Dieser Wahnwitz, dieser Irrsinn musste ein Ende haben. Ich versuchte, nicht mehr zur Schule zu fahren, nicht mehr Elisabeths Alltagswegen nachzuspionieren.

Es gelang mir ganze zwei Tage lang, dann hielt ich es nicht mehr aus. Ich saß stundenlang in meiner Wohnung und starrte die Wände an.

Ich war ein Besessener.

Es musste ein Ende haben, und ich wusste auch wie.

Wenn ich Elisabeth nicht zurückhaben konnte, sollte sie auch kein anderer besitzen.

Ich fasste einen Plan.

Jener Dienstag wird bis an mein Lebensende ein Trauertag bleiben.

Ich fuhr so gegen 10 Uhr zur Schule.

Elisabeth hatte wieder ihr Auto auf dem Lehrerparkplatz abgestellt, in jener Nische, von Liguster umzäunt. Es war ihr Stammplatz, für meine Zwecke vortrefflich geeignet.

Es war mir aufgefallen, dass sie nie ihr Auto abschloss, was bei der Karre auch nicht nötig war. Sie hatte schon früher diese Haltung gehabt, dieses volle Gottvertrauen in die Ehrlichkeit der andern.

Dienstag. Sie würde erst um viertel nach zwölf aus dem Schulgebäude kommen. Für mich als passionierten Autobastler war es ein Kinderspiel, meinen Plan auszuführen.

Niemand bemerkte mich, niemand störte mich. Jene Nische war schwer einsehbar.

Elisabeths Gottvertrauen war Gold wert.

Ich wartete, wartete in meinem Wagen, den ich nahe des Sportplatzes hinter Bäumen parkte, mit Blick auf die Nische. Elisabeth kam den kleinen Pfad entlang der Kirchhofmauer gegangen, der vom Schulgebäude zum Parkplatz führte. Es war einer ihrer müden Tage.

Ums Haar wäre ich aus dem Auto gestiegen, wäre zu ihr hinübergegangen, hätte den Arm tröstend um sie gelegt. Doch nein, es ging um mein Leben, um mein Überleben.

Sie stieg in ihr Auto. Sie fuhr weg.

Etwa zwanzig Minuten später folgte ich ihr. Jetzt konnte es schon geschehen sein, denn da war diese abschüssige Stelle, kurvenreich dazu, bei der man abbremsen musste.

Ich hörte die Sirenen, die Ambulanz bahnte sich einen Weg, das zerknautschte Auto im Graben, Elisabeths Auto war das Ziel.

Polizisten sperrten die Straße ab, die ersten unvermeidlichen Neugierigen liefen schon zur Unfallstelle, ich kurbelte das Wagenfenster runter, Gesprächsfetzen drangen an mein Ohr wie durch eine Wattewand.

„Jede Hilfe zu spät … sofort tot … Genick gebrochen … arme Frau … Bremsen versagt … kein Wunder … olle Karre.“

Ich fuhr heim.

Ich bin immer noch ein sehr einsamer Wolf, aber mein Warnsystem funktioniert wieder.

Der Schottenmord
(oder: Tristan und Isolde)

Eigentlich hatte Isolde Handarbeiten immer gehasst. Wenn alle anderen kleinen Mädchen in der Volksschule – so hieß das damals noch – von ihrer Handarbeitslehrerin gelobt und mit einem freundlichen Lächeln belohnt wurden, erlebte sie nur Schimpf und Schande: „Isolde, du bist und bleibst eine Schlampine“ oder „Isolde, du hast zwei linke Hände“ oder „Isolde, nimm dir ein Beispiel an Inge“ oder „Isolde, wie sieht denn dein Handarbeitsbeutel wieder aus, das kann ja nichts werden“. Wenn sie besonders ärgerlich war, sagte die Handarbeitslehrerin: „So kriegst du mal nie einen Mann“ oder „Langes Fädchen, faules Mädchen“.

Isoldes Mutter half ihr heimlich bei den Handarbeitshausaufgaben, aber irgendwie fiel es doch auf, wenn der Strickstrumpf abwechselnd feste, ordentliche und lockere, löcherige Teile aufwies.

Wenn der Pfarrer sonntags vom „Heulen und Zähneklappern“ sprach, sah sie sich selbst in der Handarbeitsstunde, vor ihr auf dem Schülerpult ein hoffnungslos verheddertes und zerzaustes Strick- oder Häkelteil, hinter ihr eine erzürnte Lehrerin, im Begriff, ihr auf die ungeschickten Pfoten zu hauen.

Zum Ausgleich für ihre Tolpatschigkeit und ihren Hang zur Unordnung war sie ein Mathe-Ass.

Isoldes Lehrer konnten diesen Widerspruch nicht oft genug erwähnen. Sie fassten es nicht, wie ein Mensch auf der einen Seite so genau, penibel und gründlich, auf der anderen so schlampig, unordentlich, unorganisiert sein könne.

Wie dem auch sei, die Jahre des Martyriums mit Stricknadel, Häkelnadel und Nähmaschine vergingen, Isolde trat, da ihre Neigung zu Zahlen, Rechnungsbüchern und Aktenordnern immer ausgeprägter wurde, in die Buchhaltung einer Reifenfirma ein. Dort brachte sie es rasch zu Ansehen, nachdem die Kaffee-Kochphase der Lehrlingszeit überstanden war. Ihr Ordnungssinn, ihr Pflichtbewusstsein und ihr klares Urteil wurden von Kollegen und Vorgesetzten geschätzt und gelobt.

In der Firma lernte Isolde ihren Mann kennen, auch er Buchhalter, auch er ordentlich und pflichtbewusst. Sie waren beide nicht mehr ganz jung, als sie heirateten.

Da Werner der Meinung war, eine Frau gehöre ins Haus, blieb sie nach der Hochzeit zu Hause.

Nach etwa dreijähriger Ehe stellte es sich heraus – und der Frauenarzt bestätigte es als unumstößliche Tatsache –, dass Isolde keine Kinder bekommen würde.

Werner nahm die Nachricht mit Gleichmut, er machte sich nichts aus Kindern, aber sie selbst musste sich zwingen, die Enttäuschung zu verbergen.

Wenn Werner morgens das Haus verlassen hatte, um in die Firma zu gehen, überfiel Isolde regelmäßig ein Gefühl von Panik. Ihre kleine Wohnung war in Windeseile saubergemacht, sie arbeitete mit Verstand, rationell und flink. Die paar Einkäufe waren im Nu erledigt, sie war bescheiden und hatte keine Lust auf Einkaufsbummel und Boutiquen, wo doch nur unnötig Wünsche geweckt werden.

Werner aß in der Kantine der Firma, für sich selbst kochte sie nicht. Ein Käsebrot, ein Salat waren genug. Wenn sie so allein in der Küche saß, traf sie das Bewusstsein der Leere ihres Daseins wie ein Hammerschlag.

Es ist die Bestimmung der Frau, Kinder zu haben, nicht wahr, das sagte schon ihr Religionslehrer, das sagten auch alle ihre Nachbarinnen (die übrigens alle ziemlich viele Kinder hatten), das sagte ihre Schwiegermutter (mit vorwurfsvoll verkniffenem Mund).

Isolde fühlte sich unnütz, unwert, ein Parasit der Gesellschaft, unproduktiv.

Dies zermürbende Gefühl, nutzlos zu sein, änderte sich eines schönen Sonntagnachmittags, als sie, eigentlich mehr aus Langeweile denn aus Interesse (sie war keine Sammlerin), über den Flohmarkt am nahe gelegenen Messplatz schlenderte (Werner war mit Freunden auf dem Fußballplatz).

Ein wenig ziellos hier und da schauend, sprang ihr plötzlich unter einem Wust von alten, etwas unappetitlichen Zeitschriften und Broschüren ein Titel in die Augen: HÄKELN LEICHT GEMACHT. EIN GRUNDKURS FÜR ANFÄNGER.

Das Büchlein sah im Gegensatz zu den anderen, fast alle modrig riechenden Heften ganz neu und glänzend aus, sie nahm es in die Hand, blätterte gedankenverloren darin herum, legte es wieder auf den wackligen Tapetentisch zurück, wo die Flohmarktsachen angeboten wurden.

Rasendes Herzklopfen befiel sie, das ganze Trauma ihrer Schulzeit, die peinvollen Handarbeitsstunden, die Versagensängste, die Furcht vor den gefürchteten „Tatzen" mit dem Lineal der Lehrerin, alles stand in diesem Moment lebendig vor ihr.

Die junge Flohmarkthändlerin, ein Teenager, schaute Isolde an und sagte: „Gell, das ist doch ein Horror, meine Tante hat mir das Ding zum Geburtstag geschenkt, damit ich endlich mal ein Hobby habe, aber ich bin doch nicht blöd. Ist doch was für Omas und Leute, die viel Zeit haben. Isolde schaute sich das glänzende, farbenfrohe Heft noch einmal an, nahm es noch mal in die Hand, und plötzlich regte sich in ihr ein Ehrgeiz, ein Trotz, das Unmögliche zu wagen. Das war ihre Herausforderung, ihre Chance. Sie würde das Buch kaufen (sie handelte es von 5,– DM auf 3,– DM herunter), sie hatte ja nichts zu tun, mal sehen und warum eigentlich nicht?

Nachdem Werner am nächsten Morgen das Haus verlassen hatte, machte sie methodisch und schnell ihre Hausarbeit, brühte sich einen Schwarztee auf und machte sich ans Studium der Häkelkunst.

Ihrer nach Perfektion und Gründlichkeit strebenden Natur gemäß kaufte sie sich gleich noch ein Fachbuch über Häkelarbeiten für Fortgeschrittene, welches auch gleichzeitig einen methodischen Überblick über die Geschichte dieser kunstvollen Beschäftigung enthielt.

Sie war jetzt fest entschlossen, es sich und der Welt zu zeigen: Sie würde ihr Kindheitstrauma überwinden, das Stigma der Ungeschicklichkeit loswerden und ihrem unproduktiven Leben wieder einen Sinn geben.

Wenn Werner künftig abends nach Hause kam, saß Isolde gemütlich und zufrieden lächelnd im Wohnzimmersessel und häkelte. Der Fleiß zeigte bald Früchte: Keine Fensterbank, keine Kommode ohne mehrere Häkeldeckchen, kein Bett, kein Sofa ohne gehäkelte Tagesdecke (meist Patschwork), kein Stuhl ohne Häkelkissen.

Die Bettvorleger waren gehäkelt, desgleichen die Vorhänge, eine Rarität und Erfindung Isoldes. Sie hingen schwer zu Boden, aber sei's drum, sie waren Isoldes ganzer Stolz, und da Isolde, seitdem sie dieses schöne Hobby hatte, so ausgeglichen und fröhlich geworden war, ließ Werner es geschehen.

Isoldes Hobby gab ihm ein großes Stück Freiheit zurück, er konnte jetzt öfter mit seinen Freunden zusammen sein, ohne Isoldes saures Gesicht ertragen zu müssen, wenn er häufiger und später als sonst heimkam – auch an Wochenenden. So wurde die Wohnung innerhalb weniger Monate behaglich und farbig eingehüllt in Häkelkunstwerke, dann wurden Isolde und Werner in Gehäkeltes eingehüllt – soweit vertretbar. Eine Häkelkrawatte ließ sich Werner noch gefallen, zumal die Krawatte in den Farben seines Fußballclubs prangte, als Isolde ihm jedoch zum Geburtstag mit strahlender Miene ein Häkelhemd überreichte, legte er sein Veto ein. Er wolle sich nicht auslachen lassen im Büro.

Isolde selbst trug von Unterwäsche bis Rock, Pulli, Jacke und Kleid alles im Häkellook. Doch Wohnung, Werner und Isolde waren irgendwann ausstaffiert, was nun?

Isoldes unerfüllter Kinderwunsch war im alltäglichen Dahinleben unterdrückt worden, aber keineswegs verstummt. Wenn schon kein Kind, warum dann kein

Tier, am besten ein Hund, Hunde sind treu, liebebedürftig und liebespendend. Werner war es zufrieden.

Im Tierheim wurden mehrere ganz junge Hunde angeschaut, Isoldes geistiges Auge nahm schon Maß für das nächste Häkelteil. Dort, der kleine Kurzhaardackel, er war es. Er würde leicht frieren und warme Sachen schätzen. Er hatte braune traurige Augen, Isolde nannte ihn Tristan. Das Ersatzkind wurde nun komplett eingekleidet.

Für das Gassigehen bei Sonnenschein gab es Luftiges, Leichtes in fröhlichen Farben und geringelt. Für Schlechtwettertage gedämpftere Farben und nichts leicht Schmutzendes, wegen der Pfützen und der Spritzer von vorbeifahrenden Autos: Da waren eher die Farben schlamm, grau und melange angesagt.

Für die Kälte knuddelig-warme Sachen vorwiegend in Blautönen, für den Spaziergang im Wald frisches Tannengrün, für Einladungen und Familienfeste Edleres aus Lurex und Goldlamé, schimmernd und fein.

Tristans Garderobe beeindruckte jeden, aber auch er war irgendwann irgendwie saturiert, zudem war er ein in sich gekehrtes Tier, das selten umhertollte und daher die Hundekleidung schonte.

Isoldes Tatendrang fand jedoch immer neue Wege. Es gab ja noch die Nachbarn, die Bekannten, Werners Kollegen, die Verwandten.

Es gab Geburtstage, Silberhochzeiten und andere Feste, Weihnachten und Ostern.

Zum Glück.

Alle, alle sollten sie behäkelt und beschenkt werden. Beckers von nebenan bekamen Eierwärmer, kleine Häkelhütchen mit Küken obenauf, sechsteilig.

Werners siebzehnjährige Nichte Julia, die ganz verrückt auf Sachen der 60er und 70er Jahre war, dem goldenen Zeitalter der Häkelkunst, bekam zu ihrem großen Entzücken gleich mehrere Häkelteile in Knall-Orange.

„Echt geil, Tante Isolde!“

Die nette spanische Familie Gonzales im dritten Stock wurde mit einer gehäkelten Flamencotänzerin in der geschmackvollen Farbkombination rosa-rot-gelb-grasgrün beglückt, Werners Urgroßtante Madeleine erhielt zum 104. (ja, eine kleine Sensation!) Geburtstag gehäkelte Pulswärmer, passend zur Pelerine und den Bettschuhen in Süßlila. Werners Mutter, eine eifrige Kirchgängerin, hatte schon vier verschiedene Taschentuchbehälter und Gesangbuchhüllen, dazu ein gehäkeltes „Kirchensofa“, ein Kissen mit Tragegriff für die harte Kirchenbank.

Werners Kollege Pierre, ein Franzose, war nicht schlecht erstaunt, als er zum 50. Geburtstag eine Flasche Champagner überreicht bekam (Brut), entzückend eingehüllt in einen Häkelschlauch in den Farben der Trikolore, blau-weiß-rot. Es trieb ihm die Tränen der Rührung in die Augen, und mit vor Heimweh zitternder Stimme sang er die Marseillaise.

Apropos Häkelschlauch oder Häkelmäntelchen: Werners Mutter besaß eine kleine nackte Statue, eine „Männeken Piss", das ihr etwas frivoler (schon längst verstorbener) Ehemann von einer Geschäftsreise aus Brüssel mitgebracht hatte.

Dieses Ding hatte in seiner frechen Nacktheit schon immer das Schamgefühl von Werners Mutter beleidigt.

Isolde, zartfühlend, wie sie war, bemerkte dies. Fortan prangte der pinkelnde kleine Kerl, züchtig in Gehäkeltes eingehüllt, ganz vorne in Schwiegermutters Chippendale-Vitrine und musste sich nicht mehr hinter der Suppenterrine verstecken.

So liebten alle die von Isolde einfühlsam ausgesuchten und individuell hergestellten Häkelgeschenke.

Einen Triumph jedoch feierte Isolde an jenem Tag, als sie zufällig ihrer ehemaligen Handarbeitslehrerin begegnete. Es war im Park, sie führte gerade Tristan Gassi – in einem allerliebsten luftigen Sommeroutfit aus Perlgarn in den Farben Türkis, Rosa und Preußischblau. Er schnappte gerade nach einem Schmetterling, als eine ganz alte, ganz klapprige kleine Frau des Weges kam. Sie blieb stehen, musterte Isolde und Dackel Tristan und sagte: „Ist das nicht Isolde Klein?" Isolde zuckte zusammen. Oh, diese schreckliche Stimme, sie roch das Bohnerwachs des alten Schulfußbodens, in ihrem Kopf brauste es: „Langes Fädchen, faules Mädchen" und „Schlampine". Sie wollte schnell weitergehen, sie zerrte an Tristans Hundeleine, doch sie hatte auf einmal so ein Gefühl von Mitleid, welches fast immer ein Gefühl von Überlegenheit ist. „Ja, die bin ich", sagte sie.

„Wer hat denn diese wunderschönen Handarbeiten gemacht. – Den Pulli, den Rock, die Jacke, diese Handtasche, das reizende Hundefräckchen?", fragte der Runzelmund.

„Ich. Das habe alles ich gehäkelt." Isoldes Triumph war unbeschreiblich.

„Ein Wunder", antwortete der Runzelmund. „Leben Sie wohl", sagte Isolde nur und sie zog Tristan hinter sich her. Erhobenen Hauptes ging sie nach Hause, Tristan wedelte.

Einige Tage nach diesem Treffen im Park überraschte Werner seine Frau mit der Nachricht, sie seien auf eine Hochzeit eingeladen, eine junge Kollegin habe einen Schotten geheiratet, die Hochzeit sei in zwei Wochen.

Sofort machte sich Isolde an die Planung eines persönlichen, ganz liebevollen

Hochzeitsgeschenks. Sie überlegte lange vergebens, doch als Werner ihr sagte, das junge Paar habe einen VW-Käfer und wolle damit auf abenteuerliche Weise nach Norwegen fahren, hatte sie die Idee.

Autofans, so gingen ihre Erwägungen, brauchten auf Reisen in einsame Gegenden nichts dringender als Klosettpapier, welches, dezent eingehüllt, hinten auf der Ablage, nicht nur praktisch, sondern auch eine Augenweide ist.

Isolde stöberte – der junge Mann hieß MacMillan – in der einschlägigen Fachliteratur die spezifischen Farben des schottischen MacMillan-Clans heraus und begab sich dann an die Arbeit. Am Hochzeitstag wurde das Päckchen überreicht, geöffnet … und mit lautschallendem Hohngelächter seitens des Brautpaares quittiert.

Für Isolde brach eine Welt zusammen. Sie war zutiefst gekränkt, dem Spott der ganzen Hochzeitsgesellschaft preisgegeben, noch niemals hatte jemand ihr Gehäkeltes verschmäht.

Dies schrie nach Rache.

In den nächsten Tagen ruhte Isoldes Häkelarbeit. Sie brütete und sann und kam zu einem Plan.

Die MacMillans, vom Hochzeitsurlaub heimgekehrt, wohnten zwei Wohnblocks entfernt in einem kleinen Reihenhaus. Die Garage, das fand sie beim diskreten Gassigehen mit Tristan heraus, war nie abgesperrt. Leichtsinn der Jugend.

Samstags fuhren die beiden Frischverheirateten gerne zusammen weg, um ins Kino oder schön essen zu gehen. Isolde hatte gut aufgepasst, als Werner ihr das Wechseln der Reifen erklärt hatte.

„Und immer ganz fest die Schrauben zudrehen, sonst kann es das Leben kosten", hatte er ihr erklärt.

Tristan, auch hier ein treuer Freund, stand Schmiere, er würde bellen, wenn jemand käme, aber die Garage war nicht einzusehen hinter den hohen Bäumen.

Alles war kinderleicht.

Gute Fahrt, Mr. und Mrs. MacMillan.

Heute muss Isolde schwarzes Garn kaufen, denn der schicke Häkelhut für die Beerdigung muss bis übermorgen fertig sein.

Es würden viele Trauergäste kommen, um das neuvermählte Paar zu Grabe zu tragen, das letzten Samstagabend aus unerklärter Ursache mit seinem VW Käfer tödlich verunglückt war.

Lola und der Hippie

Da sage mir einer, Elternsprechtage seien langweilig.

Lola würde sich bis an ihr Lebensende an DIESEN Elternsprechtag erinnern.

Es war sieben Uhr.

Noch eine gute halbe Stunde, und die Parade bekümmerter, überheblicher, bescheidener, anmaßender, ängstlicher, überforderter, arroganter, besserwisserischer, vernünftiger, neurotischer, realistischer und illusionsbeladener Eltern würde zu Ende sein.

Heute hatte Lola wieder die ganze Palette von Elterntypen studieren können. Gerade kam eine Mutter hereingeschwebt – eine von der Sorte „müßiggängerische Gattin mit kulturellem Anspruch", die ihr verwöhntes Muttersöhnchen (Einzelkind) als ein von allen Lehrern verkanntes Genie pries und von Lola erwartete, ihr ein „detailliertes pädagogisches Programm ihres Englischunterrichts" vorzulegen. Es gab viele solche Eltern.

Diese Eltern, so wusste Lola aus langjähriger Erfahrung, sehen ihren Sprösslingen schon bei der Taufe an, dass sie einmal den Nobelpreis für Chemie bekommen werden, mindestens. Wenn in der späteren Schulkarriere Probleme auftauchen sollten, gibt es ja immer noch die Lehrer, die dann als wohlfeile Sündenböcke herhalten können.

Lola musste bei solcherlei Eltern stets an sich halten und ihre ganze Kraft sammeln, um nicht aus der Haut zu fahren. Man konnte doch nicht völlig unverblümt sagen: „Ihre Tochter ist strohdumm" oder „Ihr Sohn ist total verhaltensgestört. Er ist ein Fiesling."

Es gab da die sanfte Diplomatie der Worte, die Verlogenheit des pädagogischen Fachchinesisch. „Silke hat gewisse Lerndefizite." „Holger muss im Sozialverhalten gestützt werden."

Lola grinste ein wenig diabolisch in sich hinein. Sie war oft heimlich diabolisch. Wer hätte es von dieser stets wohlerzogen wirkenden und meist freundlichen Lehrerin vermutet, dass manchmal innerlich ein Feuerwerk lossprühte, ein ungebremstes Feuerwerk von Ironie und … Verachtung gewissen Menschentypen gegenüber.

Die kulturelle Gattin, die gerade vor ihr saß, war der deutschen Rechtschreibung nicht mächtig, wie Lola genau wusste. Nicht nur ein einziger, von Fehlern gespickter Entschuldigungszettel für das wieder einmal erkrankte Muttersöhnchen (es durfte beim kleinsten Schnüpfelchen zu Hause bleiben) hatte diese intellektuellen

Mängel der Frau Mama bloßgelegt. Nein, es war eine ganze Stilblütensammlung, die Lola zu Hause hatte. Und diese Frau wollte Lola zeigen, wo es pädagogisch langzugehen hatte.

Lola hatte zufällig von einer Kollegin erfahren, dass „Frau Kultusministerin“ (unter diesem Namen war diese Mutter im Kollegium allseits bekannt) nie ihr Abitur geschafft hatte trotz Beziehungen durch ihren Vater, einen Stadtrat. Ihre Verbitterung darüber ließ sie jetzt als Lehrerschreck an den Lehrern ihres Einzelkindes aus.

Freundlich, aber sehr bestimmt geleitete Lola nach zehn Minuten die „Frau Kultusministerin“ zur Tür. „Es warten noch andere Eltern.“ Genau genommen wartete nur noch ein Vater.

Dieser Vater, er war Lola gleich auf Anhieb sympathisch. Sie hatte ihn noch nie vorher gesehen, konnte ihn auch keinem ihrer Schüler zuordnen. Es geschah nicht selten, dass eine Mutter, ein Vater noch nicht richtig im Lehrersprechzimmer war, und Lola sagte schon, ohne dass er oder sie sich vorgestellt hätte: „Guten Tag, Frau Wendland, guten Tag, Herr Kleinert.“ Und den verblüfften Eltern erklärte sie dann: „Na ja, Ihr Sohn (Ihre Tochter) ist Ihnen wie aus dem Gesicht geschnitten.“

Nicht so bei diesem Vater. Nichts erinnerte sie an irgendwen aus ihrer Schülerschar.

Er war ein Althippie, etwa 45 Jahre alt, und er sah gemütlich und gutmütig aus. Einfach nett. Er hatte vorn gelichtetes Haar, doch die hinteren, ihm erfreulicherweise verbliebenen Zotteln hatte er zu einem Schwänzchen zusammen gebunden, in das Perlen eingeflochten waren.

Er trug Gestricktes (von ihm selbst Gestricktes, vermutete Lola).

Sie schaute den Vater fragend an: „Welches Kind?“

„Lukas und Thomas Huber, Klasse 8 und Klasse 10“, sagte der Hippie-Vater.

„Ach!!!“, rutschte es Lola in unverhohlenem Erstaunen heraus.

Sie dachte: „So verschieden können Kinder und Eltern sein.“

Die Brüder hießen eigentlich Mick und Ringo; Lukas und Thomas waren ihre zweiten Namen, aber sie verabscheuten die Namen Ringo und Mick. Ringo Starr und Mick Jagger, die Idole des Hippie-Vaters, passten auch herzlich wenig zu Lukas und Thomas. Die beiden waren besonders angepasste und (wie Lola fand) höchst unangenehme, streberhafte, auch petzerische und die Gunst der Lehrer erschleimende Schülerexemplare.

Es gibt den von Natur aus freundlichen und lieben Schüler, es gibt aber auch den aus Berechnung freundlichen Schüler. Lola konnte diese zweite Kategorie nicht leiden, die heuchlerisch und nur auf gute Noten lauernd und auch blind autoritätsgläubig die Lehrergunst zu erhaschen suchte.

Lukas und Thomas waren zwei solche Jungs. Der arme Hippie-Vater. Er weckte in Lola Erinnerungen an ihre Studienzeit in den 60er und an ihre vielen Englandfahrten in den 70er Jahren. Selbst immer korrekt und chic und oft sogar teuer gekleidet (Lieblingsmarke ESPRIT), schlummerte in Lola ein kleiner Bürgerschreck.

Kaum einer ahnte etwas von dieser anderen Lola, die früher irgendwie immer gern dazu gehört hätte. Dazu gehört zum bunten Völkchen der Hippies, die Hasch rauchten und die Welt verbessern wollten. Lola war sozusagen ein Hippie minus Hasch und Ausgeflipptsein. Immer noch.

Eine ehemalige Studienfreundin, die alles, aber auch alles ausprobiert hatte in jenen wilden Sechzigern (von Gruppensex bis Drogenrausch), hatte Lola erzählt, dass man am Anfang immer Horrorzustände bekäme. Das war für Lola Grund genug, nie, nie eine Haschzigarette anzurühren.

Sie war auch nicht der Typ dazu.

Im England der 70er Jahre, im Swinging London, schaute Lola oft jenen bunt schillernden jungen Leuten nach, die in Notting Hill oder in der Portobello Road in den Tag hineinlebten.

Sie war zu gewissenhaft, zu zielstrebig, zu ehrgeizig, zu … bürgerlich und brav, doch die andere, wilde Lola in ihrem Innern ließ sich nicht totschweigen.

Ihre heimliche Liebe zu allem Hippiehaften und zur Bohème saß tief. Sie dachte auch (aber nie hätte sie als Lehrerin dies laut sagen dürfen), dass Haschrauchen harmloser als Alkoholtrinken war. Sie hatte überhaupt kein Verständnis für trinkende Jugendliche oder Trinker allgemein.

Alkohol, die verharmloste Droge, Hasch, das kriminalisierte Teufelszeug. Welche Scheinheiligkeit unserer Gesellschaft.

Deutschland, eine Nation von Heuchlern, mit einem großen Herz für Säufer. Eine Nation, die großzügig vergibt, wenn der Obersäufer von Gottes Gnaden, Harald Juhnke, im Vollrausch wieder einmal einen Ausländer beschimpft, die aber „kreuzige“ schreit, wenn Jugendliche Joints rauchen. So gingen Lolas Gedanken, und sie kam sich – wieder einmal voller Stolz – recht ketzerisch vor. Ein Ketzer zu sein, das war für Lola ein Kompliment.

Dieser Hippie-Vater hier, er hatte Sorgen.

Er erzählte Lola, dass Thomas, der Ältere, kaum noch mit ihm sprach. „Und wenn er dann doch mal das Wort an mich richtet, macht er sich über mich lustig. Sie werden es nicht glauben, aber letzte Woche hat er mich DU WEICHEI genannt und dann hat er eine ganze Liste von diesen Schimpfwörtern abgespult, die man jetzt überall hört. DU SEEROSENGIESSER, DU BERGAUFBREMSER, DU TELETUBBIE-ZURÜCKWINKER, DU BEI-GEWITTER-FERNSEHAUS-SCHALTER, DU BEI-GEFAHR-DACKEL-AUF-DEN-ARM-NEHMER …" Lola musste ein wenig schmunzeln, der Hippie-Vater auch, er hatte Humor, dann aber wurde er ernst.

„Mein Sohn nimmt mich nicht für voll", sagte er voller Resignation.

„Oje", dachte Lola. „Wenn es nur das wäre". Sie wusste mehr, viel mehr.

Lola wusste seit gestern genau, dass Thomas Ringo seinen Vater hasste, hasste, hasste.

Eine Englischklausur hatte es offenbart.

Eine Vater-Sohn-Geschichte war zu interpretieren gewesen, eine Short Story von irgendeinem amerikanischen Autor. Die Interpretation von Thomas war voller Hasstiraden gegen Väter, gegen den Vater, den man sich leider nicht aussuchen könne und den man am liebsten tot sähe.

Sollte Lola diesem bekümmerten, netten Vater die Wahrheit sagen, ihn vielleicht warnen, ihm vor allem sagen, dass sein ältester Sohn, Thomas, neuerdings mit Rechtsradikalen verkehrte? Lola hatte Beweise. Aber sie schwieg beziehungsweise ging zu den Noten über, die sehr erfreulich waren, ja, geradezu super rundum.

Sie hatte das Bedürfnis, diesem ihr so sympathischen Mann etwas Gutes über seine Söhne zu sagen. Unter Small Talk verabschiedete man sich. Der Elternsprechtag war zu Ende.

Lola fuhr heim, in Gedanken versunken.

Da vorne ging der Hippie-Vater. Es war dunkel, und es regnete heftig.

November. Der Vater wollte den Zug noch bekommen. Er fuhr immer mit der Bahn, er besaß kein Auto. Er überquerte die Fahrbahn, da, ein Auto! Das Auto erfasste ihn, er wurde hochgeschleudert, blieb liegen. Das Auto fuhr weiter. Lola sah, obwohl alles so schnell ging, im Scheinwerferlicht drei lachende junge Gesichter. Zwei Glatzköpfe, einer am Steuer und einer auf dem Rücksitz. Weit aufgerissene Mäuler. Teufelsfratzen.

Einer hatte einen sauberen Haarschnitt, war etwas jünger als die Glatzen.

Dieser Dritte saß auf dem Beifahrersitz und lachte, lachte.

Lola kannte sein Gesicht. Es gehörte Thomas, Ringo Thomas.

Die drei im Auto klatschten sich gegenseitig die Hände wie Sportler nach einem gelungenen Treffer.

Dann war das Auto weg.

Viele Leute standen schon um den Verletzten – oder den Toten? – herum.

Richtige Helfer und Schaulustige.

Öffentliche Hinrichtungen sind abgeschafft, das Mittelalter nicht. Sadisten und Voyeure kommen heutzutage bei Unfällen und Katastrophen voll auf ihre Kosten.

Lola sah gerade noch, wie ein Mann seinen Mantel über den Toten legte, um ihn vor den Blicken der Neugierigen zu schützen.

Sie fuhr weiter. Sie wurde nicht mehr gebraucht.

Während sie so durch die Nacht zu ihrem Haus, ihrer Familie fuhr, überlegte sie sich, wie sie morgen früh in der Englischstunde dem Schüler Ringo Thomas begegnen sollte, dem Mörder seines Vaters.

Der Irrtum

Er liebte es geradezu, Aufsätze zu korrigieren.

Wo die Kollegen sich händeringend über das mühevolle Nachsehen von Heften beklagten, freute er sich schon auf den nächsten Stapel und verbrachte seine Wochenenden, seine Abende fast ausschließlich mit Korrekturen. Die Aufsatzthemen wählte er geschickt aus, so dass er Einblick in die ihm anvertrauten Schülerseelen nehmen konnte. Die lästigen, leicht abzuhakenden Grammatiktests reduzierte er auf das nötigste Minimum. Dafür konnten sich seine Schüler in ihren Aufsätzen austoben.

Eigentlich wollte er Pfarrer werden oder Psychologe oder Krankenpfleger. Zum Predigen fehlten ihm die rhetorischen Fähigkeiten, auch von den anderen Berufen war er abgekommen.

Er war ein noch sehr junger Lehrer, er lebte allein und ging keinem Hobby nach, hatte keine Freunde, seine ganze Energie legte er in seinen Beruf, vor allem eben in jenes Aufsätzekorrigieren, welches er für sich die „Rettungsaktion" nannte.

Er verfeinerte seine Aufgabenstellung in der Art, dass die Schüler, ohne es zu merken, ihm ihre Probleme, Ängste, Nöte offenbarten.

Zwischen den Zeilen oder unverhohlener sendeten sie ihre Signale, und dem aufmerksamen Korrektor entging keine noch so zart angedeutete Gefühlsvariante.

Pickelsorgen, Liebeskummer, Taschengeldprobleme, Spannungen interfamiliärer Art, Frust durch Scheidung der Eltern, sogar Drogenprobleme wurden evident. Dann hatte er hier und da eingreifen können, um den einen oder anderen Schüler vor autoritären Eltern zu beschützen und so manches Unglück abzuwenden. Nie hatte er sich getäuscht beim aufmerksamen Heraushören der verborgenen SOS-Rufe.

Eines Tages ließ er nach der Lektüre von Dürrenmatts „Das Versprechen" einen Aufsatz schreiben. Die Schüler wünschten sich die Lektüre, da das Thema des Kindesmissbrauchs (in dem Roman kommt es sogar zum Mord an einem kleinen Mädchen) ihnen ein besonderes Anliegen war, was nicht zuletzt auf den Medienrummel zurückzuführen war. Einige von ihnen hatten die Verfilmung mit Gert Fröbe (als Kindermörder) im Fernsehen gesehen, den Film „Es geschah am helllichten Tag".

Das Thema lag in der Luft, es interessierte sie. Er freute sich schon aufs Heftekorrigieren, ein regelrechtes Jagdfieber überkam ihn.

Vielleicht gab es wieder einmal ein Unrecht aufzudecken, Hilflose zu schützen oder etwas Ungeschehenem vorzubeugen.

Er hatte schon 27 Hefte durchgesehen, sehr genau sogar, mehrmals gelesen, aber kein verstecktes Signal diesmal, kein Hilferuf.

Die Kids schrieben so sachlich, so ohne jeden Bezug zu ihrem eigenen Leben, sie beurteilten jenes schreckliche Geschehen in Dürrenmatts Roman so kühl und distanziert, als seien sie (kleine) Biologen, die ein Insekt unter dem Mikroskop betrachten.

Da war nur noch dieses eine Heft. Es gehörte einer ruhigen, recht hübschen dunkelhaarigen Schülerin. Sie tat sich in seinem Unterricht nicht sonderlich hervor, sie war ihm ein unbeschriebenes Blatt.

Die erste Frage beantwortete sie ebenso sachlich und unemotional wie ihre Klassenkameraden. Doch beim persönlichen Kommentar merkte er auf. Sie verfiel plötzlich von der dritten in die erste Person. Da war nicht mehr vom Kind in Dürrenmatts Geschichte, sondern von ihr selbst die Rede. Das Signal war unzweifelhaft, der Appell überdeutlich.

Er blätterte hastig zum letzten Blatt des Aufsatzes, der Atem stockte, da war eine kleine Zeichnung, miniklein, er holte die Lupe, es war ein Autokennzeichen, ein Nummernschild. Ein solches hatte auch den Täter im Roman überführt. Er musste handeln, den Mann stellen, vielleicht mehr.

Am nächsten Tag würde er den Besitzer des Autos herausfinden. Nach dem Unterricht ging er zum Parkplatz, da sah er, wie die dunkelhaarige Schülerin auf einen Wagen zuging, der vorm Haupteingang parkte.

Die Eltern holten hier meist ihre Kinder ab.

Der Mann hinterm Steuer war der Vater des Mädchens, er war einmal beim Elternabend dabei gewesen. Das Mädchen stieg ein. Als das Auto wegfuhr, las er das Kennzeichen, und die Wahrheit traf ihn wie ein Keulenhieb.

Es war das Nummernschild auf der Zeichnung.

Der Vater? Es gab keinen Zweifel.

Er war überrascht. Er hatte einmal mit dem Mann eine kurze Unterredung gehabt und fand, dass er sehr gute Ansichten über Erziehung hatte. So kann man sich in Menschen irren. Aber es passte auch irgendwie zu den Untersuchungen, worin es immer hieß, auch oder GERADE in den sogenannten besseren Familien komme es oft zu Missbrauch. Er wusste, dass es nur EINE Möglichkeit für ihn gab, zu handeln.

Von nun an wartete er jeden Abend in der Nähe des Hauses, in dem das Mädchen wohnte.

Er wartete mehrere Wochen lang, Abend für Abend, er wartete auf eine Gelegenheit, es sollte wie ein Unfall aussehen. Da, endlich, wurde seine Geduld belohnt.

Es war schon spät, ein Mann bog um die Ecke und wollte die Straße zu dem Haus überqueren.

Die Straße war menschenleer.

Der Wartende im geparkten Auto fuhr an, beschleunigte, alles ging blitzschnell.

Einige Tage nach dem Unfall, nach der Beerdigung des Vaters kam die Dunkelhaarige nach der Stunde, als alle anderen draußen waren, auf den Lehrer zu.

Sie legte ihm einen Zettel aufs Pult und ging hinaus.

Er las, er war dem Umfallen nahe:

„Es war doch eigentlich nur eine Wette, die ich mit meiner Freundin gemacht habe. Wir wollten sie ein wenig hochnehmen, Sie und Ihren Helfertick.

Der Preis war zu hoch.“

Vater ist der Beste

„Sie müssen wieder zusammenziehen, es muss wieder sein wie früher“, sagte Anne zu ihrer zwei Jahre jüngeren Schwester Laura.

„Es war doch immer so schön, als wir alle vier zusammenwohnten, in die Ferien fuhren und das alles.“

„Aber wie?“, fragte die Jüngere.

„Ich glaube, ich hab da so eine Idee. Lass mich nur machen. Es gibt da solche Kassetten. Bestimmt kommt er zu uns zurück, wenn er denkt, Corinna hat einen anderen.“

Wie jeden Tag kam er auch heute um 6 Uhr nach Hause. In das neue Zuhause. Sie würde ihn schon erwarten, denn sie hatte sonst nichts zu tun.

Bei Hildegard war das anders gewesen, sie war eine beschäftigte Ehefrau und Mutter und berufstätig und außerdem, nach 20 Jahren Ehe, die Routine der Jahre, da wartet man nicht mehr.

Aber bei Corinna, so jung, war das anders. Er war so richtig verliebt, er fühlte sich verjüngt. Das sagen alle. Das ist der Effekt. Sie gab seinem Leben wieder einen Sinn.

Wie ein Phönix aus der Asche. Auch sein Äußeres hatte sich verändert, er trug jetzt Markensachen, er, der vorher von seinen Kollegen „Der Alternative“ genannt wurde. Er sah zehn Jahre jünger aus und war glücklich. Die beiden Mädchen vermisste er, Laura und Anne. Er kam sich manchmal, in stillen Momenten, schofel und fies vor, aber man lebt nur einmal – oder?

Vielleicht hatte er gar nicht mehr so viel Zeit.

Carpe diem! Pflücke den Tag.

Ohne Corinna, nein. Sie war so unbeschwert und machte ihn unbeschwert.

Wenn sie ihm untreu würde? Es war nicht auszudenken. Er würde niemals zu seiner Familie zurückkehren können, er hatte Hildegard und die Kinder zu sehr gekränkt durch sein Weglaufen damals. Bei Nacht und Nebel. Er stellte das Auto ab und trat in die Diele.

Er hörte ganz merkwürdige Geräusche aus dem Schlafzimmer. Ein Mann und eine Frau. Corinna und ein anderer Mann.

Zusammen.

Es war wohl so. Es war so eindeutig.

Nur weg. Es war so peinlich.

Er ging in den Keller, wo sein Arbeitszimmer lag, nahm etwas aus der Schublade.

Die Nachbarin, die gerade ihre Gartenhecke schnitt, erschrak, als sie den Knall hörte, doch nur ein wenig, denn sie war schon älter und ein bisschen schwerhörig.

Corinna kam eine halbe Stunde später mit Paketen überhäuft vom Stadtbummel zurück. Er konnte ja nicht erwarten, dass sie jedesmal auf ihn wartete. Sie war doch nicht sein Haustier.

Da müsste sich in Zukunft einiges ändern.

Sie rief: „Wolfgang?"

Vom Schlafzimmer hörte sie merkwürdige Stimmen. Sie riss die Tür auf, aber es war niemand da. Auf dem Bett stand ein Kassettenrekorder, von dem das „Liebesgeflüster" ausgegangen war.

Sie stellte das Gerät ab. Seltsamer Scherz.

Den Toten fand sie kurz darauf in seinem Arbeitszimmer.

Die beiden Mädchen, Laura und Anne, haben nun ein sehr großes, sehr schweres Geheimnis.

Der Schlossherr

Sie holte ihr kleines Auto aus der Garage und fuhr durch die Nacht, dem Schloss entgegen.

Sie nannte es Schloss, aber es war keines. Es war eine jener Neureichenburgen, die aussahen wie Neuschwanstein, en miniature zwar, mit vielen Türmchen, aber ebenso kitschig.

Sie erdrückten hier und da die Nachbarschaft, pompös und mit Wetterfähnchen obenauf. My home is my castle. Sie hätte auch genauso gut zu irgendeiner der anderen Villen fahren können, in denen jene arroganten Leute wohnten, die ihre Kinder auf die private Eliteschule schickten, an der sie unterrichtete. Als Referendarin, ganz jung noch, erst 25 Jahre alt, kurz nach dem ersten Praxisschock, aber voller Tatendrang, voller Idealismus, voller Ideen, voller LIEBE.

Fächer Russisch, Französisch, Englisch.

Sie nahm es sehr ernst mit der Arbeit, der Unterricht war lebensnah, kindgerecht, Vorurteile sollten – ganz nebenbei – ausgeräumt werden.

An Weihnachten besorgte sie von ihrem bescheidenen Gehalt für die lieben Kleinen echte englische Christmas Crackers direkt über eine Freundin aus Stafford, sie buk tagelang Scottish Shortbread, Brownies, Gingerbread, machte Christmas Pudding.

Eines der verwöhnten Kids hatte den Christmas Pudding ausgespuckt und „Pfui Teufel!“ gerufen.

Im Französischunterricht machte sie Quiche, am 14. Juli organisierte sie eine FETE NATIONALE, die Kollegen belächelten zum Teil ihren feurigen Einsatz. Sie bastelte mit ihren Schülern nette kleine Guillotinen und Jakobinermützen. Sie machten Revolutionsrollenspiele mit Marie Antoinette, Ludwig XVI., Danton und Robespierre, führten kleine Theaterstücke auf mit Kostümen, die sie selbst geschneidert hatte, nächtelang.

Aus Russland hatte sie kleine Matrönuschkas besorgt, es gab ein russisches Osterfest.

„Den Elan werden Sie aber nicht durchhalten, Frau Kollegin“, bemerkte ein Mathelehrer sarkastisch.

„Die nutzen Sie aus, merken Sie das nicht?“

Es machte ihr aber Spaß, das alles für „ihre Kids“ zu machen, und obwohl sie verwöhnt waren (es waren reiche Kids), waren sie (eigentlich) ganz nett.

Eines Tages wurde sie zum Direktor gerufen: „Es gibt Kritik seitens der Eltern.

Sie möchten doch weniger Firlefanz machen, mehr Ernsthaftes. Die Eltern möchten, dass ihre Kinder auf den harten Konkurrenzkampf in der Industrie, also für ihr späteres Leben vorbereitet werden.“

„Ich werde mich bessern“, sagte sie.

Zu Hause hatte sie ruhig überlegt, wer sie wohl so hasste. Es gab einige Möglichkeiten. Sie erwog ruhig, wie es ihre Art war, was zu tun sei.

Jetzt fuhr sie durch die Nacht, in der Handtasche den kleinen Revolver.

Es würde keinen Falschen treffen.

Der „Schlossherr“ war zu Hause. Der „Schlossherr“ war jener Vater, der sie angeschwärzt hatte, er war die Triebfeder. Hobbyjäger, aalglatter Schönling, ein Macho und Patriarch. Auf Elternabenden plusterte er sich auf wie ein Pfau. Sein dümmlich-arrogantes Gesicht schaute ungläubig, als sie den Revolver zog.

Beim Umfallen riss er die teure Kitschvase, die hinter ihm stand, mit, sie zerschellte auf den Fliesen. Von dem Getöse erwachte sie. Es war der Wecker.

Ein Traum.

Sie ging ins Bad, frühstückte, nahm ihre Tasche, fuhr, wie jeden Tag, zur Arbeit.

Es war nichts geschehen.

Das Todesurteil

Er hätte mich nicht provozieren sollen. Er könnte noch leben.

Diese handgeschriebene Einladung war sein Todesurteil.

HANDGESCHRIEBEN.

Sie können sich das nicht vorstellen, kein Mensch schreibt heute noch etwas von Hand, aber ER tat es, aus Trotz. Solche Spinner müssen weg.

Um den andern, den Kunstlehrer, tat es mir ja ein bisschen leid, nun hat es ihn zufällig miterwischt. Aber mitgefangen, mitgehangen. Außerdem war er auch nicht ohne, der Kunstlehrer, er hat doch tatsächlich meinem Jungen gesagt, Computerkunst sei keine Kunst, und er hat sogar einmal die gesamte Klasse dazu bewegen wollen, mit BUNTSTIFTEN und ZEICHENBLÖCKEN zu malen, aber da haben die Eltern protestiert, wo leben wir denn, im Mittelalter?

Doch ER, mein Herausforderer, hat sich ganz andere Dinge erlaubt. Als meine Frau für den Jungen, als er krank war, eine Entschuldigung schrieb (mit dem Computer, wie es sich gehört, sauber und ordentlich), kritzelte er mit Rot die Fehler an. Zehn Rechtschreibfehler, und er sagte zu dem Jungen, ihm wären fehlerfreie HANDGESCHRIEBENE Entschuldigungen lieber als fehlerhafte formvollendete.

Die Frechheit.

Meine Frau war ganz aufgebracht danach.

Sie hat in ihrer Küche, ihrem Bügelraum und ihrer Waschküche eine ALLROUND-Computer-Zentrale und regelt ihren Haushalt strategisch perfekt. Sie speichert die Speisepläne seit Monaten ab, und so werden wir noch in 30 Jahren wissen, ob wir am 5. März 1999 nun Rippchen mit Kraut oder Pommes mit Ketchup gegessen haben.

Alles im Internet, die Rezepte auch, meine Frau hat einen CHAT-CLUB und ist sehr kommunikativ. Sie braucht nicht mehr für Einladungen zu kochen, denn unsere Besucher sind virtuell nicht existent, wie praktisch, keine unnötigen Servietten mehr zu kaufen, kein Risiko mehr, sich bei einem Schnupfen anzustecken, alles sauber.

Meine Frau ist kreativ universell vernetzt, da sind mir doch zehn Rechtschreibfehler egal.

Aber zurück zum Klassenlehrer unseres Lieblings.

Als ich dem Jungen zum 11. Geburtstag ein Handy schenkte und er es am nächsten Tag im Deutschunterricht benutzte, verbat ER es dem Jungen für allezeit in der

Schule. VERBAT ES. Dabei hatte meine Frau telefoniert, weil sie dem Jungen sagen wollte, dass sie statt Leberwurst dem Jungen Salami aufs Pausenbrot getan hatte.

Mein Junge hat ein Recht auf INFORMATION. JEDERZEIT und vor allem ÜBERALL.

Egal wo, wann.

Dann kam diese Einladung zum Elternabend, handgeschrieben. Es solle um verantwortliches Benutzen von moderner Technik gehen, sogar diskutiert werden. Ich musste handeln, etwas unternehmen im Namen aller fortschrittlichen Eltern, aller fortschrittlichen Menschen überhaupt.

Ich hatte diese tolle Information, wie man kleine handliche Autobomben bastelt, ich war schon immer recht geschickt. Das Internet lässt einen nie im Stich, es gibt Tipps für alles, auch für die praktischen Dinge des Alltags. Dumm, dass der Kunstlehrer an dem Tag eine Autopanne hatte und ER ihn mitnahm. Den Kunstlehrer fand ich ganz nett, trotz seiner Zeichenblöcke und Buntstifte.

Aber der Zweck heiligt die Mittel, wer nicht hören will, muss fühlen.

Wo gehobelt wird, da fallen Späne.

Und ich kann wieder beruhigt schlafen.

Der Coole
(oder: Mord mal anders)

Ich habe ein Problem.

Ich bin sechzehn, alle finden mich cool, aber ich bin es nicht.

Es wird nicht mehr lange dauern, und alle, aber auch alle werden es merken.

Das ist das Schlimmste.

Alle halten dich für cool, aber du bist es nicht.

Gar nicht. Bist es nie gewesen und wirst es nie sein.

Dabei habe ich mir durch einige Aktionen den Ruf, den festen Ruf eines absolut Coolen erworben.

In der Friedrich-Ebert-Halle habe ich die Aktion FAULE-EIER-AUF-DIE-KELLY-FAMILY-SCHMEISSEN initiiert, organisiert, erfolgreich durchgeführt.

Der MANNHEIMER MORGEN berichtete ausführlich über das heldenhafte Unternehmen zur Rettung der Kultur.

Leider mussten ich und meine Freunde Schmerzensgeld und Reinigungsrechnungen für die Wallegewänder der unrühmlich Beworfenen zahlen.

Es war teuer, ein Vierteljahr gab es zu Hause Taschengeldentzug obendrein.

Trotzdem folgten auf diese Aktion einige andere ähnlicher Art.

Weg mit dem MAINSTREAM, mit den Verdummungsversuchen der Medien und so weiter.

Schon bei der Kelly-Aktion merkte ich, dass mich ein Gefühl überwältigte, das für jeden Coolen das absolute AUS bedeutet: Ich verspürte MITLEID.

Mitleid ist out, Mitleid ist UNCOOL.

Ich hatte schon früh bei mir diesen unseligen Hang bemerkt, Mitleid zu empfinden, und dieses Gefühl war ein höchst beunruhigendes.

Schon nachdem ich „EIN SCHWEINCHEN NAMENS BABE“ gesehen hatte, war ich versucht, aus bloßem Mitleid mit den niedlichen Schafen, Schweinchen, Enten und so weiter aufs Fleischessen zu verzichten und Vegetarier zu werden. Das durfte nicht sein, und nur durch übermäßige Willensanstrengung meinerseits ließ ich es nicht geschehen.

Heute nun habe ich einen Entschluss gefasst: Ich werde einen klitzekleinen Mord begehen, denn wer einen klitzekleinen Mord begeht, der beweist, dass er cooler als cool ist.

Ich werde den Manager der Kelly-Family anrufen.

Er wohnt heute, so habe ich aus zuverlässiger Quelle erfahren – im Astron Hotel.

Ich werde ihn anrufen, ein Treffen mit ihm vereinbaren, ich werde mich als Manager einer neuen Mega-Firma ausgeben (ich habe eine sehr sonore Stimme und klinge sehr erwachsen), ich werde ihm ein lukratives Geschäft vorschlagen, ich werde ihn warten lassen (ihn also auf die Folter spannen), ihn dann mit Verachtung strafen, wie obercool und, cooler als cool, ihn schließlich töten … mit Blicken, versteht sich.

Hoffentlich bekomme ich kein Mitleid.

Die lieben Kleinen

Er schaute auf die gesenkten Köpfe der Klasse.

Dreißig Jungen und Mädchen schrieben eine Klassenarbeit, die Mathematikaufgaben bereiteten wohl Kopfzerbrechen.

Dreißig Jungen und Mädchen, am Rande des Kindseins, doch was hieß das schon heute.

Elfjährige Greise, elfjährige Kindfrauen, Kinder?

Er musterte diese rätselhaften Wesen.

Was konnte er beeinflussen, was konnte er ändern, umformen?

Am Anfang, vor vielen Jahren, hatte er an SUMMERHILL und die GRÜNE WOLKE geglaubt, das war lange her. An das Gute, die uneingeschränkte Möglichkeit, aus jedem Kind das Beste, das Höchste herauszuholen.

Dann die Ernüchterung, das grenzenlose Erschrecken, eine Enttäuschung über die Grenzen der Erziehung.

Das Gesicht dort drüben zeigte unverhohlen eine weder durch Strenge noch durch Güte zu beeinflussende Bosheit, von einer übel meinenden 13. Fee in die Wiege gelegt.

Vor Jahren schon war ihm der Besitzer des Gesichts aufgefallen, wie er in einem Supermarkt mutwillig und mit geradezu strategischer Zielstrebigkeit mit den kleinen geballten Fäusten die Pappkartons der Mohrenköpfe zerhieb. Er mochte damals fünf Jahre alt gewesen sein.

Wumm!!!

Ein vielversprechendes Kerlchen.

Er hatte die ungerührt danebenstehende Mutter des hoffnungsvollen Kindes auf das merkwürdige Tun des Sprösslings hingewiesen und eine freche Antwort erhalten. Von Fremden lasse sie sich nicht in die Erziehung dreinreden.

Schon damals war unwillkürlich seine linke Hand zur Herzgegend gewandert, als wolle er sich schützen vor Frechheit und Dreistigkeit.

Das Gesicht dort drüben, es brauchte keine Erziehung, es war so arglos, so voller Menschlichkeit.

Auch das gab es, seltener zwar, aber es geschah ab und zu, dass unter dreißig Gesichtern ein solches auftauchte, das ohne Berechnung und ohne das geheime Schielen auf Belohnung nur so einfach freundlich lächeln konnte.

Dieses Gesicht war es wert, nicht aufzugeben, nicht schreiend wegzurennen.

Der kleine Dicke da hinten, halslos, heute schon ein kleiner Spießer, es war nicht schwer, ihn sich in Filzpantoffeln vorzustellen, die Frau aus der Küche herbeizitierend. Bier, aber dalli!

Eine Müdigkeit, bleiern, senkte sich auf seine Schultern, drückte ihn nieder.

Ein Schmerz, er nahm ihm die Besinnung, links.

Er schaute eher verwundert als erschrocken.

Dreißig Greisengesichter – oder waren es dreißig Kindergesichter? – sahen von ihren Mathearbeitsheften auf.

Die örtliche Zeitung berichtete wenig später über eine besonders feierliche Beerdigung, besonders ergreifende Reden und rührende Gesänge des Schulchors, eine würdige Bestattung für diesen nimmermüden, allzu früh verstorbenen Pädagogen.

Schöne heile Welt

Lisa war erfolgreich den Klauen ihrer Mutter entronnen. Es war Weihnachtszeit, und Besinnlichkeit war angesagt. Ihre Mutter hatte absolut kein Verständnis dafür, dass sie sich allem entzog, was mit Familie zu tun hatte.

Immer gelang es ihr auch nicht.

Am Sonntag hatte sie sogar die 93-jährige Urgroßtante, die immer so nach Mottenkugeln und Kölnischwasser (eine besonders aparte Mischung) roch, auf beide Wangen geküsst, sie hatte die Straße gekehrt, ihr Zimmer aufgeräumt (unaufgefordert), die eklige Nachbarin gegrüßt und für die Chemiearbeit gelernt (alles der Familienharmonie zuliebe).

Aber Ingwerplätzchenbacken, nein. Weihnachtsschmuckbasteln, nein.

Klavierüben für Heiligabend, entschiedenes Nein.

JINGLE BELLS, WHITE CHRISTMAS, nein.

IHR KINDERLEIN KOMMET, ja, das hatte was Liebes, aber trotzdem, es war doch alles falsch, Tünche, hohl.

Sie ging in ihr Zimmer, das sie ochsenblutrot gestrichen hatte, Wände, Decke, nur der Fußboden war gelb wie Eidotter. Nirwana-Plakate, Che Guevara, Sex Pistols, Sting, Xavier Naidoo.

„Revoluzzer für Arme" nannte ihr Vater sie, mindestens einmal in der Woche.

Sie warf sich aufs Bett, las einige Seiten Stephen King, lackierte sich die Nägel apfelgrün, schaute zur Decke, sah aber nur rot und langweilte sich.

Sie überlegte sich, ob sie nicht zu Steffi rübergehen sollte, die hatte einen neuen Freund und wollte ihr was erzählen, besser als AN-DIE-ROTE-DECKE-STARREN auf jeden Fall.

Als Lisa den Flur durchquerte und an der Küche vorbeikam, hörte sie ein lautes, sehr lautes, ganz verzweifelt klingendes Schluchzen.

Die Produzentin der kläglichen Töne war ihre Mutter. Sie saß am Küchentisch, der ganz von Plätzchenteig verklebt war (sie war gerade dabei, Ausgestochenes zu machen), in der einen Hand hielt sie einen Brief, in der anderen ein fast völlig aufgeweichtes Tempotaschentuch.

Ein Blick auf den Briefumschlag und den Absender und Lisa wusste, was los war.

Dies war das alle Jahre wieder eintreffende Drama beim Öffnen und Lesen des Rundbriefs von Franziska, Mamas Jugendfreundin aus München, die ein ungemein glückliches Familienleben führte und alle, alle ihre Freunde an ihrem

Glück teilhaben ließ, indem sie in der Vorweihnachtszeit besagten Rundbrief kursieren ließ.

Lisa hatte einmal eine Seite eines solchen Briefes gelesen (die Engländer sagten dazu „round Robin“, wie Lisas Englischlehrerin übrigens gestern erklärt hatte), und es war ihr fast übel geworden.

Soviel Harmoniegesäusel auf einmal war eigentlich kaum erträglich, es sei denn, man las sowieso gerne Kitschromane.

Jedes zweite Wort war „glücklich“ oder „erfolgreich“ oder „wunderbar“ oder „harmonisch“.

Die so erfolgreichen und glücklichen Momente der „kleinen Familie“ wurden minutiös geschildert, den Brief hatten etwa 50 andere Leute bekommen.

Jedes Jahr stürzte dieser Rundbrief Lisas Mutter in Abgründe tiefster Niedergeschlagenheit, konfrontierte er sie doch mit ihrem eigenen Unvermögen, die vollendete Harmonie – gerade in der Vorweihnachtszeit – im häuslichen Bereich herzustellen.

Lisas Mutter nahm dann förmlich ein Bad in selbstquälerischen Vorwürfen, der geballte Frust überfiel sie, die Glückseligkeit der „kleinen Familie“ der Freundin bereitete ihr fast schon wieder lustvolle Pein und, wie um sich selbst zu martern und zu geißeln, ging sie in der Küche auf und ab und zitierte laut, welch Gipfel des Märtyrertums: „… haben die Zwillinge zum dritten Mal hintereinander eine Eins in Mathe heimgebracht, helfen alle beim Plätzchenbacken und freuen wir uns schon auf Heiligabend und den gemeinsamen Besuch der Christmette … blablabla …“

„Und wo steht: Wie geht es dir und deiner Familie?“, fragte Lisa. „Merkst du nicht, wie falsch das alles ist, warum lässt du dich von solchen hohlen Sätzen beeindrucken? Das ist doch eine Selbstbeweihräucherungsorgie, alles pseudo, alles PHONY.“

„Was ist PHONY?“, schluchzte Lisas Mutter zwischenrein.

„Das heißt verlogen, falsch und es ist das Lieblingswort von Holden Caulfield, der Hauptfigur aus „Der Fänger im Roggen“, solltest du mal lesen, geiles Buch.“

Und Lisa legte ihrer Mutter die Arme um den Hals, ganz lieb, ganz schnell.

„Diese dumme Tussi, das ist doch keine Freundin, sie ist es nicht wert. Da krieg ich MORDGEDANKEN, echt. – Komm, Mama, vergiss es, ich werde jetzt das tun, was du schon längst hättest tun sollen.“

Festen Schritts ging sie zum Telefon, wählte Franziskas Telefonnummer. Franziskas Stimme klang so merkwürdig, als habe sie gerade geheult.

NA SO WAS.

Bei so viel Glück und Harmonie.

„Ist was?“, sagte Lisa.

„Albert hat die Kinder und mich verlassen. Ich hab gerade den Zettel gefunden.“

Lisa legte auf.

Franziska tat ihr ein bisschen leid, aber nur ein kleines bisschen.

Und dabei hatte sie ihr doch sagen wollen, dass sie sie hasste, sie mit ihrem Getue und ihrem verdammten Familienglück, und dass sie sie am liebsten umbringen wolle.

Die Hexe

Psalter 1, 1

Wohl dem, der nicht wandelt im Rat der Gottlosen noch tritt auf den Weg der Sünder noch sitzt, wo die Spötter sitzen, sondern hat Lust am Gesetz des Herrn und sinnt über seinem Gesetz Tag und Nacht.

„Ihr sollt nicht sitzen, da die Spötter sitzen …“

Wenn er bei der Predigt besser hingehört hätte, würde er vielleicht noch leben.

Ungestraft spottet keiner über mich.

Rote Haare waren im Mittelalter ein Grund für Verachtung, Verfolgung, Folter und Tod.

Nur die Künstler, die Maler erkannten zu allen Zeiten die Schönheit des Seltenen, die Schönheit der Rothaarigen. Ich las etwas darüber in unserer Gemeindebibliothek. Künstler sehen die Dinge anders, weiter, freier.

Es fing damit an, dass er mich HEXE nannte, verdammte Hexe, was willst du in der Kirche?

Ich ging in die Kirche, weil ich das Bild liebte. THRONENDE MADONNA MIT KIND.

Es hing über dem Altar.

Die hohen weißen Kerzen beleuchteten das wunderschöne traurige Gesicht, sie beleuchteten die Haare wie aus gesponnenem Rotgold, die weiße Haut der Madonna, Haut wie Elfenbein.

Die Traurigkeit auf Marias Gesicht kam von der Vorahnung dessen, was kommen würde. Ein versuchter Kindesmord an ihrem Sohn, eine Massenmetzelei, hingemordete Säuglinge, später die Hinrichtung auf Golgatha.

Das Kind auf ihrem Schoß, wie sie mit rötlichem Haar, flaumigen Ringellöckchen, legte tröstend eine Hand unter das Kinn der Mutter.

Warum beten sie diese an, mich nennen sie HEXE?

Ich liebte dieses Bild, das Haar war mein Haar, das Gesicht war mein Gesicht.

Ich liebte die Kerzen, die Glasfenster, die im Sonnenlicht blau und rot und gelb erstrahlten.

Ich hasste die eintönige Litanei des Priesters, ich hörte nicht hin, ich hasste die unschönen Gesichter, den falschen Gesang und den muffigen Geruch, der den schwarzen Kleidern der Menschen entströmte.

Ich liebte die Kindtaufen, weil ich Kinder liebe.

Sie haben die Schönheit und das Gute.

Er spottete und höhnte und fand Anhänger. Er war abergläubisch und dumm wie alle Abergläubischen, dumm wie alle Frömmler.

Er nannte mich eine ROTHAARIGE HEXE und ich bringe Unglück über die getauften Kinder.

In einem kleinen Dorf im Jahre des Herrn 1914 findet einer leicht Anhänger für seine Hetze. Das Mittelalter ist weit und doch so nah.

Er nannte mich HEXE, weil er mich haben wollte, ich ihm aber ins Gesicht lachte.

Sie stießen mich aus der Kirche, ich lief nach Hause. Ich verfluchte sie alle, besonders aber ihn, ich drehte mich nicht um, nicht einmal.

Ich knetete diese Puppe aus Wachs, wie es Hexen machen, ich hatte es irgendwo gelesen. Sie wollten eine Hexe, sie bekamen eine Hexe.

Die Wachspuppe machte ich ihm ähnlich, ich steckte Nadeln hinein.

Es hilft immer, sagen sie, und dann musst du deinen ganzen Hass hineintun.

Es wird Krieg geben, sagen alle.

Er wird in den Krieg ziehen müssen. Ich werde diese Puppe haben, die Nadeln und meinen Hass.

Er kam nicht zurück, 1918.

Das Kirchenfest
(oder: Ein frommer Mord)

Psalm 90, 10
Unser Leben währet siebzig Jahre, und wenn's hoch kommt, so sind's achtzig Jahre, und was daran köstlich scheint, ist doch nur vergebliche Mühe; denn es fähret schnell dahin, als flögen wir davon.

Ich werde für meine Feinde beten, obwohl es mir schwer fällt, aber ich musste es einfach tun.

AUGE UM AUGE, ZAHN UM ZAHN.

Ich halte es mehr mit dem Alten Testament, das Neue Testament hat mir nie behagt.

„Wenn dir jemand einen Streich gibt auf deine rechte Backe, dem biete die andere auch dar." (Matthäus 5) Das ist unwürdig, ja feige, das ist für Schwächlinge.

Ich muss mich vorstellen.

Ich bin unverheiratet, in den besten Jahren, wie die Leute so sagen, ich wohne ganz allein.

Ich bin die gute Seele der Gemeinde. Das sagt unser Pfarrer, das sagen die Presbyter, das sagt jeder hier im Dorf. Ich organisiere Basars für die Armen in der Dritten Welt, ich halte Kaffeekränzchen und Altennachmittage ab für die Senioren, ich bastle mit ihnen Strohsterne für Weihnachten, ich mache Stimmung bei ihren Advents- und Faschingsfesten, ich entlaste den Pfarrer, wo ich nur kann, ich helfe beim Päckchenpacken für die Innere Mission und beim Sommergrillfest im Kindergarten, ich gehe fürs Müttergenesungswerk von Haus zu Haus und ich sammle Korken für Kork, Briefmarken für Bethel, ich sammle Brot für die Welt …

Alt und Jung haben mich in ihr Herz geschlossen, nur ER hat mich durchschaut. Darum musste er sterben. Alles hätte so schön sein können, wenn er nicht geschnüffelt hätte.

Alles begann beim Gustav-Adolf-Fest.

Da ist immer viel zu tun. Bei uns im Dorf ist das auch heute noch ein großes Ereignis, auch nach über 350 Jahren halten wir unsern Schwedenkönig hoch, wir Protestantischen. Es gibt zu backen, den Altar mit Sommerblumen aus dem Garten zu schmücken, Fähnchen an die Kinder zu verteilen, die großen lila Fahnen aufzuziehen, den Umzug zu organisieren.

Die alten Leute im Heim müssen versorgt werden, sie wollen schöne Plätze auf der Terrasse, damit sie auch etwas vom Umzug und allem mitbekommen.

Das Seniorenheim ist der Stolz der Gemeinde, nur gutsituierte alte Leute wohnen darin.

Die Heimleiterin hat mich mit der Verantwortung betraut, das war mir gerade recht, da konnte ich nach meinem Gusto schalten und walten.

Für das Gustav-Adolf-Fest stand die Baronin auf meiner Liste. Bei einem solchen Fest kann es leicht vorkommen, dass alte Leute – und die Baronin war weit über 90 – sich aufregen und plötzlich sterben, vor allem, wenn sie ein schwaches Herz haben.

Die Baronin war recht betucht, es würde sich diesmal mehr lohnen als die anderen Male davor.

Es war sehr praktisch, dass die Baronin ihre ganze „verdorbene Sippe", wie sie oft sagte, enterbt hatte. Es war auch sehr praktisch, dass sie diesen Tick hatte: Sie wollte unbedingt mildtätig sein gegen Kinder von ledigen Müttern. Sie nahm mir die Geschichte ab, ich sei die uneheliche Tochter eines ostpreußischen Gutsherrn und seines Dienstmädchens. Es kam mir sehr zugute, dass ich in der Laienspielschar seit Jahren tragende Rollen gespielt hatte.

Sie hatte mir ein Drittel ihres Vermögens testamentarisch vermacht, der Rest ging an ein Heim für ledige Mütter. Die adligen Verwandten („Die verlogene Mischpoke") gingen leer aus.

Die Zeit war reif, das Digitalisfläschchen lag in meiner Kittelschürzentasche.

Schon fünf Namen hatte ich dank dieses Fläschchens innerhalb von knapp zwei Jahren von meiner Liste streichen dürfen. Nicht der Hauch eines Verdachtes war aufgekommen, alles war reibungslos verlaufen. Ich musste mir keine Gedanken machen.

Alte Leute sterben eben, sie sterben plötzlich, auch vor Aufregung, vor Freude, vor Schwäche, plötzlich.

So ist das Leben.

Außerdem dachte ich mir oft, wie unfromm und ganz gegen die Christlichkeit diese allzu langen Leben waren. In der Bibel stand, dass der Mensch 70 oder, wenn es hoch kam, 80 Jahre alt würde, aber es ist nicht gottgewollt, dass die Leute 90 und 100 werden.

Es war also nur recht und billig für einen kirchlich eingestellten Menschen wie mich, ein wenig nachzuhelfen.

Die fünf auf meiner Liste waren alle über 90, für drei von ihnen war es sogar eine Erlösung gewesen. Es war alles so glatt gegangen, doch diesmal kam es anders.

Ich war gerade beim Altarschmücken in der Kirche, danach würde ich mich um die Baronin kümmern. Ich bückte mich gerade, um einen Blumenstängel in die Bodenvase zu stellen, als es klirrte.

Das Fläschchen war aus der Schürzentasche gefallen.

Ich wollte es aufheben, da packte mich eine Hand fest am Gelenk und schnappte das Fläschchen.

„Digitalis, interessant“, sagte eine dunkle Männerstimme. „Für wen ist es diesmal? Für den verdrehten Oberamtmann Krause, die reiche Müllersche oder gar die Baronin?“

Es war der Kirchendiener, ein lakonischer, fast stumpf wirkender Mann. Ich hatte mich in ihm getäuscht. Ich hatte ihn unterschätzt, nicht mit seiner Beobachtungsgabe gerechnet.

„Was soll das heißen?“, fragte ich, ziemlich fest, wie es mir schien, aber er ließ sich nicht beirren.

„Dieses Fläschchen ist der Beweis, damit krieg ich dich, du Wohltäterin der Menschheit, du Erlöserin, du Gemeindeengel.“

Blitzschnell ergriff ich die Altarvase (sie war aus festem Zinn, am Rande oben war ein Spruch eingraviert: EIN FESTE BURG IST UNSER GOTT, darunter die Lutherrose, eine Stiftung der Baronin übrigens, wie es mir durch den Kopf ging).

Ich bin stark, größer als der Kirchendiener, ein Riesenweib, unser Fels in der Brandung, unsere Hannah, wie alle sagten.

Ich hieb zweimal aus Leibeskräften zu, es waren keine Zeugen da, immer musste ich die Kirche alleine schmücken, ich hatte mich oft darüber beklagt, dass niemand mir half, zum Beispiel jemand von den Konfirmanden. Jetzt war ich froh darüber, dass keiner da war.

Das Fläschchen mit Digitalis nahm ich dem Toten schnell aus der Hand, sie verkrampfte sich schon, dann schleifte ich ihn unter die schwere schwarze Altardecke.

Aus dem Werkzeugkasten in der Sakristei holte ich ein kleines Stemmeisen und brach den Opferstock auf. Ich nahm die beiden silbernen Barockleuchter vom Altar und versteckte sie unter meiner Kittelschürze. Sie war weit und geräumig.

Dann ging ich – ich war irgendwie seelenruhig – ins Heim hinüber.

Übermorgen gibt es wieder viel zu tun für mich.

Gleich zwei Beerdigungen, der Kirchendiener (es stand ein großer Bericht in der „RHEINPFALZ“ über den dreisten Raubmord und die Kirchenplünderung) und die Baronin.

Der Schock über das Verbrechen war zu viel gewesen für ihr schwaches Herz.

Ich muss viele Kranzkuchen backen für den Leichenschmaus, den Altar schmükken und neue Altarleuchter besorgen.

DAS WALTE GOTT.

Die Mutprobe

Das alles ist nun etwa 40 Jahre her, aber mir ist, als sei es gestern geschehen.

Es war höchste Zeit. Der Zug aus Mannheim würde schon angekommen sein. Und da stand er auch schon, der freche Onkel, zwischen zwei Koffern, und er rief über die Köpfe der Leute weg, dass es über den Bahnsteig hallte: „Na, da seid ihr ja endlich, habt ihr noch schnell ein Vaterunser beten müssen, bevor der Gottseibeiuns aus der Großstadt in den Vatikan eingelassen wird?“

Die Reisenden schauten komisch, wir waren aber an die Lästerreden unseres Onkels gewöhnt, der eine Woche lang die „südpfälzische Einöde“ unsicher machen würde, wie er sich auszudrücken beliebte.

„Oh, die Frau Päpstin hat ein neues Dirndl, sehr chic“, sagte er zu meiner Mutter und dann, ohne sich um die Umstehenden auch nur einen Deut zu scheren: „Habt ihr wieder mal den Opferstock geplündert?“ Meine Mutter, die mit ihrer neuen, weißen Bluse (Marke Woco) und dem Dirndl wirklich eine sehr ansehnliche Pfarrfrau abgab, wurde über und über rot und nestelte an ihrem im Nacken zu einem Knoten geschlungenen dunklen Haar herum.

Es gibt Situationen, in denen man wünschte, der Erdboden täte sich auf und man dürfte versinken.

Der Onkel aber setzte eine Unschuldsmiene auf, nahm die beiden Koffer hoch, stellte sie in unser Leiterwägelchen, das wir mitgebracht hatten (es war das Jahr 1959 und wir waren ein Haushalt ohne Auto), und dann rief er zu meinem Vater hinüber, laut und ungeniert: „Ich hoffe doch, Euer Merkwürden hat schon etwas Abendmahlswein vom Sonntag kalt gestellt, und Taufkuchen oder Hochzeitstorte gibt es bestimmt auch noch? Ich bin ja nicht hierher gekommen, um wie der heilige Hieronymus oder irgendein anderer komischer Heiliger in der Wüste zu darben.“

Mein Vater, der auf die Scherze des Onkels einging, des Onkels, der vor nichts und niemandem Ehrfurcht hatte, sagte humorig: „Nein, Abendmahlswein gibt es nicht, für dich haben wir himmlisches Manna reserviert. Da kannst du frohlocken.“

Meine Schwester und ich, neun und zwölf Jahre alt, wurden jetzt erst vom Onkel bemerkt. Kinder waren ihm etwas lästig.

„Na, ihr zwei Unschulden vom Lande, hat man euch noch nicht ins Nonnenkloster gesteckt? Ihr kriegt doch nie einen Mann ab, spindeldürr wie ihr seid!“

Dann setzte der Onkel noch eins drauf. Zum Vater gewendet, sagte er etwas leiser, denn die Adenauer-Ära war prüde und Oswalt Kolle hatte 1959 die Menschen noch nicht aufgeklärt: „Ein paar Pornohefte hast du mir bestimmt schon besorgt, wie soll ich das sonst hier eine Woche lang aushalten in dieser Einöde?“ Wir Kinder verstanden eigentlich nicht, was der Onkel meinte. Wir kannten Fix-und-Foxi-Hefte und Mickymaus-Hefte, die lasen wir immer bei den Freundinnen, wir kannten den heldenhaften Sigurd, das lasen die Buben, und den Petzi, Pingo und Pelle gab es in der „RHEINPFALZ“ als Fortsetzung.

Den Porno aber kannten wir nicht.

Es war gut, dass die Mannheimer Tante nicht mitgekommen war, sie hätte dem Onkel die Leviten gelesen. Zumindest zum Schein. Der Onkel seufzte: „Irgendwie werd ich es schon überstehen, aber bei euch hier im Zulu-Kral passiert ja nie was.“

Wenn er wüsste, was ich weiß, dachte ich bei mir, und ich beschloss, mein Tagebuch noch besser zu hüten. Zum Glück hatte es einen kleinen goldenen Schlüssel.

Und hier ist der Inhalt meines Tagebuchs aus dem Jahr 1959:

SONNTAG, den 6. April

Heute weihe ich endlich mein neues rotes Tagebuch ein, das ich schon am 11. Januar zum Geburtstag bekommen habe.

Was Komisches ist passiert, ich verstehe es nicht so richtig, aber ich versuche, es richtig zu beschreiben.

Gestern, am Samstag, war es zuerst ein wenig langweilig. Wir mussten den Gartenzaun streichen, und Marianne und ich bespritzten uns zwischendurch mit Farbe; das war lustig. Nur Mama war nicht begeistert, doch zum Glück gibt es Persil. Dann haben wir uns einen Bananenshake gemacht im neuen Starmix, das ist der letzte Schrei.

Danach mussten wir die Straße kehren, wie das jeden Samstag so ist.

Straßenkehren macht Spaß, denn einige nette Jungs wissen genau, dass ich jeden Samstagnachmittag die Straße kehre, und da haben sie auch zufällig um diese Zeit immer was zu tun in unserer Straße.

So geht die Zeit rum wie nichts. Nach dem Straßenkehren mussten wir Muttertagssträuße verkaufen für das Müttergenesungswerk. Bei Trautmanns bekamen wir Frankfurter Kranz und einen roten Zuckerosterhasen. Frau Trautmann gibt uns immer was; sie sieht aber krank aus.

Am Abend wollten wir Millowitsch schauen, aber wir überlegten es uns dann doch anders.

Marianne hatte wieder eine von ihren tollen Ideen. Sie schlug vor, eine Mutprobe zu machen.

Die Mutprobe bestand darin, dass ich – weil ich die Ältere bin – eine halbe Stunde auf dem Friedhof aushalten sollte, sie 20 Minuten. Nicht hinter der Kirchhofmauer versteckt, sondern mitten zwischen den Zypressen und Grabsteinen.

Zuerst wollte ich die Mutprobe abwehren, doch dann wollte ich doch nicht kneifen.

Wir gingen um 8 Uhr ins Bett, sprachen unser Nachtgebet, die Mutter gab uns einen Gutenachtkuss, wir stellten uns müde und „schliefen ein", um 9 Uhr hüpften wir putzmunter aus unseren Betten und schlichen uns in den Garten, am Studierzimmer des Vaters vorbei – er übte gerade an seiner Sonntagspredigt und deklamierte etwas von Heuchlern und Sündern und „unschuldigen Kindlein" (wir fühlten uns nicht betroffen).

Die Mutter bügelte gerade den schwarzen Talar und das Beffchen und die Altardecke, die Küchentür stand halb offen, aber sie bemerkte uns nicht. Wir „schliefen ja fest".

Die Gartenwege waren mondbeschienen, es roch nach Buchs, nach Tulpen und Narzissen.

Gegenüber dem Garten, durch einen kleinen Weg getrennt, liegt der Friedhof. Marianne passte auf, dass ich nicht schummelte.

„Geh weiter, du Feigling. In die Mitte."

Sie hatte den großen Blechwecker dabei, um die Zeit zu kontrollieren. Ich hockte schon so ungefähr 10 Minuten hinter einem hohen, ganz alten und windschiefen Grabstein, die Zeit schien stehen zu bleiben, als ich Stimmen hörte. Ein Getuschel. Ich hielt den Atem an. Die Toten kamen aus den Gräbern, dachte ich nur, die Gespenster kommen, um mich zu holen. Es waren keine Geister, sondern eine Frau und ein Mann. Sie blieben jetzt drüben unter den Zypressen stehen.

Ein Liebespaar. Es wurde interessant.

Meine Mutprobe wurde interessant und leichter, ich war nicht mehr allein auf dem gruseligen Friedhof, und ich pfiff auf alle Gespenster.

Ich erkannte jetzt den Mann, ich erkannte seine tiefe Stimme. Es war der Bauer Trautmann. Seine Frau hatte uns am Nachmittag den Zuckerhasen und den Kuchen geschenkt.

Aber die Frau war nicht seine Frau. Es war nicht Frau Trautmann, sondern die Magd, Carola. Sie war jung und hübsch, der Bauer aber schon uralt, so Ende dreißig.

Sie schäkerten herum und dann sagte er: „Hast du die Tropfen?"

Das war komisch. Ich verstand nichts.

„Ja, ich war in der Stadt vorhin, der Karl hat mich mitgenommen auf seiner Vespa."

„Gut. Ab heute läuft's."

„Ja, … aber da knistert was, komm, lass uns verschwinden."

„Bis morgen zur gleichen Zeit hier."

Ich bin vor Angst fast gestorben, aber sie haben mich nicht bemerkt. Die Zeit war um, meine Schwester rief leise vom Gartentürchen her. Dann war die Reihe an ihr. Ich habe ihr keinen Ton gesagt von dem Liebespaar. Dann sind wir ins Bett gegangen, unbemerkt von den Eltern. Der Talar und das Beffchen hingen gebrauchsfertig und gebügelt an der Garderobe im Flur, der Vater war in seiner Deklamation gerade bei „Sodom und Gomorrha", bei „Pech und Schwefel" angelangt.

Am Sonntagabend, also heute, habe ich es geschafft, hinter den Zypressen zu sein. Marianne war früh eingeschlafen, morgen ist Schule. Das Liebespaar war pünktlich da. Sie haben geknutscht. Ich lerne viel. Dann hat sie gesagt, die Carola: „Nächsten Samstag wissen wir mehr."

Das war alles, mehr habe ich nicht verstanden.

12. April

Heute Abend sind die zwei nicht zum Kirchhof gekommen. Waren wohl verhindert.

Aber ich hab meinen ersten Liebesbrief bekommen, von …? Wird nicht verraten.

19. April

Eine Woche ist vergangen. Heute habe ich Glück gehabt. Sie waren wieder da, haben aber nichts geredet, nur das andere. Meine Eltern haben gesagt, Frau Trautmann sei sehr krank. Wir haben ihr ein paar Blumen gebracht, sie hat sich gefreut. Sie ist ganz blass.

26. April

Heute waren die zwei nicht da.

27. April

Heute habe ich wieder Glück gehabt. Sie haben sich auch unterhalten. Alles konnte ich nicht verstehen, sie sprachen zu leise.

Am Schluss hat die Carola gesagt: „Lang kann's nicht mehr dauern."

Wir haben heute Maibowle gemacht, die war gut.

30. April

Frau Trautmann ist tot. Keiner war verwundert, aber ein bisschen jung ist sie schon gewesen, obwohl sie älter aussah. Der alte Doktor Berghoff hat gesagt, sie hat zu viel gearbeitet für ihre kränkliche Verfassung. Es war eine Herzschwäche.

Ich muss immer an die Tropfen denken, von denen die Carola gesprochen hat.

Schade, die Frau Trautmann war immer lieb zu uns gewesen, sie hat immer eine Kleinigkeit gehabt für uns.

15. Juni

Die Leute sagen, es gibt im Herbst eine Hochzeit. Die Carola und der Herr Trautmann. Ein wenig bald nach der Beerdigung, aber die Trautmann-Kinder brauchen eine Mutter und der Hof eine Bäuerin.

So wird es schon recht sein, sagen die Leute, und der Bauer ist fromm und geht jeden Sonntag in die Kirche. Er hat eine Extrabank für seine Familie. Mit Samtpolstern.

28. Juni

Morgen kommt der Onkel aus Mannheim. Da wird es wieder Stimmung geben.

Wenn er uns Kinder auch nicht leiden kann, seine Sprüche sind irgendwie klasse.

Sonst passiert bei uns doch nicht viel.

Das mit den Tropfen ist mein Geheimnis.

Ich glaube aber, mein Tagebuch sollte ich besser gut abschließen.

Holofernes baut vor

Ich bin einsam. Einsamer als vorher. Vor der Auktion.

Wenn ich das gewusst hätte, hätte ich nicht getan, was ich getan habe.

Dabei fing doch alles so romantisch an. Ich war Dorotheas Chauffeur, und alle sagten, es sei wie im Film.

Chauffeur heiratet reiche Bankierstochter, die Tochter seines Arbeitgebers.

Es war Liebe auf den ersten Blick, und die Hochzeit war eine Traumhochzeit. Es gab lange Berichte in den Frauenzeitschriften und bunte Bilder.

Dorothea liebte meine Olivenhaut, meine schwarzen Haare und meine Muskeln, wie sie mir – anfangs – immer sagte. Ich liebte alles an ihr, ihre hochmütige Art, den Kopf zurückzuwerfen, selbst ihren Tick, zu allen Kunstauktionen, Messen und in die Museen zu fahren. Ich liebte ihr Lachen. Meine Mutter sagte von Anfang an: „Ihr Lachen klingt wie Goldmünzen, die zusammenscheppern", doch ich glaubte ihr nicht. Wer verliebt ist, ist taub und blind.

Es fing schon auf der Hochzeitsreise an. Wir fuhren nach Florenz, nach Ravenna, wir besuchten Kirchen und Museen, Museen und Kirchen. Zum ersten Mal ging ich mit hinein und wartete nicht vor dem Ausgang im Auto in meiner Chauffeursuniform.

Zuerst fand ich auch alles interessant und neu, ich hörte geduldig zu, wenn Dorothea ihre gelehrten Vorträge über Kunst hielt, sie sonnte sich sichtlich in ihrer Überlegenheit. Zu Hause angekommen, machte sie Witze über mich und meine Unwissenheit und behauptete, nur die nackten Schönheiten hätten mir richtig gefallen.

An Ostern darauf fuhren wir nach Paris. Wir gingen in Museen, in Kirchen, zu Partys. Auf einer der Partys gab Dorothea zum Besten, dass ich Manet nicht kannte und Manet für einen Druckfehler von Monet gehalten hatte.

„… und dann hab ich zu ihm gesagt, Monet ist der mit den Seerosen, Monet ist der Helle und Heitere, Manet der Dunkle und Düstere …"

Alle waren gut unterhalten auf meine Kosten. Dorotheas Freundinnen, sie hatte sehr viele davon, waren ebenso gebildet wie sie, aber keine war so fanatisch, wenn es um Kunstwerke ging und darum, sie zu erwerben.

Unsere neue Villa wurde eingerichtet, wir eilten von Antiquitätenhändler zu Antiquitätenhändler, von Auktion zu Auktion, von Messe zu Messe.

In unserem Schlafzimmer hingen ausschließlich Bilder der englischen Präraffaeliten – wir waren an mehreren Wochenenden nach London geflogen, um sie bei Sotheby's und Christie's zu ersteigern. Wer hat schon von den Präraffaeliten gehört, von Rossetti, Millais oder Ford Madox Brown? Ein normaler Mensch wie ich jedenfalls nicht.

Die Bilder grausten mich unsäglich, denn die Frauen auf diesen Gemälden ziehen alle die Mundwinkel nach unten, keine lacht, dazu sehen sie aus wie Schwindsüchtige und haben was Halbtotes an sich: Nur ihre Haare sind toll, meist rotes, langes wallendes Haar wie Hexen. „Wella"-Reklamefrauen.

Das gruselige Schlafzimmer schaffte es, dass meine Gefühle für Dorothea abkühlten, aber das war unbedeutend. Dorothea hatte schon bald nach der Hochzeit erklärt, sie wolle keine Kinder, die störten nur. Kinder interessieren sich nicht für Kirchen und Museen und SIE interessiere sich keineswegs für Mami-Papi-Kindchen-Spielen und Sonntagsspaziergänge und Kindergeburtstage und Auf-dem-Spielplatz-Rumhocken und Sich-Langweilen und Origami-Basteleien und Elternabende mit öden Muttis und Vatis und Bei-den-Hausaufgaben-Helfen und Familienfeste und überhaupt.

Anfangs hing ich dem Traum nach Kindern nach. Ich bin, glaube ich, ein Familienmensch, ich wandere gerne, früher – vor der Ehe – war ich Mitglied in einem Wanderverein („Fröhlicher Wandersmann") und ich stellte mir vor, wie ich meine Kinder – einen Buben und ein Mädchen natürlich mit netter Wanderkleidung ausstaffieren würde: mit Kniebundhosen, roten Wadenstrümpfen und festen kleinen Wanderschuhen. Es sollte nicht sein.

Wir hatten bald getrennte Schlafzimmer, Dorothea und ich, was mir ein kleines eigenes Reich ließ, wo ich nach Herzenslust meine Bilder aufhängen und meine Sachen lassen konnte: Es gab da die BETENDEN HÄNDE von Dürer, auch den „Hasen" von Dürer, das ist Kunst, die jeder kennt, es gab Rembrandts MANN MIT DEM GOLDHELM und natürlich van Goghs SONNENBLUMEN, alles Kunstdrucke vom Bilderhaus um die Ecke und dazwischen Geweihe, ein Erbstück von Onkel Florian, der in Bayern Oberförster war.

Im Kaufhaus hatte ich mir noch das schöne Bild von der glutäugigen Zigeunerin mit Tamburin gekauft, das alles war so recht nach meinem Geschmack.

Ade ihr Monets, Manets, Rossettis, Chagalls und Goyas, ihr Präraffaeliten und Manieristen und so weiter.

Dorothea hatte sich einmal in mein Zimmer verirrt und war beim Anblick der Bilder und der Einrichtung laut schreiend davongelaufen.

Das war wieder Gesprächsstoff für die Party tags darauf. Eines Morgens kam ich gerade hinzu, als Dorothea mit ihrer besten Freundin darüber sprach, dass ein tolles Bild versteigert würde bei Metz/Heidelberg.

„‚JUDITH ENTHAUPTET HOLOFERNES‘, von Artemisia Gentileschi, 16. Jahrhundert. Ich muss das Bild haben. Super und dazu noch von einer Frau gemalt. Das macht es noch mal so wertvoll.“

„Und wenn es eine Fälschung wäre, wenn du eine Fälschung ersteigern würdest?“, fragte die Freundin.

„Das wäre mein Tod“, sagte Dorothea, und sie fasste sich auch kurz an die linke Seite.

Sie hatte von Kindheit an einen Herzfehler und war nicht zuletzt auch deshalb zeitlebens verwöhnt, gehätschelt und in Watte verpackt worden.

Dorothea ersteigerte das Bild, es war echt, sie war glücklich, sie hing es auf. Im Speisezimmer, über dem großen Kirschbaumesstisch. Ich erschrak, denn noch nie hatte ich so eine echte, entsetzliche Mordszene auf einem Gemälde dargestellt gesehen.

Das Blut spritzt vom Schwert, es rinnt am Betttuch entlang, Holofernes versucht, sich in Todesangst zu wehren, es hilft ihm nichts, Judith und die Magd sind stärker.

Dorothea erklärte mir hochmütig und gönnerhaft die Geschichte aus der Bibel, die ich – natürlich, ich bin ja ungebildet – nicht kannte. Von dem Feldherrn Holofernes hatte ich mein Lebtag nichts gehört.

„Fällt dir eigentlich nichts Besonderes an dem Bild auf?“, fragte mich Dorothea lauernd.

Die Freundin lachte.

„Kannst du dir nicht denken, warum ich das Bild unbedingt haben wollte? Schau doch mal hin, schau doch einmal in deinem Leben genau hin, sieh dir die Gesichter an.“

Entsetzt wich ich zurück. Holofernes, das war ich, stark, dunkelhäutig, dunkelhaarig, mit halb geöffnetem Mund. Judith, das war Dorothea, trotz ihres gesundheitlichen Defektes eine starke, ins Üppige gehende Frau, die hilfreiche Magd dahinter, das war die Freundin, Iris.

„Er merkt was“, so ein Wunder, lästerte Dorothea. „Na ja, dann pass mal hübsch auf dich auf, damit es dir nicht so ergeht wie dem da auf dem Bild.“

Und sie gingen eingehakt davon.

Von dem Tag an habe ich nur noch beobachtet. Die Vorbereitungen für meine Beseitigung – wie anders sollte ich Dorotheas Worte verstehen, ich würde alles erben bei ihrem Tod, und sie hasste mich, hasste den ungebildeten Schönling – lagen auf der Hand.

Iris zog in unsere Villa ein, die beiden gingen jetzt gemeinsam zu Messen und Auktionen, ich wurde immer mehr ausgegrenzt, bei Partys wurde ich regelrecht versteckt. Ich hatte keinen Beweis für meine geplante Ermordung, keinen Beweis, nur ein ungenaues Gefühl und das Bild, das grässliche Gemälde von Holofernes' Ermordung. Bei jeder Mahlzeit musste ich es ansehen.

Zwei Wochen vor Weihnachten tuschelten Dorothea und Iris in der Bibliothek miteinander. Ein schöner Raum, aber mit einigen Geweihen hätte er mir besser gefallen. Es waren zu viele Bücher hier für meinen Geschmack.

Sie flüsterten, aber ich fing trotzdem einige Brocken auf. „LOTH UND SEINE TÖCHTER", „16. Jahrhundert", „Jan Massys" (das musste wieder so ein Gemälde sein, so eine biblische Schweinerei) und „... muss ich unbedingt haben, unbedingt, koste es, was es wolle."

Ich fand heraus, dass das Datum für die Versteigerung des Bildes für den Samstag in zwei Wochen angesetzt war.

Endlich war der Tag X da. Ich setzte mich ganz hinten in die letzte Stuhlreihe, ich trug eine dunkle Brille und hatte den Mantelkragen hochgeschlagen.

Soweit ich beurteilen konnte, war kein Bekannter von Dorothea oder mir in der Nähe. Alles fremde, reiche, gierige Gesichter.

Es kam zur Auktion. Ich machte Dorotheas Profil in der ersten Reihe aus. Iris saß daneben, sie unterhielten sich fröhlich.

Da – nach einer Stunde, mir erschien es wie eine Ewigkeit, die Zeit schien im Schneckentempo dahinzukriechen – wurde „LOTH UND SEINE TÖCHTER" hochgehalten. Wie ich geahnt hatte: wieder so eine biblische Schweinerei. Die eine Tochter, auf der rechten Seite sitzend, reicht dem Vater (der ziemlich bekümmert und Schlimmes ahnend dreinschaut) eine goldene Schale mit Wein, um ihn zu benebeln, die andere hockt ihm schon barbusig auf dem Schoß und umarmt ihn. Im Hintergrund die brennende Stadt. Woher ich das weiß? Ich habe nachgelesen und diesmal richtig hingeschaut.

Es waren zwei Mitbieter dabei, aber das Bild wurde Dorothea zugeschlagen. Für 800.000,- DM. Iris und Dorothea fielen sich jubelnd in die Arme.

So und jetzt kommt gleich die hübsche Auktionshelferin mit dem Zettel, MEINEM Zettel und tritt auf den Auktionator zu. Oh, wie lange habe ich daran gefeilt, damit kein, aber auch gar kein Verdacht aufkommen konnte. Bis ins kleinste Detail habe ich geforscht – wer hätte so viel Scharfsinn einem ungebildeten Chauffeur zugetraut –, denn alles musste stimmen. Insgeheim bedauerte ich, dass Dorothea keine Gelegenheit mehr dazu hätte, mich für meine Cleverness zu bewundern.

Da ist es, das Mädchen, es geht auf den Auktionator zu, der hält inne, liest den Zettel, schaut zu Dorothea, diese eilt nach vorne, liest ebenfalls, wird bleich, sehr bleich, fasst sich ans Herz, ihr Gesicht ist plötzlich so verzerrt, sie greift ins Leere und fällt zu Boden.

Iris rennt zu ihr, auch alle anderen Auktionsgäste hasten nach vorne, ich entkomme unbemerkt im allgemeinen Durcheinander.

Dorotheas schwaches Herz hat es nicht verkraftet, dass sie eine Fälschung ersteigert hat.

Ich bin jetzt im Besitz eines weiteren ALTEN MEISTERS. Die nochmalige Expertise ergab, dass es sich bei dem verhängnisvollen Zettel um eine Falschmeldung gehandelt hat. Es wurde nie herausgefunden, wer sich den makabren Scherz ausgedacht hatte.

„LOTH UND SEINE TÖCHTER" hängt auf meine Anordnung hin im Wintergarten.

Ich denke, ich werde mich – schweren Herzens, zugegeben – von meinen Kunstdrucken und Geweihen trennen und mich in die richtige Kunstszene einarbeiten. Ich bin auf den Geschmack gekommen, das wird meine Einsamkeit und meinen Schmerz über den Verlust Dorotheas überwinden helfen.

Ich bin lernfähig.

Das sagt auch Iris, und sie ist eine gute Lehrerin.

Der Vogelbauer

„Ich sammle alles, was mit Vögeln zu tun hat“, sagte Anneke in die Tischrunde hinein und für einige Sekunden – eine fühlbare, eisige Ewigkeit, wie es Anneke erschien – herrschte eine Totenstille. Dann verlegenes Räuspern von Philipp, Annekes Verlobtem. Er trat ihr ziemlich heftig auf den rechten Fuß, ganz „dezent“ unterm Tisch.

Herr und Frau Ehrenberg, die zukünftigen Schwiegereltern Annekes, schauten sich betreten an, Annekes Mutter, Grit de Graaff, lief ein wenig rot an, aber Annekes Vater, der, obwohl auch Holländer, den sprachlichen Fauxpas seiner Tochter bemerkt hatte, brach das Eis, rückte das Missverständnis zurecht. Seine Jovialität, sein Humor retteten die Kaffee-Einladung bei Ehrenbergs aus einer großen Peinlichkeit.

„Meine Tochter will sagen, sie sammelt Vogelstatuen, Vogelgemälde, Vogelbücher, Vogel-Stofftiere, alles, einfach alles, das Vögel darstellt. Ihre Lieblingsoper ist natürlich die ‚Zauberflöte‘ wegen Papageno und Papagena und … na ja, so abwegig ist der Versprecher doch nicht … Papageno und Papagena wollen viele kleine Kinderlein, und die bekommt man doch nicht vom Rosenkranzbeten, sondern von jener anderen liebevollen Tätigkeit.“ Herr de Graaff lachte, aber ohne Obszönität, der Patzer seiner Tochter Anneke war nun spielerisch repariert worden.

Anneke bemerkte erleichtert, dass der etwas verkniffene Mund ihrer Schwiegermutter in spe sich lockerte zu einem Anflug von Lächeln, und wieder einmal dachte sie bei sich: „Du bist der beste, liebste, humorvollste Vater der Welt, was mache ich nur ohne dich, wenn ich verheiratet bin?“

Sie sagte: „Ach, die deutsche Sprache ist so schwer, die 1000 Doppelbedeutungen werde ich nie lernen.“

„Dabei ist dein Versprecher eigentlich intellektuell vertretbar, denn im 17. Jahrhundert zum Beispiel gab es bei uns im Holländischen auch eine Verbindung zwischen dem Wort für Vögel und der bereits von dir, Anneke, erwähnten liebevollen Tätigkeit“, sagte Herr de Graaff, und es folgte eine äußerst gelehrte Ausführung über die niederländische Malerei des 17. Jahrhunderts und die Verwendung des Vogels und des Vogelbauers zur Unterstreichung von Tugend oder Laster der dargestellten Person.

Mit gespitztem Mund war Philipps Mutter ganz Ohr, denn sie würde beim Damenkränzchen, bei ihrer Bridge-Runde die gewonnenen Kenntnisse zum Besten geben und so ihre Bridge-Freundinnen neidisch machen. Die Sache mit dem Versprecher ihrer zukünftigen Schwiegertochter würde selbstredend übergangen werden müssen, das war man sich schuldig.

Annekes Vater war Kunsthändler in Den Haag, er wusste, wovon er sprach. Ach ja, und Anneke hätte noch mal ihren gebildeten, weltmännischen, weisen Vater umarmen mögen. Er fuhr in seinem Vortrag – denn dies war ein Vortrag, eine Hymne an seinen Lieblingsmaler, an Gerrit Dou – fort.

„Gerrit Dou", sagte Herr de Graaff, „mein Lieblingsmaler, wird momentan endlich, endlich zu Ehren gebracht in meiner Heimatstadt Den Haag. Das wunderschöne Museum Mauritshuis widmet ihm eine Sonderausstellung." Herr de Graaff sprach den Künstlernamen aus: Cherrit, mit dem holländischen Rachenlaut wie in ‚noch' und Dau wie ‚Frau'.

„Nie gehört", sagte Frau Ehrenberg, fast ein wenig pikiert, als sei es eine Dreistigkeit von diesem Kunsthändler, sie, die doch so gebildete Dame, mit einem ihr unbekannten Maler zu beleidigen.

Als könne er Gedanken lesen, buchstabierte Herr de Graaff den Namen des Frau Ehrenberg bis dato noch unbekannten Malers, und sie sagte, wie um sich vor einem unsichtbaren Tribunal zu entschuldigen, „Ach, den Namen habe ich schon in Kunstbüchern über das goldene Zeitalter der holländischen Malerei gelesen."

Herr de Graaff fuhr fort.

Er erzählte vom 15-jährigen Gerrit Dou, der bei dem 21-jährigen Rembrandt in die Lehre gegangen war. (Frau Ehrenbergs Miene wurde immer gnädiger, mit Rembrandt war doch etwas anzufangen, da sah alles schon anders aus, und Gerrit Dou stieg schlagartig in ihrer Achtung.)

Die Tischrunde erfuhr, dass Rembrandt Leiden verließ und nach Amsterdam zog, Gerrit Dou, der Schüler, blieb jedoch in Leiden, und es sollte zu seinem Besten sein, was finanziellen, künstlerischen und gesellschaftlichen Erfolg betraf.

Er stellte seinen anwachsenden Reichtum gerne in seinen Gemälden zur Schau, seine Bilder brachten ihm Haus um Haus ein, der englische König Charles II. versuchte ihn als Hofmaler an den englischen Hof zu holen, vergeblich. Gerrit Dou, in seinen Bildern das holländische Leben seiner Epoche festhaltend, brauchte Holland, Holland brauchte ihn.

Gerrit Dou, zu Lebzeiten so gefragt, anerkannt, belohnt mit Geld, mit Geld und Ruhm, geriet um 1900 in Vergessenheit, dann aber gründlich.

Man verglich seine Kunst mit der seines im Elend geendeten Meisters Rembrandt, Dou wurde gewogen und für zu leicht gefunden, man warf seinen Bildern

Oberflächlichkeit, Gemütlichkeit, Firnis und Genre vor, man vermisste Tiefe, Würde, Ernst und Seele, kurz, alles und noch mehr, welches Rembrandts Kunst ausmachte.

„Doch", unterbrach Herr de Graaff, „die Schelte für Dou war oder ist ungerecht. Ich beschäftige mich schon lange mit Dou und ich beschäftige mich mit seiner Symbolik und ich habe festgestellt, dass es in Dous Kunst eine Dimension gibt, die man allmählich zu würdigen scheint.

Darf ich Ihnen eine höchst erstaunliche Geschichte erzählen, die mit einem Gemälde Dous zu tun hat, eine Geschichte, die eigentlich eine Mordgeschichte ist?"

Herr de Graaff senkte die Stimme zu einem Flüstern. Er war der geborene Erzähler, ein „guter Unterhalter", wie man doch sagt, und er schlug seine Zuhörer in den Bann.

Seine Frau und seine Tochter kannten diese Geschichte noch nicht, Verwunderung lag auf ihren Gesichtern, sie tauschten kurze Blicke. Frau Ehrenberg dachte sich: „Au fein, die Bridge-Freundinnen werden vor Neid platzen."

Herr de Graaff zog an seiner Sumatra-Zigarre und begann seine Geschichte.

„Vor vielen Jahren, ich war noch nicht verheiratet, aber als Kunsthändler war ich – ich darf es in aller Bescheidenheit sagen – schon recht bekannt und gewissermaßen etabliert –, betrat ein dicker, kleiner Herr meine Galerie, die damals in der Javastraat lag.

Es war ein regnerischer Tag, ich weiß es noch wie heute, einer jener typischen Den Haager Regentage im Januar, die an Ungemütlichkeit kaum zu überbieten sind. Es ist diese Mischung aus Regen, Wind und Kälte, die es nur an der Küste gibt, und wir Den Haager nehmen an solchen Tagen erst gar keinen Regenschirm mit. Der dicke, kleine Herr, der in meine Galerie eher hereingeweht kam, als dass er ging, war offenbar kein Den Haager, kein Holländer, sein umgestülptes Wrack von gewesenem Regenschirm bewies es.

Er war gut, sehr gut und sehr teuer sogar gekleidet, man sieht dies in meiner Branche auf den ersten Blick. Schließlich war ich kein Flohmarkthändler, sondern ich versammelte die besten Künstlernamen in meiner Galerie. Vor allem natürlich die Maler des goldenen Zeitalters des 17. Jahrhunderts, die Jan Steens, die Pieter de Hoochs, die Jan van Huysums, um nur einige zu nennen, sogar hier und da eine Zeichnung Rembrandts oder seiner Schüler ging über meinen Ladentisch.

Ich hatte viele zahlungskräftige Kunden aus dem Ausland: aus Deutschland, Frankreich, England, Skandinavien, aus Übersee.

Der kleine, dicke Herr stellte sich vor als Harvey James Lightfeather, Amerikaner. Lightfeather, ein für meine Begriffe eher unpassender Name für einen Mann, der nicht gerade einer leichten Feder glich. Doch sein Äußeres, das merkte ich bald, täuschte.

Mr. Lightfeather war tatsächlich ein sehr gebildeter, kultivierter und hochsensibler Mann. Wie hoch sensibel er war, sollte ich noch erfahren. Eine schmerzliche Erfahrung übrigens. Doch ich möchte den Ereignissen nicht vorgreifen und eins nach dem anderen berichten.

‚Kann ich auf Ihre Diskretion bauen?‘, fragte mich Harvey James Lightfeather.

‚Absolut, Diskretion ist das oberste Gebot für einen Geschäftsmann‘, antwortete ich.

Der neue Kunde weckte meine Neugier.

‚Tatsächlich möchte ich ein Kunstwerk erstehen, um mir damit den Weg zum Herzen einer Dame bahnen zu können (dieser kleine, dicke Amerikaner drückte sich aus wie ein Kavalier aus einem Roman des 19. Jahrhunderts, und er wurde mir in seiner feierlichen Altmodischkeit immer sympathischer). Diese Dame verehre ich schon länger. Sie ist eine Kunstnärrin und sie sammelt holländische Maler, die ein wenig in Vergessenheit geraten sind. Sie hat schon eine beträchtliche Sammlung. Ich bin auf Ihre absolute Diskretion angewiesen, denn die Dame ist, wie könnte es anders sein, verheiratet. Dieser Umstand macht übrigens in meinen Augen einen großen Teil ihres Reizes aus.

Darf ich nun einen Blick auf Ihr … Arsenal … werfen?‘

Ich führte Mr. Lightfeather in den oberen Stock meiner Galerie, wo ich die Meister des goldenen Zeitalters sozusagen versammelt hatte. Erst die Woche davor hatte ich ein Gemälde erwerben können, das Gerrit Dou zugeordnet war, dem zu Lebzeiten so erfolgreichen, im 20. Jahrhundert in Vergessenheit geratenen Rembrandt-Schüler aus Leiden. Dieses Gemälde war es auch, auf welches Mr. Lightfeather sofort zusteuerte. Er sagte lange gar nichts und schaute nur, schaute und schaute.

‚Wissen Sie‘, sagte er dann, ‚eigentlich ist es wie Magie, aber die Frau auf diesem Bild hier, es ist eigentlich nicht zu glauben, sie hat große Ähnlichkeit mit meiner … meiner großen Liebe.

Bitte, Sie dürfen niemals meinen Namen preisgeben. Der Ehemann wird Nachforschungen anstellen, er ist notorisch eifersüchtig und soll, so wird gemunkelt, einen jungen Mann in den Selbstmord getrieben haben. Sehen Sie die Symbolik in dem Gemälde? Die Frau hier in ihrem reich ausgestatteten Zimmer, schwere Vorhänge und Teppiche, wohin man sieht, und dann dieses Rot, das verbotene Rot, das ehrbare Damen eigentlich zu vermeiden hatten, das Dirnenrot. Die Reformierten im Holland des 17. Jahrhunderts verabscheuten dieses Rot. Aber hier: der rote Samtstuhl, der rote Teppich auf dem Tisch, die rote pelzbesetzte Jacke der Frau. Und dann der Spiegel. Die rote Dame macht sich schön, schön für ihren Liebhaber, schön für mich?'

Mr. Lightfeathers Augen sprühten, er war ein leidenschaftlicher kleiner, dicker Herr und ich konnte ihn mir plötzlich als den perfekten Liebhaber einer kunstbeflissenen Dame vorstellen.

‚Ich merke, Sie wissen eine Menge über die verborgene Symbolik unserer alten Meister', sagte ich und dann fügte ich hinzu: ‚Bestimmt ist Ihnen nicht entgangen, dass das Fenster zur Linken weit geöffnet ist, auch der Vogelbauer, der von der hohen Decke hängt, ist leer, die Käfigtür steht offen.'

‚Der Vogel, das Symbol für Sexualität, ja, die Frau hat etwas vor', lächelte Mr. Lightfeather.

‚Es gibt ein sinnvolles Ganzes, das Schönmachen, das viele schamlose Rot der Stoffe und das weit geöffnete Fenster, der ausgeflogene Vogel. Dieses Bild ist ein Mysterium für mich. Hoffentlich auch für Mrs. … für sie.'

Mr. Lightfeathers Wunsch musste wohl in Erfüllung gegangen sein. Die Angebetete hatte offensichtlich die in dem Gemälde enthaltene Symbolik, den unmissverständlichen Appell, verstanden.

Einige Monate nach dem Verkauf – Mr. Lightfeather hatte übrigens nicht um einen einzigen Gulden gefeilscht – tauchte ein Amerikaner in meiner Galerie auf, ein fahriger, grauhaariger Herr, der sich nach dem Käufer des Bildes ‚Jonge Vrouw aan Kaptafel', 1667 von Gerrit Dou gemalt, erkundigte. Es war jenes Gemälde, das Mr. Lightfeather gekauft hatte. Ich verschanzte mich hinter meiner professionellen Verpflichtung zur Diskretion, worauf der fahrige Herr aus Amerika beleidigt die Galerie verließ.

War dies der Ehemann der von Mr. Lightfeather Angebeteten gewesen?

Es war wohl eindeutig so.

Wiederum einige Monate später reiste ich geschäftlich in die Staaten. Bei einem größeren Empfang im Plazahotel in New York sprach mich plötzlich jemand von hinten an. Es war Mr. Lightfeather. Ich erkannte ihn erst auf den zweiten Blick, er war abgemagert, verhärmt.

‚Das Gerrit-Dou-Gemälde ist wieder zu haben', sagte er knapp. ‚Wollen Sie es nicht in seine Heimat zurückführen? Hier hat es nur Unglück gebracht. Aber … Sie können es nicht wissen.'

Ich erfuhr von Mr. Lightfeather, dass es eine wundervolle Zeit gegeben hatte (er nannte den Namen ‚Daisy' …), dass der Ehemann vergeblich versucht hatte, seinen (Mr. Lightfeathers) Namen herauszufinden, dass er sogar nach Holland gereist war, um den Käufer des Gemäldes zu ermitteln, dass er, nachdem er unverrichteter Dinge wieder in die Staaten zurückgekehrt war, in einem Eifersuchtsanfall seine Frau erschossen hatte.

‚Ich werde meines Lebens nun auch nicht mehr froh', sagte er. ‚Dennoch, ich möchte Ihnen für Ihre Diskretion danken. Sie haben mich nicht verraten, doch es hat nichts genützt am Ende. Es wäre besser, ich wäre auch tot. Leben Sie wohl, Herr de Graaff.'

Er ging davon und ich sah ihn nie mehr wieder.

Das Gemälde von Gerrit Dou kaufte ich nicht zurück. Es klebte Blut daran. Ich mochte es nicht haben."

„Wie spannend, aber auch wie traurig und doch so romantisch", sagten die Damen, als Herr de Graaff seinen Bericht beendet hatte.

Herr de Graaff verschwieg allerdings, dass er vor etwa drei Wochen ein anderes Gemälde von Gerrit Dou erstanden hatte.

Vielleicht war es ein Gegenstück zu jenem Gemälde mit der Dame in Rot. Es hieß „Vrouw aan een Klavecimbel" und es stellte eine junge Frau dar, die an einem Spinett saß. Sie saß in einem Zimmer, das dem auf dem ersten Gemälde sehr glich, sie saß unter dem gleichen Vogelbauer. Der Vogelbauer in jenem zweiten Bild aber war verschlossen, ebenso das Fenster des hohen Zimmers. Die junge Frau war in kühles Blau gekleidet, nicht in katholisches Rot. Herr de Graaff rätselte noch über die Datierung, über die Identität der beiden Frauen. Gerrit Dou hatte die züchtige Spinettdame in Blau 1665 gemalt, die unternehmungslustige Dame in Rot aber erst 1667.

Handelte es sich um dieselbe Frau, die tugendhafte Jüngere, die zwei Jahre später untreu wurde? Es würde ein Geheimnis bleiben müssen. Das Gemälde mit der jungen Frau am Spinett würde Annekes Hochzeitsgeschenk werden. Herr de Graaff war nicht abergläubisch, ebenso wenig wie Anneke.

Sie würde sich freuen über die blau gekleidete Dame unterm Vogelbauer, denn sie sammelte doch alles, was „mit Vögeln zu tun hatte".

Der Tag, an dem George Harrison starb

Als Roland Kramer am 29. November 2001 die Zeitung aufschlug, musste er doch schlucken. George Harrison, sein Lieblings-Beatle, war gestorben. Und schon wieder hatte man einen Wegbegleiter der Jugend, des eigenen Lebens verloren.

Dem stillen, schlanken, immer ein wenig abseits stehenden George, jenem Verträumtesten, Romantischsten, Attraktivsten des Kleeblatts, hatte von Anfang an Roland Kramers Sympathie gehört.

Dem lauten Rummel eher abgeneigt, hatte George ruhig und souverän auf seiner Leadgitarre gespielt und die Show den drei anderen überlassen: dem eulengesichtigen Guru John Lennon, dem großäugigen Mädchenschwarm Paul McCartney, dem clownhaften Drummer Ringo Starr. Durch Roland Kramers Kopf gingen Melodien wie „Here comes the sun“, „Taxman“, „While my guitar gently weeps“. Fetzen von „Lady Madonna“ und „A hard day’s night“. „Du ziehst ein komisches Gesicht. Ganz weinerlich. Wieder mal ein Anfall von Midlife-Crisis?“ Es kam hart und spöttisch vom anderen Ende des Frühstückstisches.

„George Harrison ist tot. Mein Lieblings-Beatle.“ Roland Kramer sagte es mit fester Stimme, um Lässigkeit bemüht.

Nein, er ließ es nicht zu, die geringste Schwäche zu zeigen gegenüber Gabi, der jungen Frau, die er vor einem halben Jahr geheiratet hatte.

Sie war 1969 geboren. Im September. Das war genau das Jahr, genau der Monat, in dem das letzte Album der Beatles herausgekommen war. „Abbey Road“. George war damals 26 Jahre alt, Roland Kramer übrigens auch, sie waren ja beide Jahrgang 1943, Kriegskinder. „Ach, ist er endlich tot, der Rockopa?“, ließ sich die junge, harte Stimme am andren Ende des Kaffeetisches wieder vernehmen.

„Das kommt vom vielen Rauchen, vielleicht auch von den Drogen. Die haben doch alle selbst Schuld, wenn sie Krebs bekommen.“ Und sie fügte hinzu, um so richtig eins drauf zu setzen. „Diese Musik aus den 60er Jahren, eine einzige Scheußlichkeit.“ Sie lachte ein kurzes, ein grausames Lachen.

Seltsam, dachte Roland Kramer für sich, eigentlich habe ich es die ganze Zeit über gewusst, dass ich sie nicht liebe, diese Junge, Kalte, Hübsche, Glattgesichtige. Ich weiß es doch vom ersten Tag an, als ich sie bei Kortners Einladung traf, mit ihr flirtete, sie nach Hause brachte, mit ihr schlief. Ich wusste es auch, als ich Marianne und die Kinder für sie verließ, für die Grausame, Langmähnige. Marianne, mit der er 30 Jahre verheiratet gewesen war. Wer weiß, vielleicht saß sie jetzt ebenso wie er selbst vor der Kaffeetasse, die Tageszeitung mit der Todesnachricht aufgeschlagen, ein wenig schniefend womöglich, denn George war doch auch ihr Lieblings-Beatle gewesen. Gemeinsam hatten sie damals ein Autogramm von George erhaschen können, als sie in London, im „Swinging London“ der 60er Jahre, ein Konzert der Beatles besuchten. Durch Unmassen hysterischer, kreischender, aus dem Häuschen geratener Teenager hatten sie sich nach vorne gekämpft. George hatte sie sogar angeschaut, ganz kurz, aus seinen melancholischen Augen.

Dann waren sie von der Masse – irgendwie – weggerissen worden. „Romantic twit“, romantischer Trottel, dachte Roland Kramer bei sich, doch gerne hätte er seine Traurigkeit, seine Erinnerungen mit jemandem geteilt. Doch da war niemand mehr.

„Wieder mal in Nostalgie schwelgend?“, spottete die harte, junge Stimme, ein wenig näselnd.

„Das Alter kommt doch mit Macht. Rührseligkeit ist die Vorstufe zu Altersdemenz, Altersschwachsinn“, habe ich in einer psychologischen Zeitung gelesen. Zum Glück habe ich damit noch so etwa 30 Jahre Zeit. Mindestens. Gabi ließ keine Gelegenheit aus, um mit dem großen Altersunterschied zu kokettieren und sich über ihren „Gruftie“ lustig zu machen.

Er hatte sie nie geliebt. Wie kann man jemanden lieben, der nicht deine Vergangenheit teilt?

Es war doch ein Trugschluss, eine törichte Illusion, anzunehmen, ein jüngerer Partner könne einen selbst verjüngen. Es war eine Illusion, deren Preis die eigene Vergangenheit war.

Roland Kramers Hände berührten unwillkürlich seine Kehle. Die jämmerliche Einsamkeit, die ihn umgab, erschien ihn zu erdrücken, ihm die Luft zu nehmen.

Die Leere in Gabis Augen war kaltblau, das starre Glotzen einer Puppe.

„Übrigens, heute abend fahre ich zu Ilona.“ Ilona war Gabis Schulfreundin.

„Ist gut“, sagte Roland Kramer.

Es war wirklich ein Verhängnis, dass Gabi ein ausgesprochenes Faible für schnelles Autofahren hatte. So oft hatte Roland sie gewarnt, aber sie hatte nur gelacht.

Auf dem Weg zur Freundin hatte sich der Wagen mehrmals überschlagen, war in Flammen aufgegangen.

Ein Fremdverschulden konnte nicht nachgewiesen werden, obwohl im Polizeibericht ein kleiner Vermerk stand: „Anfängliche Vermutung eines gelockerten Rads.“ Am Tag nach der Beerdigung ging Roland Kramer in ein Musikgeschäft und kaufte die Doppel-CD „All things must pass“ , den posthumen Hit von George Harrison.

Ein vielsagender Titel, fand er. Er ließ die CD hübsch verpacken und fuhr zu Marianne.